10代脳の鍛え方

悪いリスクから守り、伸びるチャレンジの場をつくる

ジェス・P・シャットキン

尼丁千津子＝訳

晶文社

BORN TO BE WILD

Why Teens Take Risks,
and How We Can Help Keep Them Safe

by

Jess P. Shatkin

This edition published by arrangement with TarcherPerigee,
an imprint of Penguin Publishing Group,
a division of Penguin Random House LLC,
through Tuttle-Mori Agency, Inc., Tokyo

Illustration
Satoshi Ogawa

Book design
albireo

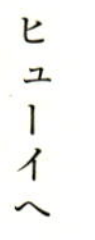
ヒューイへ

Contents

3 神経回路の驚異、もしくは脳はどのように作られるか 79

8 「ちょうどよい」親業

Zzz
#ootd
LEAVE
ME
ALONE
CONTINUE?
Zzz
#ootd
Beer
#ootd
CONTINUE?
Zzz
Beer

はじめに

青年期にまともであること自体が、
まともではない。

――アンナ・フロイト

私はサンフランシスコからゴールデンゲートブリッジを渡り、一五キロほど北へ行った郊外の町で育った。そこには規格型住宅（トラクトハウス）がいくつも立ち並び、似たような外観の家がだいたい五軒ごとに繰り返し現れる。そうした住宅の並びは、一〇代の頃の私や友人たちを表しているかのようだった。あの年頃では、誰もが周りに溶け込んで受け入れられたくてしかたない反面、仲間の誰とも異なるひときわ個性的な存在になりたがる。それから何年も経ったのちにふと目にした漫画には、「僕はみんなとは違う人になりたいだけなんだ。みんなみたいに」と母親に不平を言う少年が描かれていた。仲間と同じでありたいと同時に異なる存在になりたいという願望は、どんな時代の思春期の少年少女にも共通する思いだったのだ。

多くの子どもと同じように、私も少年時代を通じて危ない道をほぼまっすぐに歩んでいた。七歳のとき、初めてマリファナ（大麻）たばこを手にした。八歳になる頃には、ときおりスーパーでたばこを万引きするようになっていた。初めて酔っぱらったのは、一一歳のときだ。二年後、マリファナ使用の疑いで警察官に呼び止められた。一四歳になる年の夏、コカインを試してみた。ふだん家では「いい子」だったので、そうした数々の悪行はほぼ気づかれずにすんでいた。ところが高校に入って一学期が半分過ぎた頃、高一のアメフトチームの選手に選ばれてしかも夜は週二回ロックバンドの練習をしていた私は、国語の授業で落第しかけてしまった。子育てにおいて子どもの自主性を大事にしてきた両親は、何年ものあいだ我慢強く見守っていたが、ついに対処に乗り出した。フットボールのシーズンが終わる二週間前に、私はチームをやめさせられた。信じられないほど屈辱的だった。おまけにバンドもやめさせられ、成績が上向きになるまで放課後すぐに帰宅するよう言い渡された。二、三カ月のあいだ、私は両親に腹を立てて反抗し、何度も言い争った。しかし、冬のさなかには成績がBになり、春にはAがもらえるようになった。

学校でよい成績をとることは自信につながった。一四歳のときの私をすぐさま危うい状況から救い出してくれた両親に、私は一生感謝しつづけるだろう〔アメリカの高校の多くは四年制で、「高校一年生」は日本の中学三年生、「高校四年生」は日本の高校三年生に相当する〕。勉強して学業に秀でれば秀でるほど、私は自分が人気者であるかどうかを気にしなくなっていった。しかも、それによって私の世界は狭まるどころか、ますます広がっていったのだ。だが、すべての子どもがこんなに運がよいわけではない。

私がまだ一〇歳だった、小学五年生のときのことだ。ある朝学校に行くと、前の日に仲間のヒューイが友達の小型バイクで事故に遭ったと知らされた。未舗装の丘をバイクで下っていたヒューイは、地面のこぶにぶつかり転倒してしまったのだ。事故当時バイク用のヘルメットをかぶっておらず、今は昏睡状態で人工呼吸器が装着されているとのことだった。何日ものあいだ、みんなヒューイの具合を案じて先生に尋ねたり、彼や彼の家族へカードや手紙を書いたりしたが、とうとう昏睡から覚めることはなく、生命維持装置がはずされると聞かされた。

およそ一〇歳から一一歳にかけて、子どもの危ない行動が増えてくる。まさにヒューイが亡くなった年齢の頃だ。思春期に入ると危険の度合いはさらに高まり、たいてい一三歳から一九歳のあいだに頂点に達する。とはいえ、二〇歳を過ぎてもなお、若者は大きな危険を冒そうとする。私はいつしか、子どもたちが危ないことをする理由を理解したいと強く願うようになっていた。きっかけはよくわからないが、おそらく兄弟、友人、それに自分自身の子どもの頃の行動や、ヒューイが亡くなったときの記憶によるのではないかと思う。その気持ちが高じてやがて私は医師を志し、のちに成人だけでなく児童や青年も対象とする精神科医になった。

もちろん、大胆な挑戦がすべて悪いわけではない。あなたもたびたび自分の子どもを、「やってみなければわからないじゃないか」と励ますのではないだろうか。しかし、私が論じようとしているのは、生徒会に立候補したり、陸上競技チームの選抜テストを受けたりするといったことについてではない。この本で取り上げるのは、日常的に行われている、子どもたちが自らを危険にさらすような行為だ。彼らはそうした行動によって、大学進学、円満な人間関係、よい就職先をふいにしたり、さらには怪我をしたり命を失ったりすることさえある。具体的には薬物やアルコールの摂取、飲酒運転や麻薬等運転、犯罪行為、無防備なセックス、喫煙、バイク運転時のヘルメット未着用だ。本書は一〇代の若者がなぜこういう問題をあまりにたやすく起こしてしまうのかを、順を追って探っていく。

この本の目的は、子どもたちが危険を冒す理由とされている通説の数々に疑問を投げかけることにある。最先端の研究、一流の科学者へのインタビュー、臨床症例、個人の経験から明らかになったのは、一〇代から二〇代前半までの若者たちは自身の行動の多くが深刻な危険につながるとちゃんとわかっているという点だ。それどころか、彼らは実際よりもはるかにひどいことが自分の身に起こるとさえ思っている。そうした状況を踏まえた本書の第一のねらいは、

「子どもたちに『あなたは危険にさらされている』とどれほど言い聞かせても、彼らの振る舞いは変わらない」という説を立証することだ。つまり、子どもたちに対する、これまでとは別のやり方が必要なのだ。

続いての章では主に生理学や心理学の研究を土台にして、青年期〔本書では一二歳から二六歳までを指す〕の脳に関する新しい科学を探っていく。そこで得られた知見に基づく本書の二つ目のねらいは、「人間は進化における遺伝子上の選択によって危険な行動をとるようにできていて、とりわけ青年期には脳、ホルモン、仲間との関係といったあらゆる要因が、危険な振る舞いを助長する」という点を明らかにすることだ。

さらに、「そもそも我々大人が、子どもたちが危険を冒す理由を正しく理解していなかったため、彼らの危ない行動に対する従来の取り組みは的外れである」ことを示すという本書の三つ目のねらいは、子どもたちをもっとよく理解するうえで役立つはずだ。理解を深めることによって、本書の最後の三章にわたっていくつも紹介されている「危険な行動への対処法」をさらにうまく活用できるようになるだろう。

一〇代半ばから二〇歳になる前の若者たちは、背の高さ、体毛や陰毛の生え方、声の質がもはや大人並みになっている。しかも、たいていの話題について、深く鋭い意見を述べることができる。そのため、我々は彼らも大人同様に感情をうまく抑えて判断できると思ってきた。だがそうした思い込みこそが、子どもたちを危険な行動に向かわせないための取り組みがうまくいかなかった原因なのだ。青年期における成長、行動、意思決定の仕組みを正しく理解していなかったために、間違いだらけのやり方で危険な行為を防ごうとしてきたのである。たしかに一〇代や二〇代前半の若者と話をすると、彼らはとても賢くて論理的で、判断力があるように感じる。そのため、若者の脳のつくりや考え方は大人のものといっしょだと考えられてきた。しかし、それは完全な誤りだったのだ。

脳は体のなかで最も厳重に守られた器官なので、近年まで研究は困難だった。強い磁場、電波、最新コンピュータ技術を用いて脳とその活動状態の精度の高い画像を作成する核磁気共鳴画像法（ＭＲＩ）の多大なる貢献によって、神経科学はここ一五年で大きく進歩した。その結果、青年期の脳はそれまで考えられていたほど大人の脳とは似ていないことがわかった。ＭＲＩをはじめとする神経画像診断機器という「窓」によって脳の発達過程が見えるようになったことで、以前は一六歳から一八歳までに完了するとされていた脳内の大きな変化や神経細胞（ニューロン）のつながりの変更が、実際は二〇歳をとうに過ぎても続いているという事実が明らかになったのである。

脳は本書の中心的な題材ではあるが、唯一の主役というわけではない。私は医師としての二〇年以上のキャリアのなかで、少年少女が青年期を有意義に過ごしてうまく大人へ移行するためには、自己効力感と感情の自己調整能力を高めることが最も重要だと思うようになった。すなわち、一〇代から二〇代前半の若者は自分のなかに「やろうと決めたことを成功させる自信」や「何かを変えられるという信念」があることに気づかなければならないし、気持ちをうまく抑える方法も学ばなければならない。自己効力感や感情の自己調整能力を身につけるためには忍耐が必要だし、両親、教師といった手本となる人物の理解や指導も欠かせない。そして、自分や他人の経験から学び、健全な判断をする訓練を何度もしなければならないのだ。本書では青年期の脳だけではなく、人類の進化、ホルモン、仲間、睡眠、運動、栄養価の高い食事、意思決定の科学、親、教師、学校、社会全体にも焦点を合わせ、それらを包括的に考察している。

私も多くの人と同じように、「子どもたちが危ない行動に走るのは、怖いもの知らずだからだ」と教え込まれてきた。だが、その教えは事実からほど遠い。そうした通説を打ち破り、正しい知識と対処法を広めることこそが、まさに本書の役目である。

1

危険に対する若者の本音

一〇歳から二三歳までの年齢などなければよいのに。
あるいは、若者にはその間
ひたすら眠りつづけてもらえないだろうか。
なぜならその時期の彼らは、娘たちを孕ませ、
年寄りを邪険に扱い、盗み、喧嘩する以外は
何もしないからだ。

――ウィリアム・シェイクスピア、『冬物語』より

日々の生活のなかで衝撃的な経験をすることは、誰にでもある。そういう出来事は頻繁に起こるわけではないが、ひとたび経験すると、その一部始終、つまり細かいことまではっきり覚えているものだ。

毎年八月になると、私の妻と子どもたちはニューヨーク州北部にある湖畔の別荘で数週間過ごす。その間、私は毎週金曜の午後の電車で家族のもとに向かい、日曜の夜にニューヨーク市に戻る。家族と常にいっしょにいられないのは寂しいが、一方で滞り気味の研究を進められてありがたくもある。

二〇一〇年八月、ニューヨーク市にある職場にほど近い二番街の日本料理店に三夜続けて通うことになったのも、家族と離れて研究に没頭していたからだ。あの夏、私は、高校生が危険性の高い行動をとらないようにするための「立ち直る力（レジリエンス）」を育むプログラムの企画に取り組んでいた。何カ月もかけて集めた一連の論文を、三夜連続で大量の寿司とともに咀嚼（そしゃく）していったのだ。

医師とは孤独な存在であり、その孤立化はますます進んでいる。自分ひとりで研究を続け、ほかの医師が何を考え、何を探究し、何を学んでいるかを知らない。しかしどんな分野でもかなりの確率で、研究や組織のこうした専門化や細分化の問題が起こっている。情報量が急激に増えている現在、すべてを把握しようとするのはもはや不可能だからだ。建築家、理論家であり、ジオデシック・ドームの発明者でもあるバックミンスター・フラーは、一九八一年の著書『クリティカル・パス』〔梶川泰司訳、白揚社、一九九八年／二〇〇七年新装版〕で「知識倍増曲線」と名づけた曲線について論じている。それによると、人間の知識の増加速度はルネサンスの時期まではかなり緩やかだったが、そこから一九〇〇年までのあいだに、およそ一〇〇年ごとに倍になっていった。さらにフラーの計算によって、第二次世界大戦の頃には知識量が二五年ごとに倍増していたこともわかった。すべての分野が同じ速度で発展しているわけではないが、現在では人間の知識量はほぼ一三カ月ごとに倍増していると考えられている。これほど多くの新しい情報に囲まれていると、自分が知識の嵐のなかで回っている独楽のような気がしてくる。すべての知識を身につける力もなければ、ましてやその知識を活用することもできないのだから。医師にとって、こうした知の爆発に直面して最も当惑するのは、自分が何を知らないのかがわからないことだ。あの八月に三夜連続で寿司を食べながら論文の山に目を通していたとき、私は「青年期」についてそれまで固く信じていた考えに初めて疑問を抱いたのだった。

危険は現実になる

あなたが青年期を迎えたのは何歳だっただろう？　大人になったのはいつ？　この質問は、かつては簡単に答えられるものだった。一九八〇年以前に生まれた人の大半は、「一三歳頃に青年期が始まって一八歳頃に大人になった」と答えるだろう。この答えには、成人の年齢が法律によって定められ、一般的には一八歳から成人扱いされる産業社会の見方が反映されている。

しかし、当たり前とされているこの定義も、少なくともアメリカ国内では一貫した見方ではない。アメリカでは一八歳になると、徴兵される可能性もあれば、成人として裁判にかけられる場合もある（犯罪によっても違う。また、一三歳の子どもでも成人と同じように裁判にかけられる州もある）。ところが、酒類の購入や飲酒が法律的に認められているのは二一歳からだ。それに対して伝統的な部族社会では通常、青年期の若者がそれぞれ大人として認められるための出来事を初めて経験したり、通過儀礼を受けたりすることが成人の第一歩と定められている。たとえば、少年なら初めて大きな獲物を仕留めたとき、少女なら初めて出産したときだ。そうした社会では、人生のわずか二、三年間しか青年期とみなされないこともある。

青年期の始まりと終わりの時期は重要である。なぜなら、青年期の若者は小さい子どもや大人とは違う考え方、感じ方、振る舞い方をし、それらが危うい行動につながりかねないからだ。「青年期（adolescence）」という言葉は、ラテン語で「成長する」という意味の adolescere から来ている。若者の経済的な自立、就職、結婚といった、今日の一般的な節目から見ると、成長して大人になるための期間は以前より長くなっている。プレティーン〔一〇歳から一二歳の子ども〕、ティーンエイジャー〔一三歳から一九歳までの少年少女〕、キッズ〔子どもから若者全般を指す〕、エマージングアダルト〔一八歳から二五歳までの若者〕、ヤングアダルト〔一〇代から二〇代前半の若者〕といったさまざまな呼び方があるが、思春期に入る直前からおよそ二六歳までの人生の過渡期には、身体、情緒、認知といった面で著しい成長が見られる。本書は、主にこの移り変わりの時期を取り上げている。

一〇代から二〇代前半の頃のあなた自身を思い返してみてほしい。おそらく、あまり大きな声では言えない向こう見ずな行動に走ったこともあったのではないだろうか。それは運転中の制限速度オーバーや門限破りといった、「軽度」なものだっただろうか。あるいは、飲酒運転や無防備なセックスといった、もっと「重度」なものだっただろうか。あなた自身が親になっているのなら、子どもが昔の自分と同じこと、あるいはもっととんでもないことをするのではないかとさぞかし心配なはずだ。もしかしたら、実際、子どもたちはすでにそういう行動をとっているかもしれない。そして、あなたやあなたの子どもたちの経験がどういったものであれ、一般的に思春期を迎えたとたんに危うい行動が増えるというのは周知の事実だ。それは、データにもはっきりと表れている。

毎年実施されている若者の行動に関する全国調査によると、高校生の八割は自転車用ヘルメットを、ほぼ三分の一はバイク用ヘルメットを、まったく、あるいはほとんど着用していない。しかも、高校生のおよそ半数は運転中に携帯メッセージやメールをやりとりしたことがあると答えている。また四人に一人は「少なくとも年に一度は取っ組み合いの喧嘩をしてきた」、五人に一人が「学校でいじめられたことがある」と回答している。さらにティーンエイジャーの娘を持つ父親として、次の事実はまさに恐怖だ。女子高生の少なくとも一〇人に一人が「セックスを強いられた経験がある」と答えているのだ。高校生の四三パーセントは、最後にセックスしたときにコンドームを使っていなかった。同じように憂うべきは、一四歳から一九歳の少女の四人に一人が調査時に性感染症にかかっていて、一五歳から一九歳の少女の一〇人中三人が妊娠したことがあるという事実だろう。ラテン系だけを見ると、同年代の少女のじつに五一パーセントが妊娠経験があると答えている。しかし、青年期の若者が困難な状況に陥る原因は事故や非行だけではない。

一〇代から二〇代前半にかけて、心の病気の患者数は急増する。一三歳から一八歳までの少年少女の六人に一人が大うつ病性障害を、また、三人に一人が不安障害を抱えている。この二つの病に比べると破壊的行動障害、物質使用障害〔アルコール、たばこ、薬物などの摂取によって生じる精神の障害〕、注意欠陥・多動性障害（ADHD）、統合失調症、双極性障害、自閉症スペクトラム障害、摂食障害の患者数は少ないが、それでもかなりの数の青年期の若者たちがこうした病に苦しみ、生産的な活動ができなくなってしまっている。成人の精神障害患者の半数は一四歳までに、四分の三は二四歳までに発症している。そうした症状や問題の根底には、虐待を受けた、虐待を目撃した、重度の精神障害を抱えて破壊的な行動をとる家族に育てられたといった、子どもの頃に心に傷を負った経験がある。アメリカの子どもの半数以上はこうした心的外傷（トラウマ）を抱えており、それはのちの危険な行為、薬物乱用、心の病気、喫煙、性感染症、肥満の恐れを大幅に増大させている。いずれも、成人の主な死因である。

アメリカにおける予防可能な死因の単独首位を占めているのはたばこであり、毎年五〇万人近くがたばこが原因で亡くなっている。たばこは肥満、アルコール、自動車事故よりも、はるかに命取りだ。アメリカ社会はたばこによって年間何十億ドルもの医療負担を強いられ、しかも労働力を奪われてきた。ニコチンは子どもが手に入れられる薬物のなかで最も常習癖がつきやすいと考えられていて、習慣的な喫煙は一〇代から始まる場合がほとんどである。たばこはヘロイン、アルコール、クラックコカインよりも、はるかに依存性が高い。そのため、たばこに手を出した人の三人に一人が常習者になる。こうした高い危険性を示せば、一〇代への喫煙防止教育の効果が上がるように思えるが、実際には高校生の六人に一人が常習的な喫煙者だ。

高校生の五人に一人以上が、調査の過去二週間以内に短時間での大量の飲酒（二時間以内に五杯以上のアルコール飲料を摂取）をしていた。そのうえ、**一〇人に一人は過去三〇日以内に飲酒運転をしていて、五人に一人以上が飲酒運転する友人の車に同乗していた。**

マリファナ初体験者の九割以上は、マリファナにたどり着く前にたばこかアルコール、または両方を経験している。これは「ゲートウェイ（入門）」現象と呼ばれているもので、若者はアルコールやたばこを経てから違法薬物に手を出すことを示している。つまり、子どもたちの飲酒や喫煙をもっと効果的に防止できれば、彼らを違法薬物からも遠ざけられるというわけだ。現在、高校一年生の三分の一がマリファナを試したことがあり、しかも高校四年生になると事態はさらに悪化して、生徒のほぼ半数がマリファナ経験者となる。若者がこうした脅威や危険に日々さらされていることを思えば、毎年の調査で高校生の三分の一が「悲しくなる」「希望が持てない」と答え、五人に一人が「真剣に自殺を考えている」、七人に一人が「自殺を計画したことがある」、そして一二人に一人が「自殺を試みたことがある」と回答しているのは、決して驚くべき結果ではない。

女性同性愛者（レズビアン）・男性同性愛者（ゲイ）・両性愛者（バイセクシャル）（ＬＧＢ）の若者は、異性愛者（ヘテロセクシャル）の若者に比べてうつ病や薬物乱用に陥る恐れがより高くなっている。ＬＧＢの若者の五人に二人が「真剣に自殺を考えている」（ヘテロセクシャルの若者の倍）、ほぼ三人に一人が「ここ一年のあいだに自殺を試みたことがある」（ヘテロセクシャルの若者の四倍）と答えている。しかも、ヘテロセクシャルの高校生に比べて、ＬＧＢの高校生が違法薬物を使用する割合は五倍高く、いじめられる可能性はほぼ倍、対人暴力の標的にされる可能性は倍以上という結果が出ている。心と体の性が一致しないトランスジェンダーの若者についてのデータは、増えつつあるもののまだ一定数には到達していない。それでも集まったデータによると、彼らもＬＧＢの若者たちと同じく高い割合で心の問題を抱えていたり、自殺願望を抱いて行動を起こしたりしていると考えられる。

こうした問題は、決して欧米だけで起こっているわけではない。世界的に見ても、青年期の若者の抑えきれない感情、無謀な判断や行動は、欧米と同じく死亡や傷病の主な原因となっている。つまり、若者の心身が傷ついたり、彼らが命を落としたりする原因は、大人のような癌や心臓発作といった病よりも、若さゆえの感情、思考、行動によるもののほうが多い。発展途上国の場合、一〇代から二〇代前半の若者のＨＩＶ／エイズといった感染症の犠牲者や、若年出産で命を落とす妊産婦の数がこれほど膨大でなければ、死因における事故、殺人、自殺の割合はより大きかっただろう。発展途上国では現在、交通事故、自殺、対人暴力の三つはどれもティーンエイジャーの死因の上位五位までに入っていて、うつ病、飲酒、不安障害は同年代の傷病の原因の上位五位に含まれている。

青年期の若者にとって、危険な行為もそれによって自身が受ける影響も現実のものだ。自動車事故、薬物やアルコールの過剰摂取、またはエイズで友人を失った人は少なくないはずだ。私の高校一年生のときの同級生は、妊娠したとたん学校に来なくなってしまった。そうして、彼女の人生は大きく変わってしまった。実際、女子高生が中退する最大の理由は、出産と育児である。しかも、さらに問題なのは、一〇代の母親を持つ子どもの言語能力、コミュニケーション能力、社会性、学習能力、学校の成績は、上の年代の母親を持つ子どもよりも低いという事実だ。

私は児童青年精神科医として、ここで紹介した事例やデータの大半については、あの八月の夜よりも前から知っていた。その一方で、子どもたちを安全に守る方法はわかっていなかった。そして、最大の問題は、それをすでにわかっているという私自身の思い込みだったのである。

若者の「無敵神話」

児童精神科医レオ・カナーが一九四三年に発表した、「これまで報告されたどんな病とも著しく異なった特異的な症状を持つ」一一人の子どもたちに関する学術論文は、社会に多大な影響を及ぼした。アメリカ疾病予防管理センターによると、現在では六八人に一人の子どもが、今日自閉症と呼ばれるこの障害を持って生まれている。現在の精神医学では、自閉症スペクトラム障害を持つ子どもたちに見られる臨床症状の要因の多くが明らかになっている。だがそう遠くない過去において、ろくに検証もされていない根拠の乏しいさまざまな説が、自閉症の原因として取り沙汰されていた。今日では誤りだと認められているワクチンに関する理論〔子どもへのある予防接種が自閉症を引き起こすという理論〕が、一九九八年の発表当時には一見理にかなっているように思われたのと同じく、カナーの「冷蔵庫マザー」理論も彼の時代には受け入れられた。自閉症は子どもの気持ちをひたすら拒絶するとても冷たい冷蔵庫のような母親が原因であり、「たまたま子どもを産むときだけ、わずかに庫内の温度が上がっていた」のだとカナーは主張した。幸いにも、現在では自閉症の原因が神経障害以外にあると考える医師はいない。

冷蔵庫マザーが自閉症児をつくりだすと考えられていたのと同様に、「若者は無敵」という神話が信じられていた時代もあった。一九六〇年代後半、著名な心理学者デイヴィッド・エルカインドは「青年期の正常な自己中心性」と名づけた若者の特徴に関する論文を発表した。青年期の若者が自分の見た目を気にしたり、自分の意見や理想に酔ったりと、とにかくありとあらゆる面でひどく自分中心に考えていることは、誰もが同意するところだろう。自分が何者なのかを探し求めようとしたり、自立しようとしたりするのは、エルカインドがこの論文で指摘している若者の特徴の一部である。しかし、彼の考察はこれだけでは収まらなかった。エルカインドは、青年期の若者は彼ら自身と同じくらい、あるいはそれ以上に彼らを見つめている「想像上の観客」をつくりだして、それに対して反応していると考えたのだ。この説も納得がいく。なぜなら、青年期の若者に誰よりも強い興味を抱いているのが若者本人であることは世間の誰もが知る事実だからだ。さらに、この「想像上の観客」とともに青年期の自己中心性を構成しているもうひとつの要素を、エルカインドは「個人的寓話」と名づけた。若者は自分が個性的で特別な存在であって、他人にはまったく理解できないやり方で世界を体験していると思っているという説だ。こうした精神構造は自分自身が家族、友人、想像上の観客にとってとりわけ重要な存在だという思い込みによるものではないか、と彼は指摘している。一〇代や二〇代初めの子どもを持つ親なら誰もが、「俺の気持ちがわかってたまるか！」「私の気持ちなんかわかってくれないくせに！」といった我が子の言葉、あるいは叫びを聞いたことがあるはずだ。親だってそう遠くない昔は若者だったのだから、一〇代の子どもがそう思い込みがちなことは百も承知だ。

エルカインドの説は正しいように思える。しかも、その先の説明もさらに納得できるのだ。青年期の若者は、自分が想像上の観客からときには称賛の、ときには諭すようなまなざしで見つめられていると感じている。また、彼らは自分の個性は誰よりも優れているという個人的寓話を信じ込んでいる。エルカインドはこの二つの点から、「青年期の若者は自分が無敵だと信じている」と結論づけている。

全体像の見直し

私が児童青年精神科および成人を対象とする精神科の研修医になった一九九六年から現在までの二〇数年のあいだに、青年期の若者の意思決定方法、脳の仕組み、彼らが危険を冒す理由について多くのことがわかった。すでに述べたとおり、人間の知識量は近年飛躍的に増えている。私は寿司を食べていたあの二〇一〇年八月に目にした新たな研究結果によって、青年期についてそれまで直感的に正しいと信じてきた説の多くを疑問視するようになった。私はデイヴィッド・エルカインドをはじめとする著名な学者たちの門下生から「青年期の若者は自分が無敵だと信じて疑わないから、危険な行動をとる。ティーンエイジャーが飲酒運転をしたり、無防備なセックスをしたりする理由は、それ以外に考えられない」と教えられてきた。医学大学院や研修時代を通じてずっと、そう指導されてきた。それゆえ、若者が危険な行動に走らないようにする最善の策は、「あなたは実はとても傷つきやすく、大きな危険にさらされている」と繰り返し教えることだと考えるのは当然だった。

だが、この考え方には多少問題があった。もともとこの策は実証実験されていなかったし、しかも青年期の若者は決して自分が無敵だと信じるがゆえに危険を冒すわけではないことが、新たな研究によってわかってきたのだ。青年期の精神衛生（メンタルヘルス）分野の初期の研究者たちは、若者を対象とした大規模な研究調査を行わなかった。彼らの主な仕事は臨床であり、医師として患者ひとりひとりを細かく観察しながら、青年期の若者がなぜそうした行動をとるのかについての理論を立てていたのだ。だが、それから何十年も経ったのちに、大勢の子どもや若者を対象にした行動調査が実際に行われるようになると、予想外の事実が明らかになった。青年期の若者たちは、むしろ自分は脆くて傷つきやすいと思っているのだ。それどころか、地震やハリケーンといった遭遇する可能性が低いものから、事故や思わぬ妊娠といった可能性がより高いものまで、考えられるどんな不運な出来事についても、大半の若者が実際以上に自分はそういう目に遭いやすいと思っている（なかには非常に高い確率でそうしたことが自分の身に降りかかってくると信じている者もいるほどだ）。たとえば一般的な高校生が頭に描いている、セックスに積極的な同級生が性感染症（クラミジア、淋病、エイズ、梅毒など）にかかる危険性は、実際の感染率の六倍から六万倍も高い。

　こうした調査から判明した、過去のものとは劇的に異なる若者の全体像は、研究にとてつもなく大きな影響をもたらした。**青年期の若者たちは、自分が無敵だとは思っていないのだ！** ティーンエイジャーたちは、自分が妊娠する可能性、大量に飲酒して具合が悪くなる可能性、薬物がらみの事故を起こした車に乗り合わせる可能性など、どんな悪い結果に対しても実際よりはるかに高い確率で自分にそういうことが起こると思っている。それだけには留まらない。彼らは、自分はおそらく若いうちに死ぬだろうとまで思っているのだ。一九九七年のアメリカにおける一四歳から一八歳までの予定死亡率は〇・〇八パーセントだったにもかかわらず、同じく一四歳から一八歳までの三五〇〇人近くを対象としたアメリカ全国での大規模な標本調査では、一八・六パーセントが「自分は来年中には死んでいる」と思っていた。これは実際に死ぬ確率よりも、二〇〇倍以上高い数字だ。

私が仕事のなかで接する若者たちは、自らの判断によって、悲惨な結果につながりかねない大きなリスクを冒している。彼らは「酒を飲んで運転してもいいだろうか？」「この人とあの人のどちらとセックスするのがいいか？」「コカインかヘロインのどちらを試そうか？」「ヘルメットを着用せずにバイクに乗ってもいいだろうか？」といったことを、日々自分自身に問いかけている。そのため「若者は自分が無敵だとは思っていないが、それでも自ら危険な行為に走る」ということの新発見は、とうてい理解できないものだった。そんなわけで、私はどんな親でもやるだろうことを実行した。この予想外の調査結果について、我が子に訊いてみることにしたのだ。

子どもたちは突拍子もないことを言う

「ちょっといいかな」私は娘に声をかけた。「いくつか訊きたいことがある。変わった質問だと思うかもしれないけど、ちょっとした調査でね。協力してくれないかな？」。当時一三歳だったパーカーは、わかったとうなずいた。「じゃあ、まず今からする質問は『もし～だったら？』といった、あくまで仮定の話だ。つまり、パパは決してそういうことをやってみろと勧めているわけじゃない。そんな状況になったとき、きみならどう思うかを知りたいだけだ。いいかい?」。娘はまたしてもうなずいて、今度はもういいから早くしてよとせかすような手のしぐさをした(パーカーは小さい頃から、ものわかりの悪い相手には容赦なかった)。

「仮に」私は質問を始めた。「きみが見知らぬ少年と避妊せずに性交渉するとしたら」。もちろん、これが一三歳の娘に尋ねるにはあまりに度を越えた質問であることは、私も十分自覚している。だが、パーカーは私が精神科医だと知っているし、精神科医の仕事内容や、私が患者やその家族の悩みを解決するために日々どんな大変な思いをしているのかも理解している。もっと端的に言えば、娘は私が子どもの発達を専門としていて、患者が抱えている精神障害、学習障害、情緒および行動の問題の診断と治療のために、毎日のように児童、青少年、彼らの家族とともに奮闘していることをわかっているのだ。そういうわけで、この質問は大半の家庭の夕食時の話題とは必ずしも同じではないかもしれないが、娘にとってはさほど珍しい話題ではない。私は先を続けた。「きみが妊娠する確率はどれくらいだろう?」

この質問に対して、パーカーがほんのわずかな時間考えてから出した答えに、私は驚愕した。「九〇パーセント」と、彼女は自信を込めて言ったのだ。衝撃から立ち直った私は、別の質問を試みた。「じゃあ、きみは相手の少年にセックスの経験があるかどうか、まったくわからないとしよう。誰かとつきあったことがあるのかとか、誰とつきあっていたのかというような、彼の過去も知らない。性的指向や、HIVに感染しているかどうかもわからない。そんな彼と一度だけセックスして、HIVに感染する確率はどれくらいだと思う?」。娘は再びわずかなあいだ考えてから、また自信満々に答えた。「七五パーセント」。いやはや。私は娘に自分の答えにどれくらい自信があるのか尋ねてみた。すると、「かなり自信がある」と言う。二つの答えの理由を尋ねると、「妊娠する可能性とかＨＩＶに感染する危険性については家でも学校でも何度も聞かされているし、たいして心配ないなら、大人や先生たちがあんなに時間をかけて説明するはずがないから」ということらしい。それから何週間かかけて、私が診ている一〇代の患者の何人かにも同じことを尋ねてみると、みんな娘と同じようにとてつもなく高い確率を挙げたのだった。

パーカーや患者たちには教えなかったが、避妊なしの一度の性交渉で妊娠する可能性は平均五パーセント、つまり二〇分の一だ。より細かく見れば、ひと月の大半のあいだは約三パーセント、排卵の前後二四時間ではおよそ二五パーセントとなる。一般的には性成熟期を迎えても最初の二年間は必ずしも毎月排卵しないため、一二歳から一四歳までの少女の妊娠率はさらに低下する。また、ＨＩＶ陽性者との避妊なしの膣性交を通じてＨＩＶに感染する確率は一二五〇分の一（性交渉の相手が男性ＨＩＶ陽性者の場合）から二五〇〇分の一（性交渉の相手が女性ＨＩＶ陽性者の場合）、つまり〇・〇四パーセントから〇・〇八パーセントだと推定されていることも、娘には言わなかった。もう一度言うと、この数値は実際にＨＩＶに感染している相手からうつる確率である。つまり、ＨＩＶ陽性者かどうかわからない相手とセックスして感染する恐れは、これよりもずっと低いということだ。私がパーカーや患者たちに、彼らの「危険性評価」が実際よりもはるかに高いと教えなかったのは、危険に対する恐怖が大きければ大きいほど自分を大事にするようになり、早くからセックスしないだろうと思ったからだ。たいていの大人は、そう考えるのではないだろうか。

私はニューヨーク大学（ＮＹＵ）の精神病理学講座で、毎学期およそ二〇〇名の学部生を教えている。私は自分が指導している一八歳から二二歳の大学生は、一三歳のパーカーや一〇代の患者よりも物事をよく知っているはずだと思っていた。その仮説を早く検証したくて、二〇一〇年秋の新学期が楽しみでしかたがなかった。

二回目の授業で、私は今からある調査をすると発表した。「女子学生が男子学生と避妊なしの性交渉を一度行った場合」、私は学生たちに尋ねた。「彼女が妊娠する確率はどれくらいだろうか？」。彼らの答えは、パーカーや患者たちとほとんど変わらなかった。妊娠、ＨＩＶ感染のどちらの場合も、予想された確率はおよそ六〇パーセントから九〇パーセントと桁外れに高かったのだ。それ以来、大学で私の授業をとっている学部生にほぼ毎学期同じ質問をしているが、期待は裏切られっぱなしだ。

ティーンエイジャーは、実際よりもずっと高い確率で自分が危険な目に遭うと本当に思っているのだろうか？　危険ではあるが実際には悪い結果はまず起こらない行為について、「これをすれば悲惨な目に遭う可能性がめちゃくちゃ高い」と本当に思っているのだろうか？　もしそうだとすれば、彼らが危険な行動に走る理由が「自分は無敵だと思っているから」だとは、とうてい言えないのではないだろうか？　自分は無敵だと信じる者が、その一方で避妊なしのセックスで妊娠する確率が九〇パーセントだとか、ＨＩＶ陽性者かどうかさえわからない相手と膣性交したときにＨＩＶに感染する確率が九〇パーセントだとか思うとは考えられない。どうやらこれは一筋縄ではいかないようだと、私は気づきはじめていた。どうりで危険な出来事について実例を示して子どもたちを怖がらせても、彼らの行動を変えることができないはずだ。それにしても、若者たちがあの高い確率を本当に信じているのならば、それでもなお危険な行動に走るのはいったいなぜなのだろうか？

レイク・ウォビゴン効果

一九七四年、作家でラジオパーソナリティも務めるギャリソン・ケイラーは、『プレーリー・ホーム・コンパニオン』という生放送のラジオバラエティ番組を始めた。ミネソタ州中部にあるとされる架空の小さな田舎町「レイク・ウォビゴン」について、ケイラーがひとり語りをするこの番組は、大きな人気を博した。この町では「女はみな強く、男はみな顔立ちがよくて、子どもはみな平均より上」である。あなたも子持ちの知り合いがいれば、そういった感覚を持っている人が実際にかなりいることをよくわかっているはずだ。自分の子どもには得意な教科が特にあるわけでもないのに、「うちの子は天才だ」と言い張る親がいることは誰でも知っているし、我々自身にもそういう面があるかもしれない。もしかしたら、運動や社会性といった勉強以外の分野で秀でている子どもなのかもしれない。だが、たしかにそうだとしても、「全員が平均以上」というのが統計学的に不可能なのはご存じのとおりだ。

あなたは何歳まで生きるだろうか？　あなたが既婚者だとしたら、離婚をする可能性はあるだろうか？　あなたが大学生だとしたら、将来いい仕事につける確率はどれくらいだろうか？　大学教授だとしたら、あなたの研究は平均以上の出来だろうか？　こういったさまざまな質問に対して、ほとんどの人は自分の能力を過大評価しがちだ。アメリカの場合、平均寿命は男性が七六歳、女性が八一歳だ。結婚した夫婦の四割から五割が離婚し、二度目の結婚の離婚率はさらに高い。大学生の多くは、自分がいい仕事に就いて八〇過ぎまで生きる可能性は同級生よりも高いと思っている。さらに、大学教授の何と九四パーセントが、自分の研究が平均以上のものだと思っているのだ。あなたの答えは、どうだっただろうか？

「レイク・ウォビゴン効果」とも呼ばれるこの傾向は、心理学では「自己評価バイアス」として知られている。先ほどの質問に対する自身の答えを振り返って、あなたもおそらく自分にこのバイアスがかかっていることに気づいたのではないだろうか。我々は青年期も大人になってからも、自分は平均よりかなり上で、実際より優れた人物だと思いがちなのだ。人が自己評価においてなぜこれほど自分本位なのかは、研究でもまだ解明されていない。だが一般的には、人には自分自身を正確に評価するための知識が欠けているからだと考えられている。おまけに、たとえ事実を認識していたとしても、自分を守るための自己中心性によってその情報を無視してしまうのだ。

これと似ているようで異なるのが、「楽観バイアス」と呼ばれる、自身を正常に保つためのバイアスだ。これは、自分が直面している危険をどう捉えるかに関連している。自己評価バイアスと同じく、青年期の若者も大人もみな、楽観バイアスをある程度抱いていると考えられている。つまり、我々はその危険が本物だとわかっていても、自分だけは同じ年頃の人たちよりも危ない目に遭う恐れが多少小さいと思っているのだ。なぜなら我々は危ない行動をとるとき、「自分はほかの人が知らないか実践しない何か特別なことをしたり、より入念な予防策を講じたりしているので、自分だけは例外的に被害に遭う可能性が低い」とたいてい思い込んでいるからだ。自分と違って他人は危険から身を守ろうとしない、あるいはその方法を知らないはずだというこの思い込みは「多数の無知」と呼ばれていて、楽観バイアスの主な原因と考えられている。たとえば、青年期の若者が自分は酔っていても安全運転できると考えるのは、たとえ外が寒くても窓を開けたりエアコンをつけたりして、注意が疎かにならないよう十分な対策がとれると思っているからだ。彼は飲酒運転中に注意力散漫にならないためのそうした安全策は、自分だけがやっていることだと思い込んでいる。そして、実際にはほかの人も同じような甘いことを考えて実行しているとは夢にも思わないのだ。

この楽観バイアスは、先ほど私が説明した「青年期の若者はどんな悪い事態についても、自分の身に起こる確率を高く予測しすぎる」傾向に反している。つまり、若者の心で矛盾が起こっていることになる。一方では、自分が直面する危険は実際よりずっと深刻だと思い込み、他方では、自分だけがそうした危険性を最小限にできる特別な方法を知っていると思い込んでいるのだ。楽観バイアスの度合いは問題となっている危険の性質や、本人がそれをどう捉えるかによって変わってくるが、この偏りは決して若者特有のものではない。大人も同じくらい、あるいはそれ以上に楽観バイアスを抱いていることが、多くの研究で明らかになっている。しかも、大人は青年期の若者とは違い、無防備なセックスによる妊娠といった危険な行為で生じる事態の確率をもっと正確に予測できる。楽観バイアスが人を危険な行動へ向かわせる大きな要因だとするならば、青年期の若者よりも、同じくらい楽観的だが自分の身に悪いことが起こる確率をずっと低く見積もる大人のほうが、危険を冒す可能性が高いはずではないだろうか。したがって、楽観バイアスはたしかに存在しているが、その影響はたいていの大人なら避けて通る危険を若者が冒す、主な理由にはなりえない。

一〇代や二〇代前半の患者や大学生に、避妊なしのセックスでＨＩＶに感染する危険性を尋ねると、誰もが異常に高い確率を口にする。だが、その患者や学生のひとりを選んで「あなたが感染する危険性」を尋ねた場合、答えはその人がどのような生き方をしてきたかによって異なるはずだ。たとえば、ＨＩＶに感染している知り合いの有無。日常的にセックスしているか。どういった相手とセックスしているか。セックスに対する道徳観。ＨＩＶについて教えられてきたこと。ＨＩＶ感染者をどう思っているか。ここで挙げたのは、ほんの一例だ。自分の身に起こる危険性の予想は、そうしたいくつもの価値観や経験に左右される。そのため、青年期の若者で楽観バイアスを抱いた者は、自分が危ない目に遭う可能性はほかの人より多少低いと思うだろうし、そうでない者は自分が危険に遭遇する確率は非常に高いと思いつづけるだろう。価値観や経験は人によって大きく異なるので、青年期の若者に対応するときは、それぞれどういった人物なのかを判断しなければならない。ある大学生は避妊なしのセックスで妊娠する確率について「普通は九〇パーセントだけど、自分の場合は一〇〇パーセント」と答えた。なぜなら、「自分はついてないから」だそうだ。

青年期の若者は危険について多くを教わり、危険に対してさまざまな捉え方をしている。しかも、それらがすべて、対立し合うことなく共存している。若者たちは我々と同じく、矛盾しそうな、ときには正反対の考えで頭がいっぱいだったり、実際の確率を大きく上回る危険性の予想と楽観バイアスのどちらも受け入れたりする。青年期の女性の考え方の一例を紹介すると、たとえ無防備なセックスで妊娠する確率を実際より高く予想していても、自分がそうしたセックスによって妊娠する可能性は周りの仲間より低いと思い込んでいる（楽観バイアスの影響）。とはいえ、避妊をしたうえで日常的にセックスしている仲間と比べれば、自分のほうが妊娠する可能性がずっと高いこともわかっているのだ。実は、この例のようにいくつもの考えが絡まってひとつの大きな塊になっているのは、青年期の若者において決して珍しいことではない。それゆえ、若者が自分の身を守れるようになるために我々がやらなければならないことは、さらに複雑になっていく。

危険と「立ち直る力（レジリエンス）」

毎学期、私は精神病理学講座の二〇〇人もの不安げな学生に期末試験の問題用紙を配りながら、こんな話をする。私の父は医師で、私は五歳のときから父のような医師になりたいと夢見てきた。高校生のときは「アメリカの未来の医師」という団体の会員にまでなり、地元の病院に集まっては優秀な医師たちからそれまでに経験した仕事の話を詳しく聞かせてもらっていた。とても感動的で勇気づけられる体験だった。ところが、カリフォルニア大学バークレー校で一年目を終えた頃には、医師としての道を歩むことに対するやる気をすっかりなくしていた。まず、医学部進学課程の必修授業が嫌だった。とにかく難しかったし、授業は大人数で（化学も生物も、講義を受ける学生は一二〇〇人を超えていた）、たいていの講師は研究するほうがずっといいという態度をあからさまに示して、授業をなおざりにしていたからだ。それに、医学部進学課程の学生そのものが嫌だった。あまりに競争心が強く、思いやりに欠け、同級生と関わろうとしない者が多かったのだ。その手の学生は大学のあいだずっと、目の前の理系の授業以外に脇目も振らず、試験でAをとろうと必死になっていた。私はそれが医師になるために求められることであれば、医師にはなりたくないと思った。医学部進学課程の授業と学生に幻滅した私は、大学二年の有機化学の試験で無駄な抵抗をするかのようにDをとってしまったというわけだ。「私のように有機化学でDをとっても医師になれるのだから」と、私はいつも精神病理学講座の学生たちを励ます。「みんなも期末試験を目の前にした今、どんな気持ちだろうと、大きく深呼吸をしてただベストを尽くせばいい」。それが立ち直る力（レジリエンス）だ。

人生という道のりでは、誰もがときには何らかの問題にぶつかる。それは決して避けられない。大事なのはその問題にどう対処するかだ。それによって再び同じ道を進めるのか、さらに経験から学んで成長するのか、それとも完全に道から外れてしまうのかが決まる。私の場合、次の年に有機化学の講座を再履修して医学部進学課程を無事修了できたが、専攻は歴史にした。それは単に、私にとって一般教養系の授業のほうが楽しかったからだ。ただし、専攻を生物から歴史に変更することについて、何カ月もかけて我慢強く周囲を説き伏せなければならなかった。医学部進学課程の指導教官には「有機化学の成績がDでしかも歴史を専攻している学生は、医学大学院には絶対に入れない」と言われ、別の進路を検討するよう強く勧められた。いたるところでやる気をそがれてしまった私が、大学を卒業する頃には医学の道へ進むことにほとんど興味を失っていたのは、いうまでもないだろう。

大学二年のとき、私は親友といっしょに思いつきで公衆衛生学の講座に申し込んだ。そこで集団レベルの健康増進活動と疾病予防活動の重要性を学び、継続して授業に出るようになった。大学を卒業する頃にＨＩＶが発生、流行し、毎日のように新聞や夕方のテレビニュースで大きく取り上げられた。友人のひとりが感染してのちに亡くなったこともあり、私は突如公衆衛生に大きな関心を持つようになった。その後の七年間は公衆衛生学の修士号を取得するだけでなく、「性と生殖」教育、ＨＩＶ教育、労働安全衛生関連の仕事にも携わった。

ようやく医学大学院に進んだとき、私は二九歳になろうとしていた。当然ながら普通の医学大学院生よりも年をとっていたが、その分立ち直る力も強くなっていた。多くの人と同じように、二九歳になるまでさまざまな問題にぶつかっては何とかしのいできた。ものすごく貧乏な家庭で育ったわけではないのはたしかだが、それでも大学と医学大学院時代はずっと働いて、すべての学費を自分で支払った。一九八二年製のフォルクスワーゲン「ラビット」で、アメリカ中を旅した。いくつか恋愛して、なかにはあまりいい終わり方をしなかったものもあった。メキシコと中央アメリカを何度も訪ね、旅行中に腸の寄生虫感染症に三度も苦しめられたり、スペイン語がかなりうまく話せるようになったりした。定期的に運動を行う習慣をつけたら、健康状態が向上した。やっと医学大学院に入学したときは周りの同級生と同じように不安でたまらなかったが、自分には経験という財産があることもわかっていた。

その後の医学大学院、研修医、専門医としての研修時代の九年間を通じて、人が病気になる原因や、健康を取り戻してもらうための方法を学んだ。医師の主な役割は患者個人が抱える病気の原因を突き止め、それを取り除いたり症状を緩和させたりすることだ。公衆衛生の場合はそれとは異なる。公衆衛生の主な役割は、そもそも人々が病気にかからないよう集団レベルの対策をとることであり、従来行われてきた医者による患者の治療とは方向性が違うものだ。この二つの分野を組み合わせると、ますます強力な効果が期待できるようになる。癌にかかった個人を治療するだけではなく、化石燃料の燃焼時に排出されるガスやたばこの煙といった、発癌性があるとされる物質に集団がさらされないよう取り組む。コレラや腸チフスにかかった個人を治療するだけではなく、清潔な水の確保や下水処理場の建設を行う。そして、感染症にかかった人々を治療するだけではなく、ワクチンを開発して供給する。

天然痘は感染、発症した人の三〇パーセントが死亡する、極めて致死性の高い感染症だ。二〇世紀だけでも、天然痘による死亡者は三億人から五億人と考えられている。死を免れても、たいてい瘢痕(はんこん)、失明、四肢変形といった後遺症が残った。一七〇〇年代半ばには、天然痘と近縁の牛痘に感染した搾乳婦は天然痘にかからないことが知られていた。だが、エドワード・ジェンナーが庭師の息子であるジェームス・フィップスに牛痘を接種し、その数週間後に天然痘を接種して予防接種の効果を証明したのは、一七九六年になってからのことだった。ジェームスは牛痘接種でできた免疫によって天然痘にかからなかった。天然痘ワクチンは史上初めて開発されたワクチンで、現に「ワクチン(vaccine)」という用語は「牛の天然痘」を意味するラテン語の Variolae vaccinae に由来している。天然痘に自然感染した患者の記録は一九七七年のソマリアでの診断が最後であり、世界保健機関(WHO)は一九八〇年に天然痘根絶宣言を行った。これはまさに公衆衛生が成功を収めた一例である。

もし我々が「危険を防止するワクチン」を青年期の若者に打てるのであれば、間違いなくそうするだろう。だが、そういったものは存在しないので、若者たちが危険から身を守れるようにするための別の方法を考え出さなければならない。子どもたちが直面している危険を軽減するために、親として、教師として、あるいは政策立案者としてできることはたくさんあるし、本書でもそうした方法について詳しく取り上げている。だがそれと同時に、我々は誘惑や危険に絶えずさらされている青年期の若者たちに、この先の道のあちこちに転がっている障害を乗り越えるために必要な立ち直る力を、さらにしっかりと身につけさせなければならない。

立ち直る力には、さまざまな要因が関係している。なかには学ぶための知性、理解ある家庭、高い社会経済的地位のように教えても手に入らないものもあるが、我々はそういったものも含めた多くの要因を強化してやることはできる。たとえば友達づくりがうまい向社会的な子どもや若者は、頼れる人間関係をごく自然に築けるので、立ち直る力がほかの人より強いことが知られている。だとすれば、特に恥ずかしがり屋の子どもたちに対しては、仲間とうまく関われるよう支援し社会性を身につけさせることで、青年期を迎えたときに必ず直面する危険を乗り越える強さと自信を備えさせられるだろう。また、自分をうまく表現する力、さまざまなことを読み取る力といったコミュニケーション能力も身を守るうえで役立つため、子どもたちの言語能力を向上させるのも我々の大事な役目だ。気持ちをうまく抑える、切迫した状況でも落ち着きを失わない、衝動的にならない、他人に思いやりを示す、目的意識を持って生きる、意志が強くあきらめない、自分を信頼できる、自分の人生をある程度コントロールできているという自信を持てるといった特性も、青年期の若者の立ち直る力をよりいっそう高めることが数々の研究で明らかになっている。

我々は清潔な水でコレラを、ワクチン接種で天然痘を予防できるのと同じように、不安症状や抑うつ、心の病気や精神的苦痛による生きづらさ、薬物乱用の予防や軽減に必要なすべを教えられる。世界的に見ても、情緒および行動の障害が、幅広い問題(たとえばうつ病、アルコール摂取、自傷行為、双極性障害、統合失調症、自動車事故など)の主因であることが、一九九〇年代以降明らかになっている。こうした問題の大半が起こるのは青年期であるため、この年頃の若者の立ち直る力を強化することで、病気や怪我による大変な重荷を減らしてやることができる。

だがその前に、我々は「青年期の若者たちは自分が無敵だと思っている」という認識を捨てなければならない。そのうえで、彼らが危険を冒そうとする本当の理由を理解しなければならないのだ。子どもたちを危険な目に遭わせないための具体的な対処法を本人、親、教師たちに知らせることが重要だ。そして、自己効力感の身につけ方や気持ちをうまく抑える方法を教え、それらを活用できるようになるための訓練を何度も繰り返す。さらに、そもそも危険に向かうはめになった具体的な要因を遠ざける方法も、子どもたちに教えなければならない。

青年期の矛盾

青年期は人生において最もたくましいときだ。この年頃の若者は、免疫力が一生のなかで最も高い。上や下の年代よりも、厳しい暑さや寒さに耐える能力も高い。怪我の回復も早い。だが、青年期を迎えると病気を発症する確率は大幅に高くなる。しかも一〇代、とりわけ一〇代の少年の死亡率は著しく高い。一二歳から一九歳にかけて少女の死亡率が三倍に増える一方で、同年代の少年の死亡率は六倍以上にもなる。もっと細かく言うと、一二歳以降の少女の死亡率が毎年ほぼ二割ずつ上昇するのに対して、少年の死亡率は毎年三割以上ずつ増える。そうして一〇代の若者の死亡率は、二〇代初めまでさらに増加しつづける。身体能力が最も高い時期であるにもかかわらず心身の脆弱性も高まるというこの矛盾が起こるのは、一〇代から二〇代前半の若者の行動、気持ち、思考回路が原因である。

青年期の若者が異様に危険な行動をとるのは、疑いようのない事実だ。アメリカでは事故、自殺、殺人が、一五歳から二四歳までの死因の八五パーセントを占めている。この年代では二番目に多い死因である自殺だけでも死亡者数の二割にもなり、これは癌、心臓病、先天性異常、脳卒中、インフルエンザによる肺炎、ＨＩＶ、慢性呼吸器疾患による死亡者を合わせた数よりも多い。

犯罪の面ではどうだろうか？　三〇歳を過ぎた人が重罪を犯すのはまれだ。凶悪犯罪を犯すのは若者が圧倒的に多く、しかも法律を犯した成人の大半は、一〇代のときにも法律を犯している。つまり、ベビーブーム後のように若者の人口が増えると、犯罪も増える。

私は公衆衛生の指導者、次に医学大学院生、さらには精神科の専門研修医の時代に、青年期の若者が危険性の高い行動をとるのは彼らが自分を無敵だと思い込んでいるからだと教えられてきた。そうでなければあれほど多くの自動車事故、望まない妊娠、性感染症、アルコール・薬物・たばこの使用といった問題が起こるはずはないと聞かされてきた。若者は怖いもの知らずだという説は、極めて妥当に思える。だがここまでで明らかになったとおり、この説ではどうしても説明がつかない点があるのだ。

我々が若者に対して彼らが実際は脆くて傷つきやすいのだと何度も説明して、迫りくる危険について教育しているにもかかわらず、一三歳から一九歳における大量飲酒と飲酒運転の発生件数、コンドーム使用率、肥満率、自転車またはバイク乗車時のヘルメット着用率、いじめの件数といった数字は、ここ二〇年間ほとんどあるいはまったく変化していない。それどころか、自殺やマリファナの使用は増加している。たばこは価格がインフレの倍の率で上昇したためか、使用が若干減少しているが、電子たばこの使用はここ四年間で四倍以上になっている。

怖いもの知らず以外に考えられる、若者を危険に向かわせるほかの要因は何だろうか？　もしかしたら青年期の若者は分別がなくて正しい判断能力に欠けているか、あるいは強い興奮や新たな感覚を求めているのかもしれない。たしかに、そういう場合もあるだろう。だが、彼らの危険な行動の原因はそれだけには留まらないことが、現在ではすでに明らかになっている。**青年期の若者は危険な振る舞いをするようにできていて、彼らの脳、ホルモン、仲間との関係といったあらゆる要因が、ほぼどんな場面でも彼らに危険を冒すよう促し、危ない行為へと走らせつづける**のだ。

シェイクスピアの言葉は正しかった。一〇代や二〇代前半の若者は悪いことばかりして、危険な行為に走る。だが不思議なことに、彼らはそういった行動によって自分が傷つく確率は、実際よりも高いと思い込んでいるのだ。「娘たちを孕ませ」たりＨＩＶに感染したりする確率がそれほど高いと思うのなら、なぜ若者たちは無防備なセックスで自分自身を危ない目にさらすのだろうか？　彼らが「自分は無敵だ」と思っていないことは、これまでの数々の実験結果から明らかだ。つまり、別の何かが関係しているはずなのだ。

本書はその「別の何か」を理解するためのものだ。一〇代から二〇代前半の子どもや若者が日常的に妊娠、アルコール・薬物・たばこへの依存、不慮の事故による負傷、死につながる行動へと走ってしまう理由は何か。本書を読み進めると、あなたは自分がこれまではその理由をわかっていると思い込んでいたにすぎないと気づくだろう。若者たちを危険にさらす主な要因は、人間の脳や進化の過程の奥深くに隠されていて、しかも周囲との関係や人生経験に非常に左右されやすい。科学的根拠に基づいた本書を、指南書として利用してほしい。何が青年期の若者を危うい行動に走らせるのかを把握できれば、我々が彼らを守ろうとして行ってきた対策の大半がなぜうまくいかなかったのかも理解できるはずだ。さらに、彼らが自分の身を守れるようにするために我々がやるべきことを、より明確につかめるようになるだろう。

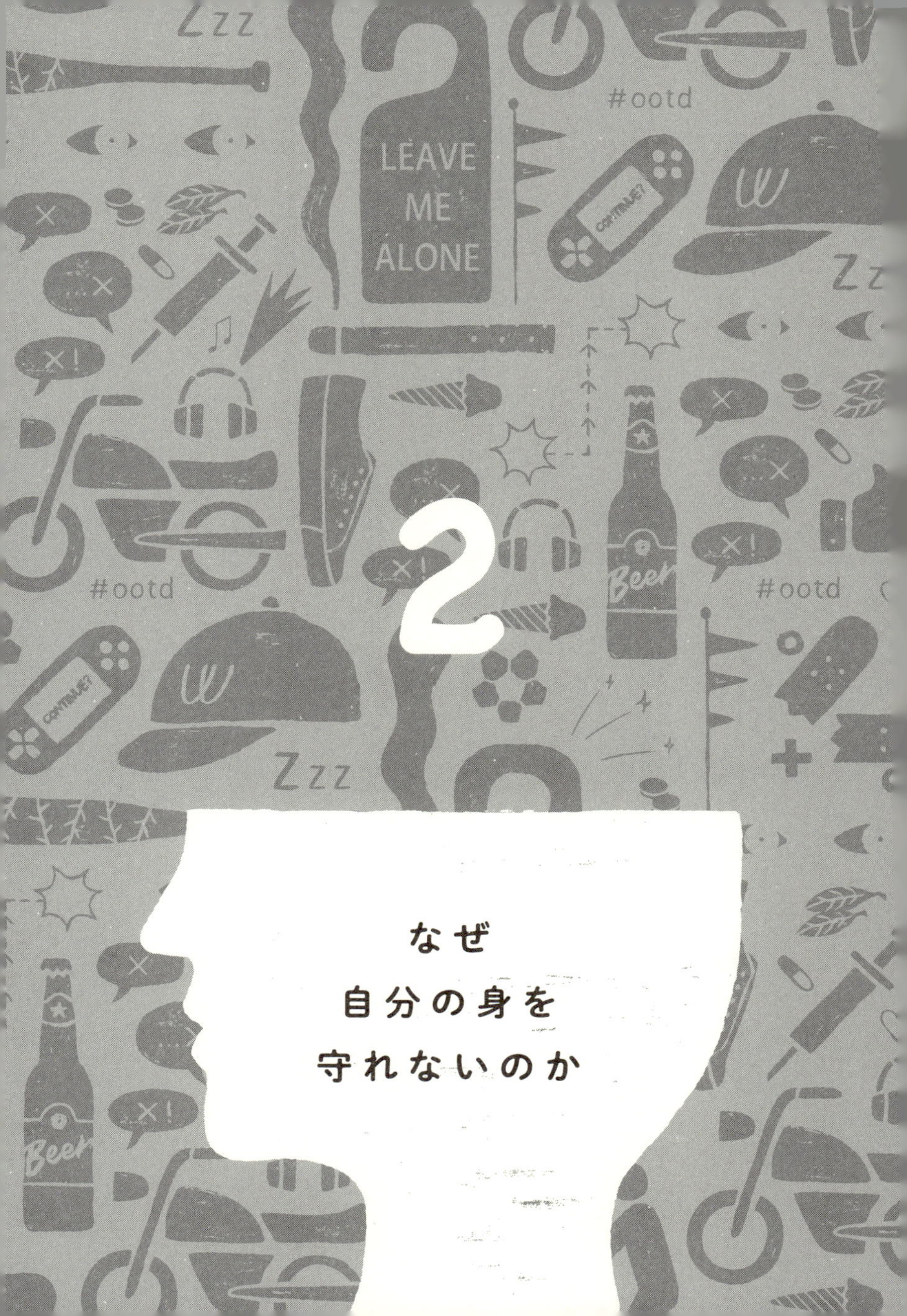

2 なぜ自分の身を守れないのか

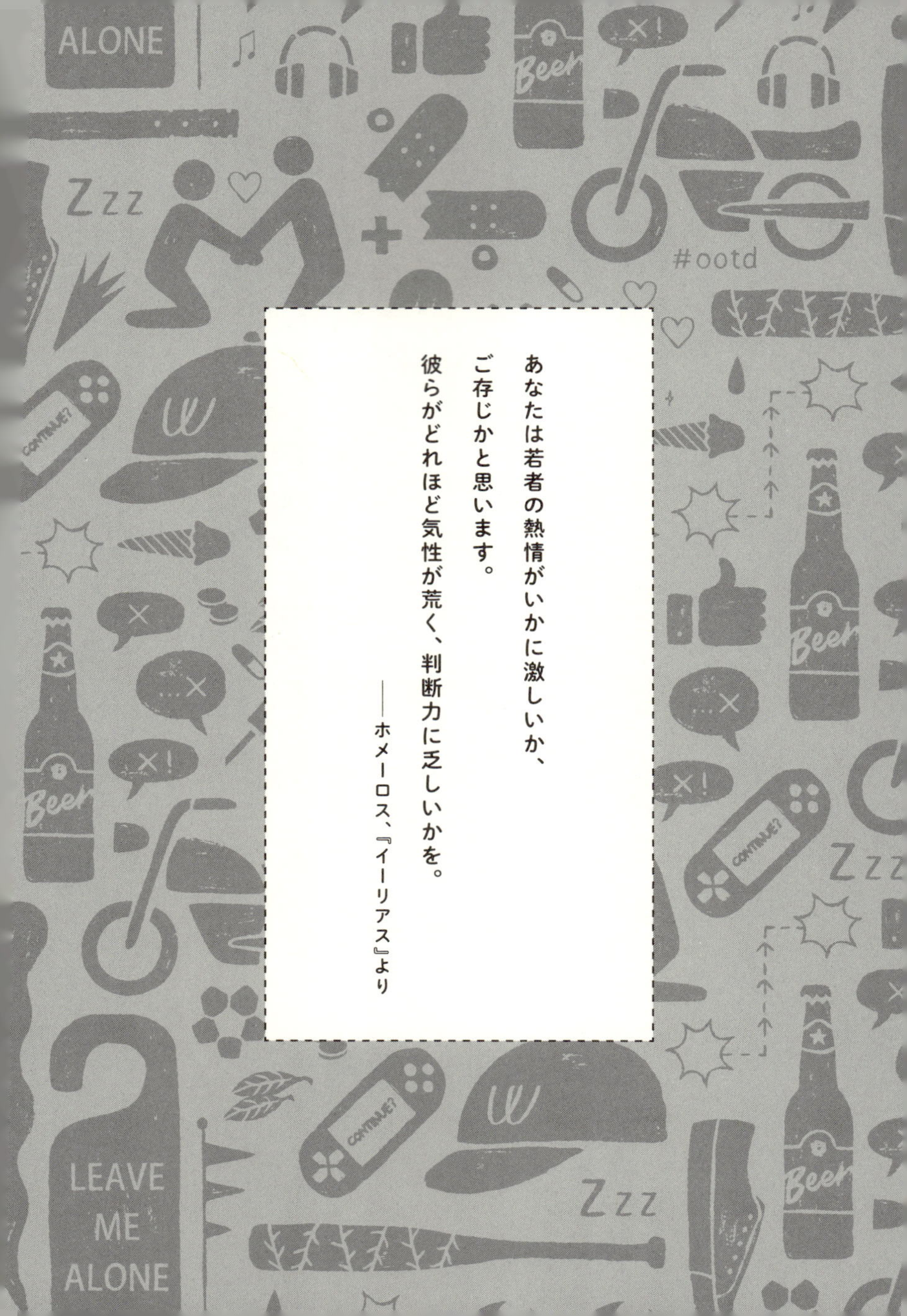

あなたは若者の熱情がいかに激しいか、
ご存じかと思います。
彼らがどれほど気性が荒く、判断力に乏しいかを。

――ホメーロス、『イーリアス』より

機内に入るのが待ちきれなかった。当時一六歳だった私は、それまで飛行機に乗ったことがなかったのだ。激しい胸の高鳴りとともに搭乗通路を進もうとした直前、父が私の腕をそっとつかんで言った。「調子に乗るんじゃないぞ」

次の日私はドイツにいて、交換留学パートナーのトーマスや彼の仲間といっしょに、校庭の端をぶらぶらしながら昼休みを過ごしていた。私は疲れ切っていた。サンフランシスコ発ニューヨーク経由フランクフルト行きのフライトで少しも眠れなかったため、家を出てから二〇時間ほぼずっと起きたまま、留学生としてひと夏を過ごす予定のフランクフルトに着いたのだった。新しい環境にとまどってもいた。フランクフルトはいまだ春の陽気が続いていて、そのため花粉症がまたひどくなった。ホストファミリーのアパートメントでの最初の夜も、ほとんど眠れなかった。

実習室脇の送電鉄塔に、鉄製のはしごがぶら下がっていた。はしごはしっかりとは固定されておらず、しかも一番下の段までは地面からおよそ一・五メートルもある。ドイツ人の少年の何人かがはしごをつかんで登ろうとしたが、失敗した。そのなかのひとりが、新入りのアメリカ人である私にやってみろとけしかけてきた。私はためらった。はしごは見るからに粗末なつくりだ。登ったら、厄介なことになるかもしれない。それでも私は両方の手のひらに唾を吹きかけてはしごをつかみ、下の段まで体を持ち上げて登りはじめた。

勢いよくどんどん登っていくと、はしごは左右に一〇センチほど揺れる。私は少年たちを見下ろした。自分が誇らしかった。私は強くて勇敢だ。ほかの者ができないことを、私はやろうとしているのだ。

生まれ育ったカリフォルニア州北部の郊外の町での私は、まずまず運動神経がよくてチームに必要とされたが、バスケットボールや野球、サッカーのチーム決めのときに最初や二番目に選ばれることはまずなかった。私は「よき友」「いいやつ」だったが、いわゆる学校で一番人気のある「ずば抜けて運動神経がいい男子生徒」ではなかった。だがここフランクフルトでは、私が高一アメフトチームで三番手のランニングバックだったことは誰も知らない。ここでなら新しい自分になれるはずだ。

はしごを登りながら、真下に広がる校庭を見渡した。学校の敷地内のどの校舎よりも、すでに高いところにいた。少年たちにたきつけられて、私は高さ一〇メートルの塔の一番上まで登ることにした。そのとき初めて、はしごがいかにおんぼろでがたついているかに気づいた。はしごはさびついたボルトたったひとつで、塔に貼りついている状態だった。しかも電線が目と鼻の先に何本も迫ってきている。私の気持ちはいっきに変わった。けしかけた少年に腹が立ってならなかった。おそらく、どれほど危険なのかを知ってのことだったのだろう。「調子に乗るんじゃないぞ」という父の言葉が、強くはっきりと耳元でよみがえった。わずか一日半前には、そんなことをわざわざ言うなんて何てまぬけなんだろうと、私は搭乗通路を進みながらいい気になっていた。今は、この姿を父に見られなくてほっとしていた。

一〇代から二〇代前半の若者の最大の死因が癌や心臓病でないと聞いても、驚く人はあまりいないだろう。もちろんそうした病に襲われる若者もいるが、幸いなことにまれである。青年期の若者たちが短い人生を終える原因は、ほとんどの場合が事故、殺人、自殺だ。そうした悲劇は、若い人々の考え方、感じ方、振る舞い方によって起こってしまうのだ。私は幸運にもドイツではしごから落ちたり感電死したりせずにすんだが、怪我をしていたとしても不思議ではなかった。私は青年期の若者なら当然と言える行動を、ひたすらとっていたからだ。つまり、挑発にのって無謀な真似をして、自分の身を危険にさらしたのだ。

だが結局のところ私は、あのはしごを登った一件からは、危険を冒すことの恐ろしさについてたいして学ばなかったようだ。二週間後、フランクフルトから近いフランスのストラスブールへ行った私と友人たちは城の塔を登り、最上部に着くと冷たいビールで祝った。そのときの写真には、地上およそ一五メートルの高さにある石の胸壁に腰かけて、両手に持ったビール瓶を二本とも口に突っ込んでいる私が写っている。カメラを向けられたことでわざと大げさなポーズをしたというのもあるだろうが、あれは一六歳にとってはごく当たり前の軽はずみな行動でもあった。写真では危なそうに見えるし、実際危なかった。しかも、私があんなことをしたのは男の友人たちや知り合ったばかりのドイツ人の女の子にいいところを見せたかっただけというのが、この話の最も情けないところだ。

夏の終わりにカリフォルニアに戻ってからも、私のばかげた行動は続いた。酒を飲んで泳いだり飲酒運転したりと、愚かにも危険な真似を続けた。そう頻繁にはやっていなかったが、どれをとっても悲惨な結末を迎えてもおかしくないものばかりだった。

「目標は一〇〇パーセント無傷であること」

スコット・ポールはまさにアメリカ的な若者だった。身長一八五センチで一一〇キロ近い体重のスコットは、ミシガン州ハウエルの高校アメフトチームで先発センターを務め、高校四年のとき、『デトロイト・フリー・プレス』紙と『デトロイト・ニュース』紙の「オールステート・チーム」〔ポジションごとの州の最優秀選手を決める催し〕に選ばれた。AP通信が選んだ「オールステート・チーム」では、特別賞が贈られた。さらに、ハウエル高校で毎年行われる「ハイランダー同窓会(ホームカミング)」で、「最も優れた男子卒業生(ホームカミング・キング)」にも選ばれた。アウトドア派のスコットは、釣りや狩りが大好きだった。

スコットは根っからのいいやつだった。父親のカールによると、スコットは学校の食堂でひとりぽつんと座っている生徒を見かけると、たいていその子の隣に座ったそうだ。周りの人の一日を明るくしたい、とスコットはよく父親にそう話していた。「息子は運動仲間だけと仲よくしていたわけではありません」とカールは語った。「あの子は誰からも愛されていました」

スコットはいくつもの大学フットボール部から勧誘されたが、すべて断って溶接の仕事に就くと、自宅から四五分ほどかけて通勤した。二〇一二年三月、通勤用に七四五ccのホンダのバイク「シャドウ」を購入した。ひと月後の四月には、バイクの免許が取れた。ミシガン州知事のリック・スナイダーが、ヘルメット着用を義務づける州法を廃止する法案に署名したのは、同じ月のことだった。五月二三日、カールは息子がヘルメットをかぶらずにバイクに乗っているのを目撃した。一時間後、カールは心配でたまらず、スコットに携帯メールを送った。すぐに返事が来た。

スコット：親父の気持ちはよくわかる。でも、俺は親父と違って危ないことに挑戦したいタイプだし、今までもこれからもずっとそうだ。人生の楽しさや興奮を味わってるんだよ。ばかげてると言うかもしれないけど、こうやって生きていることを実感してるんだ。お願いだから、わかってよ。

カール：私はただおまえに、バイクを初めて手に入れたときの気持ちを忘れないでいてほしいんだ……頭の怪我には気をつけなければと言っていたじゃないか。

スコット：忘れてないよ。頭の怪我なんか絶対にごめんだ。一番大事なのは、とにかく転ばないこと。ヘルメットだって、いつもかぶってる。さっきみたいに、ちょっとそこまで行くとき以外は。さっきは、ただ試してみただけさ。それに、バイクに乗るときはいつもお祈りしている。「私をお守りください」って。そうすると安全に運転できる気がするから、親父ももっと安心してよ。俺の目標は一〇〇パーセント無傷であること。じゃあ、また。

カール：あのときおまえが「ヘルメットなしではバイクに乗らない」と言ったから、私はほっとしたんだ……何かが変わってしまった気がする……頼むから、ヘルメットは必ずかぶってくれ。

一カ月後、スコットはフォード「エクスプローラー」にはねられて亡くなった。車を運転していたのは一八歳の女性で、一四歳の弟が助手席に乗っていた。スコットは二五歳だった。ヘルメットは装着されておらず、バイク右側のサドルバッグにしっかりと収まっていた。

「なぜスコットはヘルメットをかぶろうとしなかったんでしょうか?」私はカールに尋ねた。「そのほうが、生きていることを実感できたそうです」カールは答えた。「私は何でも最悪の事態を想像する性格ですが、スコットは真逆でした。私は『あんなことや、こんなことが起こるんじゃないか』と思ってしまいますが、息子はそんなふうにくよくよしませんでした。ヘルメットをかぶらずにバイクに乗るのは危険だということは、息子だってわかっていたはずです。何度か危ない目に遭っていたし、ヘルメットをかぶらずに運転することを私が嫌がるのも知っていました。実際、あの日家を出るときにヘルメットをつけていたのは、私をストレスでまいらせないようにするためだったに違いありません」

メール文やカールの話から、スコットがヘルメットを着用せずにバイクに乗るのは危険だと理解していたことは疑いようもない。実際、彼はバイクに乗るたびにお祈りをしているとまで書いている。スコットだけでなく、どんな若者に対しても、ヘルメットをかぶらずにバイクを運転するのは非常に危険だからやめようと説得するのは何の効果もない。先ほど説明したとおり、青年期の若者が考える「自分が危険な目に遭う確率」は、たいてい実際よりも高い。残念ながら現行の青少年非行防止活動の大半は、迫りくる危険を若者たちに認識させるという誤った方法をとっている。ホメーロスの死後三〇〇〇年近く経っても、我々はいまだ若者たちに自分の身を守る方法をうまく教えられずにいるのだ。

効果のなかった非行防止活動

ティーンエイジャーは何でも試してみたがる。アメリカでは高校生の半数近くが、卒業するまでにマリファナを試している。高校四年生の約二五パーセントは、調査時の過去三〇日以内に違法薬物を使っていた。高校二年生の場合は一六パーセント、中学二年生では八パーセントだった。高校生の三分の一が調査時の過去三〇日以内にお酒を飲んだと答えていて、高校四年生の二五パーセント近くは過去二週間以内に大量の飲酒(二時間以内に五杯以上のアルコール飲料の摂取)を行っていた。

もしあなたが、青年期の若者に薬物やアルコールの摂取をやめさせる活動を行いたいと考えたとしよう。どういったものにすればいいだろうか? 一九八三年、ロサンゼルス市警察はその答えにたどり着いたと確信した。

薬物乱用予防教育(D.A.R.E.)は、通常制服警官によって行われる。活動開始当初の講習は、週に一度、学校の授業時間内に行われていた。子どもたちは小学五年生から高校一年生までを通じて、アルコール、たばこ、マリファナをはじめとする薬物が身体的、精神的、社会的、法的にどんな危険をはらんでいるのか、成長中の脳や体にどれほど大きな影響を及ぼすのかを学んだ。さらに、一〇代のアルコール、たばこといった薬物について生徒たちが正しいと思っている情報と全国のデータを比べて話し合ったりもした。後年の活動では、生徒が自尊心を高め、仲間からの同調圧力に対処できるようになるために、アルコールや薬物の話だけではなく向社会的な行動や活動についても詳しく取り上げた。

アメリカの歴代大統領は、D.A.R.E.の熱烈な支持者だ。大統領時代のレーガン、ブッシュ、クリントン、G・W・ブッシュ、オバマは、それぞれが四月のある一日を「全国D.A.R.E.デー」と定めていた。二〇一三年の時点で、D.A.R.E.はアメリカの全五〇州、学校区の七五パーセント、そして世界の五〇カ国以上で取り入れられている。これまでアメリカで約一億一四〇〇万人、全世界では一億人を超える子どもたちがD.A.R.E.の教育を受けてきた。D.A.R.E.はまさにアメリカの学校で最も広く行われてきた非行防止活動だ。パトカーやスポーツ用多目的車(SUV)に貼られた「子どもたちを薬物から守るD.A.R.E.」というバンパーステッカーを、誰もが目にしたことがあるだろう。D.A.R.E.はとても優れた試みだ。この活動の目的は事前教育を行って、子どもたちが薬物に手を出さないようにすることだ。そうした取り組みには、誰だって賛同するだろう。

だが、ひとつ問題がある。実際のところ、D.A.R.E.は役目を果たしていないのだ。

一九九〇年代半ばには、D.A.R.E.に効果がないことが調査によって明らかになっていたが、それでも大統領や政府は奨励しつづけた。誤解のないように言っておくが、D.A.R.E.の担当警官たちは、時代とともに活動内容を何度も更新してきた。しかし、どれもたいした成果は出なかった。子どもたちに薬物の使用を思い留まらせるという最大の目的をD.A.R.E.が果たせていないことは、一〇を超える綿密な調査によって判明している。いくつかの講習内容は生徒の薬物の知識を増やし、社会性を向上させ、警察官との良好な関係を促進したという結果も示されている。だが、講習を受けた生徒と受けていない生徒の薬物やアルコールの使用率はほぼ同じであり、その傾向は二五年以上変わっていない。それどころか、一部の調査ではD.A.R.E.の講習を受けた生徒のほうがたばこ、薬物、アルコールを試す可能性が高かったとさえ指摘されている。

D.A.R.E.が全般的な効果を示さなかった原因は、はっきりとはわかっていない。とはいえ、子どもたちに予防目的で薬物の情報を大量に与えたり、薬物乱用の悲惨な結果を示して怖がらせたりしても、何の効果もないことは明らかだ。たしかに、一二歳の子どもが警察官に「マリファナを吸ったら人生が台無しになる」と厳しい口調で言われたら、そのときは信じるだろう。だが数年後（ちなみに私が診察した患者の例では、一四歳から一七歳くらいが最も多い）、仲間の一部がマリファナを吸いながらも学校にちゃんと来て好成績を収め、しかもその後ヘロインに依存していないのを目の当たりにしたら、おかしいのは中学のときのあの警官たちのほうではないかと思うようになるのだろう。

二〇〇九年、活動を運営する非営利団体「D.A.R.E.アメリカ」では、幸いにも予防医学者たちの熱心な協力によって、より効果的な手法が編み出された。この「リアルな自分でいること」を推奨する新しい活動は、ただ事実を教える講義ではなく、子どもたちが健全な判断力を身につけるための練習や薬物を拒否する訓練に重点を置いている。今のところ有望な結果が得られている。

事態を悪化させる介入

一見効果がありそうだが実際には目的を果たせなかった一〇代向け非行防止活動はD.A.R.E.だけではない。アメリカの凶悪犯罪の半数は一〇歳から一七歳までの若者によるもので、成人犯罪者のほぼ全員がかつては少年犯罪者だった。一九七〇年代、無期懲役に処せられた一部の凶悪犯たちは、犯罪人生の現実を一〇代の若者たちに包み隠さずさらけ出すことで少年非行問題の解決に協力したいと考えた。そうしてできたのが「スケアード・ストレート（恐怖を実感する）」活動だ。ニュージャージー州のローウェー州立刑務所に連れてこられた若者たちは、数時間刑務所内を見学する。受刑者たちは暴行や殺人まで起こる刑務所での暮らしを、凄惨なまでに生々しく語った。ときには参加している若者たちを怒鳴り、叱りつけ、怯えさせて恐怖心を植えつけた。それはどれも若者たちを将来の犯罪者にしたくないという、純粋な熱意ゆえだった。

「スケアード・ストレート」活動は瞬く間に大評判となり、アメリカ中に広まった。私はローウェー州立刑務所を訪ねた若者たちを追ったドキュメンタリー映画『スケアード・ストレート!』を、一九七九年のテレビ放送時に観たことを覚えている。この作品は二つのエミー賞と、アカデミー長編ドキュメンタリー映画賞を獲得している。人気テレビドラマ『刑事コロンボ』で、冴えない風貌だが実は鋭い殺人課の刑事を演じたピーター・フォークが担当したナレーションでは、刑務所を訪れた少年犯罪者の八割から九割がそのときの経験によって心を入れ替えたと語られていた。私は衝撃を受けた。その証拠に、家族でリビングルームに集まり、買ったばかりのRCA社の新型カラーテレビでこの番組を観たときのことは今も記憶に鮮やかだ。犯罪を犯した後の人生は、たしかに魅力的とか心躍るというにはほど遠いものだと思った。

だが三〇年近い調査の結果、スケアード・ストレートも効果がないことがわかった。二五年にわたり八つの州で行われた調査結果を改めてまとめたところ、スケアード・ストレートに参加した若者が犯罪行為に手を染める確率は、参加していない若者の倍だった。スケアード・ストレートによる介入が心優しい犯罪者によって行われようが、威圧的で容赦のない犯罪者によって行われようが、たいした違いはなかった。スケアード・ストレートは状況を悪化させたのだ。

一九九〇年代中頃、アンソニー・ペトロジーノ博士はニュージャージー州にあるラトガース大学の博士課程で刑事司法を学ぶ学生だった。指導教官のジェームス・フィンキノーアー博士は『Scared Straight! and the Panacea Phenomenon(「スケアード・ストレート!」と万能薬現象)』の著者でもあり、「スケアード・ストレート」活動を初めて公に批判したことで知られている。

二〇〇四年、今度はペトロジーノが同僚の研究者たちと発表した論文が大きな反響を呼び、世間はスケアード・ストレートや同様の青少年非行防止活動には効果がないことを再認識した。私がペトロジーノ博士にスケアード・ストレートがうまくいかなかった理由を尋ねると、博士はほかのあらゆる活動評価研究と同じく、自身の研究チームがこの調査結果を分析した目的は「仕組みの問題点の解明」ではないと断ってから、仲間内での非行の伝染が大きく影響しているのではないか、と指摘した。総じて破壊的で情緒に問題がある若者は普通の集団から切り離され、別の集団にまとめられる。そこで反社会的な行動を支持したり助長したりする似た者同士で仲よくなり、彼らが将来法に背く可能性がさらに高まるというわけだ。何とも皮肉なことである。

フィンキノーアーは、スケアード・ストレートが失敗した別の重要な要因を著書で指摘している。それによると、スケアード・ストレートや同様の活動の非行抑止効果は、すべて受刑者による若者へのあからさまな威嚇行為に基づいている。受刑者たちは、自分たちは無力な敗者であって理想や手本とされる存在ではないと語りながらも、訪れた若者に怒鳴り、恐怖を与える。そのため、若者たちは受刑者を力強く威圧感に満ちたすごい人物と捉えてしまい、非行に対する抑止力が薄れてしまうのだ。

D.A.R.E.の最初の二五年間と同じく、スケアード・ストレートも投資に値しないどころか、状況を悪化させる活動であることは疑いの余地がない。二〇一一年にはアメリカ司法省も「逆の証拠がはっきりと示されているにもかかわらず、(スケアード・ストレートのような)活動が効果的だといまだ称賛されているのは、懸念すべき事態だ」と表明している。驚くべきことに、「スケアード・ストレート」活動は現在もまだアメリカのあちこちで行われている。だが、そうした欠陥だらけの活動が全面的に支持された時代はすでに終わったとはいえ、若者の素行不良を抑止する効果的な方法がはたして今、存在しているのだろうか？

ゼロ・トレランスの犠牲者

クリスは両親と妹とともに、ロサンゼルス郊外の高級地区で暮らす一五歳の少年だった。家庭は愛情に満ちていた。評判のよい公立校に通うクリスは、優秀な生徒だった。彼を初めて診たのは、私がカリフォルニア大学ロサンゼルス校（ＵＣＬＡ）で児童青年精神科医の研修を受けていた一九九〇年代終盤だ。彼は自殺未遂をして、この大学病院の青年精神科病棟に入院した。それまで抑うつ状態になったこともなければ自殺願望を表に出したこともなかった。それは彼が学校にナイフを持っていった日の出来事だった。

春休みのあいだ、クリスは家族とアジアを旅行した。両親は旅行の思い出として、息子に装飾ナイフを買ってあげた。休みが終わって学校に行った初日、クリスはロッカーの前で友達にナイフを見せた。友達を脅したわけではない。ナイフで自分や友達を傷つけるつもりもなかった。いかにも少年らしく、新しいおもちゃを友達に見せびらかして、スリルを楽しんでいたのだ。だが不運なことに、教師がちょうどその場を通りかかった。教師はナイフを取り上げ、この一件を学校側に報告した。学校は「ゼロ・トレランス（不寛容）」方針をとっていたため、クリスは過去に一度も問題行動を起こしていなかったにもかかわらず退学させられた。その日の午後、彼は自殺を図ったのだった。

「ゼロ・トレランス」という用語が広まったのは、一九八〇年代にレーガン政権が「麻薬戦争」で使用して以来だ。一九八九年、アメリカ連邦議会は学校の敷地や大学キャンパス内での生徒・学生と教職員による薬物やアルコールの不法な使用、所持、供給を禁止する「学校および地域社会における薬物乱用防止改正法」を成立させた。学校は違反した生徒に対する罰則を定めなければならず、さもなければ連邦政府の補助が打ち切られる恐れがあった。五年後、連邦政府は銃を所持するいかなる子どもも退学処分にする州法を各州が成立させなければならないという「一九九四年学校銃禁止法」を可決した。こうした法律によって、ゼロ・トレランス方針の対象がアルコール、薬物、銃だけではなく、ハラスメント（嫌がらせ）、ヘイトスピーチ（憎悪発言）、喧嘩、服装違反といった、より広い範囲の校則違反にまで拡大される動きが起こった。一九九〇年代後半には、喘息の吸入器や鎮痛剤を学校に持ってきた生徒、規則に従わなかった生徒、昼食の林檎を切るためのキッチンナイフをランチボックスに入れてきた生徒が退学させられるといった事態がアメリカ中で生じた。ある一七歳の生徒は、同級生に向けて輪ゴムでペーパークリップを飛ばして退学させられた。一二歳の男子生徒は、「デブ」と呼んできた同級生たちと取っ組み合いになって退学させられた。五歳の男子児童は、スクールバスの床に落ちていたかみそりの刃を拾って担任に渡そうとして退学させられた。どれもみな、バラエティー番組『サタデー・ナイト・ライブ』のコントのようではないか。

二〇年にわたる「ゼロ・トレランス」がもたらしたものは「ゼロ」だ。いや、おそらくすでに多くの人が察しているとおり、実際にはゼロ・トレランスは効果がなかったどころか事態を悪化させることのほうが多かった。二〇〇八年、アメリカ心理学会の特別研究班が調査データを分析したところ、学校の安全性は向上しておらず、罰則は一貫性に欠けているうえに効果がないことが判明した。また、たとえ社会経済的地位を確立するためであっても、停学や退学処分の多い学校の学習環境は満足度が低いことも明らかになった。さらにこの研究では、一度停学処分を受けた生徒は再び規律を乱して停学させられる可能性が高く、停学を経て退学処分を受けた生徒は次の学校でも落ちこぼれつづけて、同級生といっしょに高校を卒業できない可能性が高いという、より深刻な事実がわかった。特別研究班は、厳しい処罰が増えれば増えるほど、それまでは学校で対処できる程度の違反しかしなかった生徒がより深刻な問題を起こすようになると指摘している。そのため、彼らを少年司法に委ねなければならない事態が増え、親も社会もさらに大きな金銭的負担を強いられるだろうとも論じている。

ゼロ・トレランスは学校における違反行為に対して「一度やらかしたら終わり」という姿勢で対処するため、学校の規律を乱す生徒に人種偏見のない処分を下せる対策だと考えられてきた。しかし残念ながら、ゼロ・トレランス方針はこの点でもうまくいかなかったことがデータに表れている。学校から停学、退学処分を受けた生徒における黒人、ラテン系、アメリカ先住民の割合がいまだ高すぎる。停学処分を受けた生徒の数は、一九七三年から二〇〇六年のあいだで黒人とラテン系は二・五倍、アメリカ先住民はほぼ三倍に増えたのに対して、白人は一・五倍に留まっている。黒人の生徒が停学処分になる可能性は白人の生徒の三倍以上だが、黒人の若者が白人の若者よりも乱暴だとか規律を乱すことが多いという裏づけは存在しない。アメリカ心理学会の特別研究班は、黒人やラテン系の生徒はそれほど重大な違反ではない場合も、学校側の主観的な判断で本来よりも厳しい処分を受けているのではないかと指摘している。

クリスはいわば悪しき仕組みの犠牲になった、よき少年だ。それでも振り返ってみれば、彼は運がよかった。両親はクリスの心の状態を注意深く観察して必要な精神科医療を受けさせ、調子がよくなるまで治療を続けさせた。だが、若者たちの多くは必要な支援を受けられず、一度停学や退学処分を受けると先行きは暗くなってしまう。「非行少年」というレッテルを貼られ、「問題あり」と見なされ、たとえ学業成績が優秀でも、レベルの高い学校への転校は認められないことが多い。最も懸念されるのは、こうした出来事で自信を失ったり自尊心を傷つけられたりした若者は、不安症、うつ病、引きこもりの状態に陥りかねないことだ。そうした症状は、彼らが危うい行動に走る可能性をさらに高めるとされている。

不十分で不明瞭なデータ

私は高校で履修していた自動車運転教育コースについて、三つのことをはっきりと覚えている。まず、学科は通常の授業よりも一時間早い午前七時半から始まったので、私も友達もたいてい授業中に居眠りしていたこと。次に、午後の授業で運転シミュレーター（我々はふざけて「刺激装置(スティミュレーター)」と呼んでいた）を使うときに、道路標識、建物、ときには恥知らずにも歩行者にわざと車をぶつけて度胸を競い合ったこと。そして三つ目は、実際に運転する夢のような機会がやってきたときのことだ。

初めてハンドルを握って一般道に出たときのことは、今でも鮮明に覚えている。私は指導員が助手席に乗った車で、住んでいる町のなかを数キロ運転した。後部座席では三人の仲間が、冗談で必死にシートにしがみつくふりをしていた。うまく運転できたし、このうえなく幸せな気分だった。一六歳の誕生日に運転免許試験に合格した私は、すぐに放課後よく車で出かけるようになった。特に、家の一九七〇年代製のフォルクスワーゲン「ビートル」に愛犬を乗せ、サンルーフを開けて浜辺へと向かうのが好きだった。浜辺に着いたら犬を自由に走らせ、波打ち際まで追いかけっこをした。

アメリカの自動車運転教育で推奨されているカリキュラムは学科が三〇時間と実技が六時間で、これは一九四九年から変わっていない。自動車運転教育の目的は生徒に安全運転の技術を教えて自動車事故を減らすことで、世間の圧倒的多数（ある全国調査によると八六パーセント）は慎重な運転者を育成するためにこの教育が「とても重要」だと思っている。だが残念ながら、自動車運転教育は公言している目標を達成していない。自動車運転教育コースが若者による自動車事故発生件数の減少に役立っていないことは、いくつもの調査から判明している。それどころか、データは逆の結果を示しているのだ。つまり、学校に自動車運転教育コースを設置すると若者がより早い時期に運転免許を取得する可能性が高くなり、その結果自動車事故に巻き込まれる一〇代が増えるというわけだ。

D.A.R.E.、スケアード・ストレート、ゼロ・トレランス方針、自動車運転教育、そしてスコット・ポールの不幸な事件は、若者たちがマリファナを吸ったり、非行に走ったり、ヘルメットを着用せずにバイクに乗るといったばかげた危険を冒したりするのは、そうした行動で自分が傷つくのを知らないからではないということをはっきりと示している。我々大人は若者たちに「飲酒運転は危険だ」「盗みをはたらくと少年鑑別所に入れられるかもしれない」「学校に武器を持ち込むと退学させられる恐れがある」と何度も繰り返し注意してきた。私だって、ドイツの送電鉄塔にかかっていたあのはしごはぐらついていて、登るのは危険だとわかっていた。だが、それでも登ったではないか。

父は私に、調子に乗るんじゃない、周りに目を向けて注意するようにと言っていた。それは「おまえがこれから行く新しいところで、これからやろうとしている新しいことで危ない目に遭わないように」「周りからの圧力に流されないように」という思いからだった。スコット・ポールの父親が息子にバイク用ヘルメットをかぶるように言ったのも、同じ気持ちからだった。私もスコットも父親の言葉を耳にしたが、二人とも聞き入れずに忠告を守らなかった。そして、私だけが運よく命拾いした。

本書を執筆するにあたり、私は数えきれないほどの調査研究論文を調べたが、世間が支援しつづけている青少年健康増進活動や危険防止活動の大多数がデータに乏しいことがわかり、幾度となくがっかりさせられた。アメリカ疾病予防管理センターは一九九五年以降、全国健康教育基準を定めて提唱してきた。これは生徒が健康増進のために身につけておくべき知識や取り組むべき活動を、小学二年、五年、中学二年、高校四年の段階ごとにまとめたものだ。この基準はよく考えられているし、説明もわかりやすい。だが、この基準とそれに基づいて推進された活動が、若者にとってどれほど役に立ったかを示すデータは存在していない。ここ三〇年間で、若者の肥満は四倍になった。国が推奨するとおり毎日一時間の運動を行っている高校生は三分の一にも満たず、学校の体育の授業を常に履修している生徒は半数だけだ。今の若者の睡眠時間はかつてないほど短くなっている。事故、自殺、殺人が、いまだ若者の死因の大半を占めている。薬物やアルコールの使用率は、依然として受け入れがたいほど高いままだ。たばこ類全般の使用率は、長年ほぼ横ばいである。性教育の分野でさえ、データは不明瞭だ。一部の活動はコンドーム着用率の上昇と妊娠件数の減少に効果があるとされたが、役に立たない活動も多数存在する。我々はいまだ青年期の若者を危険から守りきれていない。

正しい対策を考えるには

私自身も一〇代の子を持つ親として、深夜の電話がとても気になっている。子どもたちが大きくなるにつれて、彼らが直面する危険や、青年期を無事に過ごさせるための最善策について考えるたびに、親はみな何らかの無力感に襲われる。青年期の数年間はあまりに多くのことが劇的に変化するため、子どもたちにとってもかなり大変な時期だ。変わるのは見た目だけではなく、責任は重くなって学業で求められるレベルは高くなり、しかも日々の生活での嫌な出来事も年齢が上がるとともに積み重なって増えていく。世間に目を向けるようになり、現実を目の当たりにする。人生はさほど安泰なものではないこと、世の中にはわからないものがたくさんあること、人は本当に死ぬし、互いに残酷な仕打ちをするものだということに気づく。周囲の期待に応えたくても、現実は思うようにならない。たとえば、バスケットボールがものすごくうまいとずっと言われてきたのに、どういうわけかチームに入れなかったりする。親からはきちんと睡眠をとるようにと言われるが、学校の宿題は増える一方だし、「いい大学」に入りたければ課外活動にも力を入れなければならない。しかも学校は早朝から始まるので体内時計がおかしくなってしまう。これでは早く寝られるわけがない。仲間とはこれまで以上に親密な関係を築くようになり、あらゆる面で友情に影響される。カフェイン、そしてときには薬物、たばこ、アルコールを摂取することもあり、それらが行動にさらに大きな影響を及ぼすこともある。しかも、子どもたちは小さいときよりも親の目が届きづらい状態で、そういったことをするのだ。

思春期を迎える前の子どもたちは、仲間たちだけでいるよりも親やほかの大人といっしょに過ごす時間のほうが長い。だが、思春期に入るとそれは逆転する。通常、高校生が一週間のうちで仲間といっしょにいる時間は、親やほかの大人と過ごす時間の倍から三倍にもなる。我々親は、彼らにとって最も必要なときに監視を緩めてしまう。だが、親が子どもといっしょに過ごす時間が、ただ長ければいいというわけではない。いっしょに過ごす時間の質や、親として子どもにどんな対応をするかも重要だ。なかでも特に大きな問題は、我々は危険と正しく向き合う方法を、子どもたちに教えられていないということだ。効果のない危険防止活動を支持する一方で、立ち直る力（レジリエンス）を高めるために必要な能力を子どもたちに身につけさせられていない。我々が子どもたちの身を守るために実践していることの多くは、やり方が間違っているのだ。

我々は青年期の若者を危うい行動に走らせないためにどんな方法が最も効果的かを判断するうえで、頭蓋骨に覆われた一・五キロ近いニューロンのこと、そして思考、感情、行動が織りなす密接な関係について、まず理解しなければならない。第3章では神経回路網の驚異や、子どもから大人へ成長する過程で脳に何が起こっているのかを明らかにしていく。

3

神経回路の驚異、
もしくは脳は
どのように作られるか

大人の男はワインで酔っぱらうが、
若い者はしらふでも酔っぱらっているようなものだ。

――アリストテレス

3 神経回路の驚異、もしくは脳はどのように作られるか

一八四八年九月一三日。二五歳のフィネアス・ゲージは、バーモント州の町キャヴンディッシュのすぐ南で行われていた鉄道敷設工事で、作業員の職長を務めていた。ゲージは路盤を設置するために爆薬を使用して岩を取り除こうとする作業員たちに指示を出していた。ところが起爆用の火薬類を鉄の棒で突き固めていたところ、予期せぬ爆発が起こった。そしてこの爆発によって吹き飛ばされた、重さ約六キロ、長さ約一・一メートルの鉄製の突き棒がゲージの左側の頬に刺さり、頭部を貫いた。驚いたことに、フィネアス・ゲージはすぐさま意識を取り戻し、その後一時期昏睡状態に陥ったにもかかわらず、事故が起こってから何と一二年も生きることができた。

とはいえ傷が治ったとたん、ゲージの人格に変化が見られた。礼儀正しくて責任感の強いゲージはもはや存在せず、そこにいるのは短気で無鉄砲な男だった。主治医のジョン・ハーロウは「彼の知的能力と野生本能のバランスが崩れてしまったようだ」と書き残している。友人たちは彼のことを、「もはやゲージではない」と語った。以前は責任感あふれる誠実な職長だったが、女たらしで仲間としてはとうてい信用できないとまで言われるようになった。ある意味、フィネアス・ゲージは青年期の若者になったのだ。

この話は、脳損傷が大きな人格の変化を引き起こすという神経学の症例における、初の十分に裏づけされた記録だとされている。人体の異なる機能や人格の異なる面はそれぞれ脳の異なる部位がつかさどっているという発見は、この事例に負うところが大きい。今日では磁気共鳴機能画像法（ｆＭＲＩ）、拡散テンソル画像法（ＤＴＩ）、ポジトロン断層法（ＰＥＴ）といっ

た先進技術のおかげで脳のスキャンが可能になり、精神の研究のために誰かが負傷するのを待つ必要はなくなった。時間をかけて脳を詳しく調べ、子どもの脳がどのようにして大人の脳へと変化するかを観察し、脳の正常または不定形な成長と発達が人間の感情、思考、行動にどんな影響を及ぼすのかを明らかにできるようになったのだ。

脳の設計図

人体解剖実習は、毎年何千人もの医学大学院一年生が経験する通過儀礼のひとつである。ほとんどの医師にとって、あのおぞましい解剖実験室は忘れられないほど強く記憶に残るものであり、部屋に充満していたホルマリンの鼻を突く強烈なにおいを今でもすぐに思い起こせるはずだ。すぐ隣の実験室には、解剖用の脳がすでに用意されている。脳は死体に入ったままではうまく保存できないため、通常は取り出されて別に保管されるのだ。

ホルマリン液が入った流しに脳がいくつも浮いている光景を初めて見たとき、あまりの奇怪さに私は不謹慎にも笑いをこらえるのに一苦労した。人間の存在に不可欠であり、我々をほかの誰とも違う人物たらしめる器官が、一五や二〇個もの仲間とただ黙ってぶつかり合いながら、樽に入れられた大量の林檎のようにぷかぷかと浮いていたのだ。それでも、進化によって緻密に設計され精巧につくられたこの小さくて高密度な神経の集合体が、現在もなお宇宙において人類が発見した最も複雑な物体であることは、誰がどう見ても明らかだ。

実験室の流しに浮かぶいくつもの脳をじっと眺めていた私が主に目にしていたのは、大脳皮質だ。それは脳の最も外側の部分で、全体が波打ち、縮れた麺のようにも見える。人間はすべての動物のなかで、脳全体の大きさに対する大脳皮質の割合が最も大きい。我々が想像力豊かで思慮深く、学習、整理、計画の能力に長けているのは、人間の大脳皮質がほかの動物に比べて大きく発達しているからだ。大脳皮質がつかさどる能力の多くは、本人が意識的に制御できる。人間は一般的に、集中する、聞く、思い出す、話す、蹴る、噛み砕くといった作業を、自らの意思で行える。大脳皮質の内側にあるのが、皮質下構造と呼ばれる領域である。大脳皮質が人間ほど高度に発達している動物はほかにはないが、空腹、体温、睡眠、生殖といった生理的な基本欲求を調節する役割を担う皮質下構造については、どんな動物にも同じ程度発達した領域が備わっている。

大脳皮質と皮質下構造の両領域はさまざまな部位で結ばれていて、それらは総じて大脳辺縁系と呼ばれている。「大脳辺縁系（limbic system）」という言葉はラテン語で「縁」や「境界」という意味の limbus に由来していて、脳の大脳皮質と皮質下の二つの領域に隣接する一連の部位を指している。大脳辺縁系の一部、とりわけ興奮や恐怖といった報酬や動機づけに関する部位は、腹側線条体という領域に集まっている。全般的に大脳辺縁系の部位は、喜び、愛情、不安、恥ずかしさ、怒り、敵意、ねたみ、悲しみといった我々の気分や感情をつかさどっている。

大脳辺縁系は子どもの時期の早い段階から発達し、前頭前野と呼ばれる脳の最前部かつ上方にある領域よりも先に成長する。大脳辺縁系を脳の感情中枢と呼ぶとすれば、前頭前野は脳の「最高経営責任者（CEO）」である。大脳辺縁系の仕事は愛情、ねたみ、激しい怒り、いら立ち、幸福、欲望といった感情を生み出すことだ。我々はこうした感情によって、摂食、生殖、自己防衛といった生き残りに不可欠な行動へと駆り立てられる。一方、前頭前野は計画、整理、記憶、注意、意思決定に関与している。我々がまぎれもない「人間」として衝動的な欲望や本能的な欲求を抑えることができるのは、この前頭前野の役割によるところが大きい。のちに詳しく見ていくが、より高度な機能を持つ前頭前野のほうが、感情の領域である大脳辺縁系よりもゆっくりと発達するのは偶然ではない。それどころか、**人間は青年期と若年成人期においては道理よりも感情を優先させるよう遺伝子で定められている**のだ。これはその年頃の若者があれほど危ない行動をとる理由の解明に大きな役割を果たしている。

たとえるとすると、前頭前野はシャーロック・ホームズ、大脳辺縁系はホームズの頼りになる相棒ワトソン医師だ。事件解決の鍵となりそうな証拠や怪しい兆候という報酬を探して現場を調べ回るワトソン（大脳辺縁系）は、衝動的な行動に走りやすい感情的な人物だと一般的に評価されている。ワトソンは手がかりを見つけると、自身の感情に訴えてくるあらゆるものを理解したり整理したりできないため、ホームズ（前頭前野）に報告する。一方ホームズは慎重かつ論理的で、思慮深い。そして、結論を出すまでに時間をかける。ワトソンがホームズを必要とするように、大脳辺縁系にも前頭前野が必要なのだ。

成長とともに脳はどう変化するか

人間は一生のなかで最大時には一〇〇〇億個の神経細胞（ニューロン）を持っていて、そのほぼすべてが出生時から備わっている。一〇歳までのあいだ、ニューロン（脳の灰白質）はさほど専門化せずに、盛んに成長しつづける。脳は、最終的に自分が野球選手、数学者、画家、あるいは庭師など、どんな目的で使われるのかまだわからないため、あらゆる選択肢を残しているのだ。思春期を迎える頃から、脳は専門化を開始する。青年期の脳のおそらく最も重大な変化は、神経組織のつながりが変更、再構築、強化されることだろう。我々が最も必要としている技能を向上させるためには、脳はその機能を果たす領域同士のつながりを太くしなければならない。脳の正確な部位同士が素早くかつ効率的にやりとりしなければならないし、我々が成功や失敗から学べるように記憶機能もつながりにうまく含めなければならない。こうしたつながりは髄鞘形成（ミエリン化）、つまりニューロンが髄鞘（ミエリン）という脂質の鞘で覆われることによって築かれる。ミエリンはニューロン間のつながりを高速道路化する絶縁体のようなはたらきをする物質で、伝達速度を一〇〇倍まで上げられる。さらに、ミエリン化されたニューロンは効率が上がるため、より少ないエネルギーで情報を送ることができるし、発火（興奮）後に必要な回復時間を三〇倍短縮できる。すなわち、ニューロンの情報伝達速度の一〇〇倍高速化と回復時間の三〇倍短縮を合わせると、脳の処理速度は最大三〇〇〇倍まで向上することになる。

ミエリン化は脳の後方から前方、つまり、視覚や運動といった進化的に古くてより原始的な機能を支配する脳幹に近い領域から始まり、記憶、計画、注意、整理、意思決定といったより複雑な機能をつかさどる、より新しい前頭前野の領域へと進んでいく。だが、ミエリン化には脳の「可塑性」の低下、つまり柔軟性が低くなるという代償が伴う。これはニューロンがミエリン化されると、新しいシナプス〔ニューロン間の接合部分〕をつくって環境の変化に適応するという能力の一部が失われるからだ。そのため、もし一三歳までに自転車に乗れるようになっていなければ、その先乗りこなせるようになるのはますます難しくなる。「使わなければ失われる」。脳はこの単純な原則に従っている。

第二言語は大人になってからよりも、小さいときのほうが習得しやすいことは周知の事実だ。家庭で二つの言語に接している子どもは、一般的に話しはじめるまでほかの子より数カ月長くかかるが、いずれどちらの言語も習得する。二つ以上の言語に接すると、一つの言語だけの場合よりも脳の言語中枢が発達する。二つの言語を身につけた人にとっては、三つ目の言語の習得はさらに容易だ。それに比べて、脳が頻繁に使われているニューロン間のつながりの強化と、あまり利用されていないつながりの除去を始める青年期までに一つの言語しか身につけていない人が、大人になってから第二言語を習得するのはずっと大変だ。要するに、青年期にはミエリンからなる白質が毎年約一パーセント成長することで、脳の頻繁に使われる領域同士のつながりは強化される。だが、それと同時にニューロンの総数、つまり灰白質の量は毎年約一パーセント減少するため、新たな技能の習得はより難しくなるのだ。

前頭葉は、最後にミエリン化される領域なので、前頭葉（脳のＣＥＯ）〔前頭前野は前頭葉に含まれる〕と大脳辺縁系（感情中枢）がうまく連動するまでには時間がかかる。この過程が何歳頃に完了するのかは今日の技術では特定するのがまだ難しいが、二〇代半ばというのが現在の最も有力な説だ。だが前述のとおり、ミエリン化には可塑性、つまり脳の柔軟性を低下させるという代償が伴う。脳は頻繁に使われる領域間のつながりをより強く、速くするために、ニューロンの細胞体からなる灰白質を減らすことによって、数多くの枝（樹状突起）とつながり（シナプス）の一部を刈り込まなければならない。バラの茂みの刈り込みでは、丈夫な枝をより効率的に成長させるためにひ弱な枝が取り除かれる。同じように、青年期の脳の大脳皮質、すなわち灰白質でも、成熟するにつれて刈り込みが行われるのだ。

脳は段階的に発達し、各領域が成熟する速さはそれぞれ異なる。たとえば、体の動きの協調をつかさどる運動神経路のミエリン化とネットワーク化は一五歳から一六歳までに完成する。この年頃の若者がすばらしい運動能力を発揮しはじめるのはこのためであり、私が息子に初めてかけっこで負けたのも彼が一四歳のときだった。扁桃体、側坐核、海馬、視床前核に代表される脳の感情系、すなわち大脳辺縁系の部位は早くから発達しはじめ、青年期の半ばには活動の最盛期を迎える。青年期の若者が、激しい感情を抱くのはこのためだ。一方、計画、整理、注意、意思決定、自動的な反応の抑制、感情の調整、新しい状況における過去の経験の活用といった高度な機能と関連している脳の前頭前野の領域は成長が緩やかで、完全に発達して脳の感情を支配する部位とのネットワーク化が完成するのは早くて二〇代半ばだ。このように腹側線条体の領域が人生の早い段階で発達するからこそ、青年期の若者たちは快感やスリルという報酬を求めて感情のままに動きがちなのだ。それは当然ながら、この年代での危険を顧みない行動、不慮の事故による負傷や死亡、殺人、自殺の多さへとつながっていく。

青年期の若者には、大人と比べて他人の気持ちを理解しづらいという特徴もある。青年期の脳は各機能をつかさどる領域のミエリン化、刈り込み、効率化がまだ完全には終わっていないし、若者は人生経験が多いわけでもない。そのため、若者は相手の気持ちを推し量ろうとすると脳を余分にはたらかせなければならず、そうすると考えたり行動したりするペースが落ちてしまうのだ。他人の気持ちを理解しようとするこの能力は「メンタライゼーション」や「心の理論」とも呼ばれていて、我々が他者の考え、願望、意図を把握できることを示す心理学上の概念である。シャーロック・ホームズとワトソン医師のたとえに戻ると、大脳辺縁系（ワトソン医師）は前頭前野（シャーロック・ホームズ）が事件の詳細を完全に把握して指揮をとるよりずっと前から、手がかりという報酬を探し求める状態になっている。しかも若いときのホームズは経験がまだ浅いため、時を経て多くの事件を解決したのちの彼とは違い、すべてを素早く容易には理解できないのだ。青年期の若者の脳において、前頭前野といったより高次の認知を行う領域が、それよりもずっと早く発達する感情系の領域を制御できるようになるためにはあと一〇年ほど、すなわち二〇代半ばになるまで待たなければならない。

報酬に基づく学習

我が家の子どもたちが「赤ちゃんはどうやってできるのか」を知ったのは、息子が五歳、娘が八歳のときだった。私は仕事でいなかったので、不運にも子どもたちに問い詰められたのは妻だった。きっかけは飼っていたチワワのエリオットが、パーカーの足にしがみついて交尾するように腰を振ったことだ。弟のジュリアンは、理由を尋ねた。妻のアリスは、イヌは赤ちゃんをつくろうとするときに交尾のために腰を振るのだと説明した。そして、男性の精子が女性の体のなかの卵子を受精させることをおさらいした。子どもたちは自らせがんでこの話を何度も聞いていて、それまではこの程度で彼らの好奇心は満たされていた。だが、すでに八歳になった娘と五歳になった息子は、もっと詳しく知りたがった。「じゃあ、どうやって精子が男の人から女の人のなかに入るの?」と、二人はしつこく尋ねた。そこで、例の説明がなされた。我が家の子どもたちにとっては、このあとの人生を容赦なく「ネタばれ」されたようなものだ。どんな子どもにとってもそうだろう。説明を聞いたのがたとえ五歳のときであろうと、あるいは八歳や一〇歳のときであろうと、子どもたちにとって「ペニスが膣に挿入されなければならない」という情報は、衝撃的すぎてすぐには受け入れられない。パーカーは、気分が悪くなってしまった。ジュリアンは「絶対に結婚しないし、子どももいらない」と決意表明をした。その宣言は、たしかにとても納得のいくものだ。自分のペニスを膣に挿入するのが楽しいなどと、誰が五歳のときに思うだろう？

だが我々の脳は年齢とともに変化していき、それに伴って報酬の好みも変わっていく。五歳のときのジュリアンは、おもちゃの車、サッカーボールを蹴ること、自転車に乗ること、読み聞かせを好んだ。八歳のときのパーカーは学校、体操、図画工作、それに読書が好きだった。セックスするなんて、とても考えられないほどばかげたことだった。それでも思春期を迎えると、香水のほのかな香り、そっと触れられた手の感触、誘うようなかすかな微笑みだけでも下半身がうずくようになる。それが厄介なのだ。

青年期の若者たちの危ない行動を考察するうえで、報酬への欲求は極めて重要な点だ。腹側線条体内（さらに広く見れば大脳辺縁系内）に位置し報酬中枢内の中心的な役割を担う側坐核が、人間の一生のなかで最もドーパミンに反応しやすいのは青年期である。ドーパミンは欠かすことのできない神経伝達物質で、とりわけ学習の促進に関わっている。何かが我々の期待以上によかった場合、腹側被蓋領域から腹側線条体へより多くのドーパミンが放出される。この現象を研究者たちは「報酬予測誤差」と呼ぶ。

初めて「M＆M's」チョコレートを食べる前は、実際の味をまだ知らない。だが、親があまりにも熱心に勧めてくるので、子どもは「たぶん美味しいのだろう」というよい経験を予測しながらチョコの粒を口に入れる。しかし、ひとたび味わってみると、「何てことだ！　ものすごい経験じゃないか！」と感じる。これが報酬予測誤差だ。M＆M'sは期待以上に美味しかったので、覚えておかなければならないものとして認識される。ほとんどの子どもにとって、初めて食べるM&M'sはびっくりするほど美味しいため、大量のドーパミンが放出される。一般的にドーパミンは報酬や快楽を伝える物質としてしか知られていないが、決してそれだけではない。どちらかと言えばドーパミンの本来の目的は、このM&M'sが重要なものだと教えることにある。M&M'sの味とそれに続くドーパミンの放出によって、このカラフルで小さな物体が大事なものだと知らされるのだ。

M&M'sの美味しさをひとたび経験すると、脳はM&M'sとドーパミンの放出を結びつけた状態になっている。次回、子どもがスーパーに行ってレジ近くの棚にあるM&M'sを見つけたら、砂糖でできたあの外側の甘いコーティングと、なかの美味しいミルクチョコレートからもたらされるはずの賜物を期待するだろう。その瞬間、ドーパミンがどっと一気に放出されるのを感じるはずだ。ドーパミンは「ねえ、これはとっても大事なものだよ」と子どもの脳に告げているのだ。すると当然ながら、子どもはM&M'sを買ってと親にしつこくねだろうとする。つまり、ドーパミンは二種類の状況で分泌される。ひとつ目は、我々が何か好きなことを経験したとき。二つ目は、自分が気に入るに違いない経験を期待したときで、その瞬間にドーパミンが勢いよく放出されるのを感じるだろう。

ドーパミンが促す行為を我々が続けるのは、のちに快楽が得られるとわかっているからだ。何時間もぶっ通しでスロットマシンのレバーを引きつづける人々を思い浮かべてみてほしい。彼らはロボットのようだし、見る限りやっていることから何の喜びも得られていない。彼らがスロットマシンにお金を投入しつづけるのはその行為自体が楽しいからではなく、快楽がもうすぐ得られるという期待によってドーパミンが放出されるからだ。

報酬に基づく学習には扁桃体、海馬といった大脳辺縁系のほかの部位も重要である。扁桃体は我々がM&M'sをどれだけ気に入ったか、あるいは気に入らなかったかを判断する。海馬は経験の記憶に加えて、その快楽を得た場所や誰と分かち合ったのかといった数々の関連要因の記憶も蓄える。腹側線条体付近の部位の集まりである大脳基底核は、M&M'sを袋から取り出して口に運ぶための運動の調節をドーパミンによって行っている。一方、前頭前野は今後どのようにしてM&M'sを手に入れればいいか、実行計画を立てる。

報酬系の最も重要な神経伝達物質であるドーパミンの主なはたらきは、我々の関心を快楽の可能性を秘めているものへ向けること、すなわち生き抜くために本当に必要なものを教えることだ。ドーパミンは我々にとって重要なものは何かを知らせてくれる。ドーパミンなしには自分はどの食べものが好きかとか、セックスが気持ちいいことを学べない。つまり、もしドーパミンがなければ、人間は食べる、子孫をつくるといった、種の繁殖のためにやらなければならないあらゆることをしなくなってしまう。青年期の若者と大人の最も顕著な違いのひとつは、脳のさまざまな場所に流れているドーパミンの量だ。

当然ながら、ドーパミンが多ければ多いほどより多くの快楽を経験しようとして、危ない行動をとる可能性が高くなる。青年期の脳ではドーパミンが増えるため、若者はたいていどんな行動においても、失うものよりも得るもののほうに目がいってしまう。そして、報酬が得られる可能性が最も高い行動を選ぶ傾向が強くなる。この傾向は病気の治療でドーパミン放出促進薬を与えられた大人にも見られる。たとえば、パーキンソン病の原因は脳の大脳基底核におけるドーパミン不足であり、前述のとおり大脳基底核は運動を調節する。パーキンソン病を発症した人が体の震え、こわばりといった運動障害を示すのはそのためだ。パーキンソン病患者にドーパミン放出促進薬を投与すると、患者は大脳基底核に放出されるドーパミンの増加によって前より楽に動けるようになるだけではなく、報酬中枢である腹側線条体に分泌されるドーパミンも増えることで賭博などの危険な行動をとる可能性が高くなる。

一方、何度か述べたように前頭前野（ＣＥＯ）は計画、整理、記憶、注意、衝動制御、感情調整、正しい判断のために重要な領域であり、ここでのドーパミンのはたらきは大人になってからのほうがずっと効率的かつ合理的になる。いうまでもなく、それによって我々は理性的に考え、世間で起こっていることに以前より関心を持つようになり、将来手に入れられる見込みの報酬（遅延報酬）と引き換えに目の前にあるすぐ手に入る快楽を見送り、理想のキャリアや人間関係の実現についてよりよい判断ができるようになる。我々が知性の追求に大きな充足感を覚えるようになるのは、前頭前野でドーパミンを分泌するニューロンのつながりが大量に増えたときだ。このつながりの増加は思春期を迎えた頃から始まるが、脳の感情系とうまくつながるのは大人になってからだ。

子どもたちは一〇代半ばになるとようやくニュースに目を向けるようになるが、感じやすい年頃の彼らにとって新聞を読んだりテレビのニュースを見たりするのは、まるでホラー映画を見るようなものだ。彼らは癌、エイズ、エボラ出血熱、殺人で人が次々に亡くなるのを目の当たりにして、この世界はあまり安全ではないと感じる。前頭前野でドーパミンニューロンの樹状突起のつながりが増える（より多くのシナプスが形成される）ため、一〇代後半になるとまったく新しい見方で世界を認識できるようになるが、世界をありのままに見るということは大きな重荷を背負うという意味でもある。認知力の発達は若者にさまざまな恩恵をもたらす一方で、一〇代半ばを過ぎると不安症やうつ病が増える主な原因にもなっている。

すべての親や教師が言うように、青年期の若者は子ども、大人のどちらよりも感受性が強い。前述のとおり、人間の一生のなかで脳のドーパミンのはたらきが最も大きいのは青年期だ。この時期を過ぎると、チョコレートがあれほど美味しく感じたり、ジェットコースターがあれほどスリル満点だったり、セックスにあれほど興味をそそられることは二度とないだろう。ドーパミンは快楽への期待を伝えることで、脳に学習させようとする。しかも**青年期にはそれ以降の年代よりも、学習による記憶が形成されやすい**。我々にとって一〇代から二〇代前半の記憶が今もとても鮮やかで、高校、大学、スポーツチームといった若いときに所属していた団体への忠誠心が非常に深いのは、こうした理由からかもしれない。どんなこともあれほど楽しく思えるときは、もう二度と来ないだろう。同様に、ひどい経験についても、あれほど嫌だと思うことは二度とないだろう。大人になるとドーパミンは感情中枢でも前頭前野でもはたらきが大きくなり、しかもこの二つの領域のつながりはずっと強くなるため、前頭前野は感情系の部位により大きな影響を与えられる。それゆえ大人は危険が伴う判断をするとき、衝動的な行動を抑え、時間をかけてより深く考えることができる。

青年期の役割

あなたの青年期が終わったのは、いつのことだっただろう？　読者のなかには、まだ終わっていない方もいるかもしれない。発達のうえでは青年期は一般的には思春期から始まり、社会人としての自立と安定を手に入れたときに終わるとされている。この考え方からすれば、青年期は間違いなく長くなっている。

学校で学ぶ年数は長くなっているし、就職したり将来を見据えた恋愛を始めたりする年齢はどんどん遅くなっている。しかも、それは欧米社会だけではない。一九五〇年、アメリカの高校卒業生の約四分の一が大学に進学したが、そのなかで学士号を取得できたのは男性の七パーセント、女性の五パーセントだけだった。二〇〇九年には大学進学率は七割に上昇し、そのうちの男性三〇パーセント、女性二九パーセントが卒業できた。発展途上国も同じ傾向をたどっている。たとえばインドにおける二〇一三年の大学進学率は男性が五九パーセント、女性が三九パーセントだが、それに対して一九八〇年は男性三九パーセント、女性二〇パーセントだった。アルゼンチンの場合、二〇一三年の大学進学率は男性が七三パーセント、女性が八一パーセントであるのに対し、一九八〇年は男性五三パーセント、女性六二パーセントだった。

私が医学大学院に進んだのは二九歳近くになってからだったし、結婚したのは三三歳直前、第一子が誕生したのは三四歳のときだ。だが、これはどうやら平均的な年齢からさほど大きく外れていないようだ。医学、法学といった分野の学生が専門的な研修に入る年齢は上昇している。以前は医学大学院には大学を卒業してすぐ、つまり二一歳か二二歳で入学するのが普通だったが、現在のアメリカにおける医学大学院進学者の平均年齢は二五歳だ。青年期の若者の在学年数が伸びれば、当然ながら経済的な自立も遅くなる。私が結婚できるまでにあれほど時間がかかったのは、そういうわけだ。アメリカでの現在の平均初婚年齢は男性が二九歳、女性が二七歳だ。これは一九九〇年の男性二六歳、女性二三歳、一九六〇年の男性二二歳、女性二〇歳と比べて上昇している。しかも、台湾、韓国、カナダ、ドイツ、イギリス、フランスといった多くの国の平均初婚年齢は、男女ともにアメリカより二歳以上高い。初産を迎えた女性の平均年齢も上がっている。アメリカにおける二〇一四年の平均初産年齢は二六・三歳で、これは一九八〇年の二二・七歳から三・六歳上昇している。こうした変化はアメリカ各地で起こっていて、アジア系、アフリカ系、白人、ラテン系、アメリカ先住民といった、どんな民族にも同じ傾向が見られる。

あなたは何歳まで、親の医療保険の家族会員になっていただろうか？　私は二三歳で外れたが、一九八〇年代はそれが普通だった。その後は自分で保険料を払っていたが、無職のときや大学院時代は保険に入っていなかった。現在では、二〇一〇年に成立した医療保険改革法によって、子どもは二六歳まで親の医療保険を利用できると連邦法で認められている。**多くの点で、今の二六歳は昔の一八歳に相当すると言える**。ハリス・インタラクティブが『ウォール・ストリート・ジャーナル』紙の依頼で行った最近の世論調査によると、一八歳から三五歳の子どもを持つ親の四割は、子どもの携帯電話料金をいまだに払いつづけているという。

こうした「寛大な」親をつい批判したくなるが、青年期の若者たちを二〇代半ばまで「子ども」と見なすのは、あながち悪いことではないかもしれない。脳は刺激を与えられなくなったり難しい課題を与えられなくなったりするのが早ければ早いほど、ミエリン化も早まる。白質が増加すると、脳の頻繁に使われる領域間の情報伝達速度が高まって脳が効率化されるため、我々は分別のある大人になれる。一方、白質が増えると脳の可塑性、順応性が低下して文字どおり「頭が固く」なるため、新しいことを学習しづらくなる。実際、昨今の研究では、より高度な教育へと進むことで脳の白質の質が高まり、思考力がさらに向上すると考えられている。青年期の我が子にさらなる教育と体験学習の機会を与えることで、より柔軟な知性や大きな可能性という、生涯を通じて役立つ贈り物ができるのだ。

つまり、高校を出てすぐに建設現場やスーパーでのフルタイムの仕事に就いた若者の脳は、大学に行ったり世界中を旅したりする若者の脳よりも可塑性が低下するのが早い。若者は仕事に就いて大人としての責任を担うことを求められ、それに応えようとするという一連の行動によって、早く「大人」にさせられる。思い返せば、四〇代の頃の両親の振る舞いは、とても大人らしかった。父が第二次世界大戦で戦ったのは、一八歳のときだった。父は早く大人になることを求められた。それに対して、一八歳の頃の私は大学生で、授業に出て、スポーツをして、女の子と知り合うのに必死だった。四〇代に入ると私もたしかに大人に成長していたが、同じ年代だった頃の父とは明らかに違った。その頃には私も父と同じ医者になっていたが、私の子どもたちへのしつけはもっと緩やかで、いっしょになって楽しんだりふざけたりすることも多かった。しかも週二回、深夜にロックバンドでギターを弾いていた。もちろん、私と父の育った環境や時代は異なる。一九二四年生まれの父が少年だった頃は、大恐慌後の混乱の時代とほぼ重なっていた。それに、父と母には五人も子どもがいる。一九六三年に生まれた私が少年時代を過ごしたのは、一九七〇年代だ。私とアリスの子どもの数は二人だ。だが、四〇代の頃の父と私がこれほど違う主な理由のひとつは、青年期の私の脳が可塑性と順応性を数年長く保つことができたからだと私は確信している。「今の五〇歳は昔の三〇歳」という、オプラ・ウィンフリーの意見にまでは賛成できない。それでも、二〇代の若者にとって脳の可塑性をあとほんの少し伸ばせることがどんなに大きな強みになるかは、十分想像できる。

とはいえ、脳の可塑性の高さをもう数年保つことは、危険性を高めることでもある。自分自身に無茶なことを課したり仲間の話に耳を傾け彼らをお手本にしたりして、落ち着こうとしない時期が長ければ長いほど、脳は薬物乱用や無防備なセックスといった青年期の若者について回る危険に脆弱でありつづけるからだ。大人になると、危険を承知で賭けに出るような行動はまずしなくなる。

青年期の長さに対する我々の考えが変化しているのと同じく、神経生物学における認識も変化している。ほんの二〇年前までは、脳の大半は子どもの頃に発達して一八歳頃までには完成すると考えられていた。現在では、脳の主な成長と変化は二〇代半ばまで続くことが明らかになっている。もしかしたら、社会はようやく生物の仕組みに追いつこうとしているのかもしれない。昔の人々は今の我々よりも早くから大人としての責任を負ってきたとはいえ、必ずしもそれに対応する準備ができていたというわけではないのだ。

若者にありがちな振る舞い

カリフォルニア大学バークレー校で人間発達学の教授を務めるロン・ダールが、二〇〇四年のニューヨーク科学アカデミーでの基調演説で語った「ある若い男女がパーティーで出会った」話は、とても示唆に富んでいた。少年は一目見ただけで少女の美しさに心を奪われたが、少女はさほど彼に興味がなかった。それでも少年があきらめずに何度も彼女の気を引こうとすると、不思議と少女も彼に惹きつけられた。二つのキス、そして一〇〇にも満たない言葉を交わすだけで、二人は恋に落ちた。いや、恋どころか、互いに夢中になってしまったのだ。不運なことに家同士の仲は悪く、親たちは二人のつきあいを禁じた。だが、それで別れるような二人ではなかった。いっしょにいられるのなら、どんなことでもするつもりだった。たとえ永遠に家族と会えなくなったとしても、かまわなかった。

地元の宗教指導者に相談した少女は、二日間近く仮死状態になれる特別な薬を飲むという計画をひそかに立てた。もちろん、少年には計画が伝えられることになっていて、彼が少女の「遺体」を手に入れたあとに、二人で夕焼けのかなたへ駆け落ちするつもりだったのだ。だが、悲運なことに少年は薬についての伝言を受け取ることができず、墓で少女の遺体を目にした彼は、悲しみのあまり自殺してしまった。薬の魔法がとけて目を覚ました少女は、少年が死んでいるのを目にした。悲しみに打ちひしがれた少女も、自ら命を絶つ。彼女はこのときわずか一三歳で、しかも少年と知り合ってからわずか四日しかたっていなかった。

この二人の若者は、精神を患っているように思える。しかも、一〇代から二〇代前半に見られる精神疾患の大幅な増加を考えれば、彼らが心の病にかかっていたとしてもさほど意外なことではないだろう。第1章でも触れたとおり、慢性の精神疾患を患っている成人の半数は一四歳までに、四分の三は二四歳までに発症している。この年頃においては、うつ病、不安症、薬物乱用、摂食障害、精神病の患者数の著しい増加が疾病率の大幅な上昇へとつながり、この年齢層の死亡率を高める一因となっているのだ。

あなたもすでに気づいているだろう。この二人の若者は精神病の患者ではなく、ウィリアム・シェイクスピアのロミオとジュリエットだということに。二人は互いのいない人生など少しも考えられなくて、自らの命を絶った。彼らのこうした感情的で突拍子もない行動は、まさに青年期の若者にありがちだと思われているものだ。

睡眠と電子機器

青年期に脳の再構成が行われていることを考えると、一〇代は十分な睡眠をとらなければならない。体が成長し、ニューロン間のつながり（シナプス）の強化によって記憶が固定されるのは、睡眠中にほかならないからだ。増えつづける宿題の山。強制バス通学に加えてスポーツなど放課後の課外活動に向けて授業を早く終わらせるために、朝早くから学校に行かなければならない。しかも身近に目が回るほどたくさんある電子機器の画面に、絶え間なく気を取られてしまう。こうした理由によって、睡眠不足は現代の若者にとって大きな問題となっている。

「睡眠は睡眠を産む」。これは娘が生まれてすぐに、小児科医から受けた助言だ。新米の親にとって、幼い我が子に深い眠り方を教えることは初めての、そしてたいてい最も骨が折れる役割のひとつだ。私とアリスが医者から教えられたとおり、ぐっすり眠る方法を身につけた子どもは十分な睡眠を確保しやすい。要は眠れば眠るほど、眠りの質は向上するのだ。娘は二歳までは寝つきが悪かったが、やがてよく眠る方法を身につけることに成功した。とはいえ、それから一五年経って一〇代になった子どもの就寝起床のリズムを親が全面的に管理するのは、もはや無理だ。

アメリカ国立睡眠財団が行った二〇一四年度アメリカ睡眠調査によると、アメリカの子どもの七五パーセントは寝室に電子機器を少なくとも一台持ち込んでいて、なかでも最も多かったのはテレビ（四五パーセント）だった。そのなかの三分の一の子どもは一晩中テレビをつけっぱなしにしていた。そういった光と音に絶えずさらされる状態は、ことさら睡眠に悪い影響を及ぼす。スマートフォン、タブレット、コンピュータ、ビデオゲーム機の急激な普及によって、子どもが寝室に持ち込んでいる電子機器の平均台数は増加していて、現在では六歳から一一歳までは一台、一二歳から一四歳までは二台、一五歳以上は三台となっている。一般的に思春期を迎える頃から、就寝起床に関する概日リズム〔一日の体内時計〕は大きく変化するため、一〇代にとって寝室の電子機器に眠りを邪魔されることは非常に有害だ。

青年期には特有の概日リズムによって睡眠相が後退するため、この時期の若者は夜寝るのも朝起きるのも遅くなる。ティーンエイジャーの子どもがいるどんな親も、「うちの子は夜更かしして、昼まで起きてこない」と言うだろう。平均的な一〇代の若者は寝る時間がどんどん遅くなって平日の総睡眠時間が減ってしまうため、昼間過度の眠気を訴える者が極めて多くなる。就寝起床のリズムが遅くなりがちな点を考慮すると、子どもたちが大きくなるにつれて学校が始まる時間が朝早くなっていくのは何とも皮肉なことだ。

私の患者のひとりであるトニーの症状は若者によく見られるもので、睡眠相の後退の危険性を警告する典型的な例である。私がトニーを診たのは学校の冬休み中で、彼が大学から学業不振による仮及第処分を受けた直後だった。どんな若者にとっても自宅を出て遠く離れた大学で学ぶのは大変な経験だが、トニーはとりわけ悪戦苦闘した。彼は頭がよくて優しい少年だが親友がなかなかできず、そのためひとりで行動して周りと距離を置くようになった。インターネット上では盛んに交流しつづけ、オンラインの友人や知り合いと夜更かししてゲームをした。だが、教室や寮では友達はいないも同然だった。やがてトニーは午前の授業中はずっと寝るようになり、勉強もせずに深夜までコンピュータゲームにふけった。ついに彼の就寝起床のリズムは逆転し、朝の五時に寝て昼過ぎに起きるようになった。トニーの学業や実りある学校生活を妨げる要因は数多くあったが、最大の理由は就寝起床リズムがおかしくなったことだ。春になると、彼は私や指導教官の助言を聞き入れずに学校に戻り、事態はさらに悪化した。授業についていけなくなればなるほどますます不安が募り、三週間ほぼ眠れなくなってしまったのだ。五月に入る頃にはすべての単位を落とし、大学から学業不振による停学処分を受けた。

当然ながら、テレビ、コンピュータ、スマートフォンはトニーが抱える問題や、青年期の若者の多くが正しい概日リズムをうまく保てない原因の本質ではない。トニーの場合、真の原因は彼を苦しめている不安症と社交性の乏しさだ。とはいえ、電子機器や電気そのものも原因に関与していることは否めない。電気の灯りとラジオで夜を過ごせるようになってから、我々の就寝時間は年々遅くなっている。一八九七年から二〇〇九年までのデータによると、子どもたちの就寝時間が遅くなっているだけではなく、医師が推奨する就寝時間もおよそ年〇・七一分ずつ遅くなっている。これはたいした数字には見えないかもしれないが、この〇・七一を一一二年(一八九七年から二〇〇九年)にかけると、八〇分、つまり一時間二〇分になる。この差が、我々に大きな影響をもたらしていることが明らかになっている。

よく眠れないとイライラしたり不安になったりする人は多く、睡眠制限の研究ではさらに多くの症状が出ることが実証されている。いつもより睡眠が足りないと、計算ができない、適切な言葉を見つけられない、考えをうまく伝えられない、抽象的な概念を理解できない、不注意、反応時間が遅くなる、といったさまざまな神経心理学上の支障が出る可能性が高くなる。教師は「目隠しテスト」形式の実験でも、睡眠を十分とった生徒と睡眠不足の生徒の違いを見分けられる。普段よりわずか一時間睡眠が少ないだけで、学業面での問題、落ち着きのなさ、衝動的な行動、注意力や集中力の散漫、記憶力の低下、感情的な反応が見られることが報告されている。

高校が早朝から始まることと、成績の悪さや大学進学適性試験（ＳＡＴ）の得点の低さには相関性がある。だが、学業成績は氷山の一角にすぎない。ティーンエイジャーの早起きは、自動車事故の増加とも関連している〔アメリカでは一六歳から免許が取れる州が多く、車を運転して高校に通う生徒もいる〕。ケンタッキー州では高校の授業開始時間を午前七時三〇分から午前八時三〇分へとわずか一時間遅くしただけで、年間の自動車事故件数が前年より一六・五パーセント減少した。早朝から学校が始まると、欠席日数やカフェイン摂取量も増加する。それに何よりも、限られた睡眠時間は意思決定に関与しているさまざまな認知能力に、多大な影響を及ぼす。たとえば、変化する情報への適応、新たな情報に対応するための戦略の見直し、革新を起こす力、集中力の持続、洞察力、コミュニケーション、記憶力、危険性の評価といった能力に支障をきたすのだ。我々はたとえ一晩でもよく眠れなければ、翌日イライラして正しい判断ができなくなると本能的にわかっている。今日では、睡眠は（脳の感情を支配する領域である大脳辺縁系の）扁桃体にある危険察知中枢を落ち着かせるため、十分な休息をとれば脳の前頭前野が感情に対していわゆるトップダウン式の統制力をより強く発揮できることが、実験によって明らかになっている。厳密に言えば、夜の十分な睡眠は脳の感情中枢に対する前頭前野の統制力を高めるため、青年期の若者の危険な行動を抑えることにつながる。

溺れる脳

薬物やアルコールを初めて摂取した年齢と、依存の危険性には大きな関連性がある。誤解のないように言うと、ここでの「アルコールの摂取」とは、家族との食事の席や宗教儀式で子どもにワインを一口飲ませることではない。次のデータは違法薬物や酔うほどの量のアルコールを試す子どもたちに関するものである。こうした子どもたちについては、初めてアルコールや薬物を試す年齢が低ければ低いほど、のちの乱用や依存の危険性が高くなる。一部の調査結果では、危険性が最大六倍にもなると指摘されている。心の病を抱える子どもたちも、危険にさらされている。たとえば一〇代の場合、うつ病を患っている人はそうでない人よりも、アルコールや薬物依存に陥る可能性が三倍以上高い。

一〇代の時期は脳の感情中枢と前頭葉のつながりが比較的乏しいことが、薬物やアルコールに溺れる一因になっている。脳の報酬中枢内の大量のドーパミン（アクセルに相当）は、薬物の使用といった快楽をもたらす行動を促進する。一方、この時期はまだ衝動的な行動を抑制する脳の感情中枢と前頭前野の白質のつながり（ブレーキに相当）がしっかりしていないため、感情によって行動が支配されやすい。

先ほどの「M&M's」チョコレートの話に戻ろう。あなたがM&M'sが好きだとすれば、一度目はとても美味しいはずだ。二度目も、かなり美味しく感じるだろう。だが、一〇度目にもなるとそこまで美味しくはない。M&M's自体が変化したわけではないので、それでもあなたが食べつづけようとする理由は別のところにあるはずだ。前述のとおり、ドーパミンは報酬系のアクセルのようなものであり、我々の前途に待ち受けていることへの期待感を高めてくれる。ドーパミンは生き延びるために重要なもの、欠かせないもの、本当に必要なものを教えてくれる。我々がM&M'sを食べはじめたり薬物を使用しはじめたりすると、ドーパミンは放出されなくなる。一〇度目のM&M'sを口にしたり、薬物使用の「習慣」を続けたりしていると、代わりに満足度を高めるエンドルフィン（内因性オピオイド）など別の神経伝達物質が分泌される。だが、乱用の恐れがある薬物の使用は、M&M'sを食べたり楽しい会話をしたりするといった通常の強化子〔この場合は満足度をもたらす行動のこと〕に比べて、より多くのドーパミンをシナプスに放出させる。

アルコールや薬物のように脳に多くのドーパミンを分泌させる物質は、急速に、欠かせないもの、最も必要なものになる。そして大量のドーパミンが放出されると、我々はこの欲しくてたまらないものを手に入れようと必死になるのだ。あなたの子どもがスーパーのレジの近くで見つけたM&M'sを欲しがったら、それはドーパミンが一気に分泌されているからだ。一方、薬物の依存症患者が、求めているものを目にしたり、いつも薬物を購入する場所の近くに来たり、薬物を使用している人のそばにいたり、あるいは薬物を連想させる何らかのきっかけを周囲または自分のなかで見つけたりしたときに、薬物を探索する行動を促すために脳で放出されるドーパミンは、あなたの子どもがスーパーでM&M'sに目を止めたときに分泌される量の五倍から一〇倍だ。薬物による大量のドーパミン放出を経験した人にとっては、食物やセックスといった生きるために必要なものよりも、薬物のほうが重要になる。たとえ薬物で得られる快楽がそれらよりも長く続くわけでもなく、薬物の使用はただの習慣にすぎないとしてもだ。ドーパミンが大量に放出されると、どんなことをしてでも薬物を手に入れて注射しようとするのだ。

私の患者のひとりであるジョニーは薬物への依存に苦しむ圧倒的多数の人々と同じく、一〇代の早い時期から薬物を使いはじめた。彼は現在三〇代前半だ。私はジョニーが診察に来る日を楽しみにしている。彼は話題が豊富で、自分の妻、子ども、両親や親戚を大切にしてもいる。だが、ジョニーはひとつの仕事が長く続かないことや、自分の理想とする父親になれないことに苦悩している。うまくいかない理由は、ヘロインの常習を克服できそうにもないからだ。始まりは鎮痛剤「オキシコンチン」だったが、やがてもっと安くて手に入れやすいヘロインへと進んでしまった。ジョニーの根本的な問題は、重度の不安症だ。彼は一〇代の早い時期からマリファナとコカインを使ってはやめるのを繰り返してきた。その後、「オキシコンチン」といったオピオイド系の鎮痛剤を使うようになった。この薬物を使うと社会不安や、頻繁な腹痛と下痢が治まったからだ。今のジョニーは、もはやヘロインではたいしてハイになれないとさえ語っている。ただ「普通」でいるために使っているのだと。このような症例は、もう数えきれないほど耳にしてきた。

ドーパミンをはじめとする神経伝達物質については、ひとつのニューロンから分泌された神経伝達物質を別のニューロンが受け取ることで情報が伝達されるが、ニューロン内のどこで受け取ってもよいというわけではない。どの神経伝達物質も、そのための特別な「着陸場」である特定の受容体によって受け取られない限り、効果を発揮できないのだ。薬物乱用の例では、ドーパミン受容体のうちＤ１とＤ２の二種類が最も重要だ。ドーパミンＤ１受容体を刺激するとニューロンは興奮して、「注目せよ。これはとても大事なものだ」といったプラスの結果を教えてくれる快楽シグナルを伝達する。それに対し、ドーパミンＤ２受容体を刺激するとニューロンは抑制され、「注意せよ。これは近寄ってはならないものだ」といったマイナスの結果を知らせる嫌悪シグナルを伝達する。ドーパミンの役割は我々が生き抜くために必要な行動をとれるよう、プラスになるものとマイナスになるものに常に注目させることだ。

コカイン、アンフェタミン、ヘロインといった薬物やアルコールの常習者の場合、中毒や依存に最も関連している脳の領域内でドーパミンＤ２受容体が少ないことが示されている。薬物乱用者の脳内のＤ２受容体が少ないということは、彼らは薬物によるマイナスの結果を学習する可能性が低いということだ。つまり、Ｄ２受容体が少ないために不快さをあまり感じることなく、D1受容体の活性によって快楽を得るというわけである。また、D2受容体が少ないということは、脳は自身のCEOである前頭前野を通じた制御がしづらくなるという意味でもある。要するに、D2受容体が少なければ薬物の使用に加えて賭博、過食といった中毒性や依存性が高いさまざまな強迫行為が増え、しかもそうした行動を抑制しようとする「自制心」は弱くなる。おまけに前述のとおり、薬物乱用によるドーパミンの増加量は食事やセックスといった通常の強化子によるものの五倍から一〇倍にもなるため、人は薬物を常習すると、それは最も必要なものだと素早く「学習」してしまう。

患者のジョニーが語っていたように、長期的に薬物を乱用すればするほどハイになりづらくなる。薬物やアルコールを常習すると脳には常にあふれるほどのドーパミンが放出され、やがて脳は（フィードバック機構を通じて）ドーパミン受容体を減らすことで、その状態に慣れる。シナプスに大量のドーパミンがあるため、循環しているドーパミンに反応するためのD1、D2受容体はさほど必要ないのだ。つまり、薬物やアルコールの常習者の場合、彼らの脳がそれらの作用への耐性を持つようになるため、薬物やアルコールが徐々に効かなくなってくる。D1受容体が減少したことで薬物からの快楽シグナルが弱くなり、D2受容体が減ったことで嫌悪シグナルも弱くなる。そうして、強い高揚感を得るためにさらに大量の薬物を摂取したくてたまらなくなってしまう。それとともに、長期間薬物を摂取しないと生じる離脱症状（禁断症状）も現れてくる。

薬物への依存を「自制心の低さ」と決めつけてしまうのは、青年期の若者だけではなく我々大人にとっても決して得策ではない。我々はドーパミンと神経のつながりという体の仕組みが、青年期の行動に強力な影響を及ぼしていることを理解せずには、子どもたちを危険にさらすことなく立派な大人への道を歩めるよう導くことはできないのだ。

「私が一四歳の少年だった頃、父があまりに物事に疎かったので、そばに寄ってこられるのさえ嫌だった。しかし二一歳になったとき、父がこの七年でとても多くのことを身につけていたのには驚いた」。これはマーク・トウェインの言葉だとされている。脳についての今日の我々の理解からすると、マーク・トウェインでさえ読みが甘かった。先ほどの言葉で彼が言いたかったのは、人は一四歳の頃よりも二一歳になってからのほうが父親をずっとよく理解できるということだ。それはまぎれもない真実だ。だが、もしトウェインが現在に生きていたら、計画、注意、記憶、整理、あるいは正しい判断のために新しい状況で過去の経験を活用する、などといったうえで最も重要な脳の部位、つまり前頭葉の前側の領域は、二一歳の段階では下位の感情系の部位とはまだ完全には結ばれていないことを知ったはずだ。しかも、その前頭前野と脳の感情中枢とのつながりが完成するのは、早くとも二五歳か二六歳だということも。

とはいえ我々はずっと前から、何らかのかたちでこの事実に気づいていた。自動車保険の保険料率は、若者がより安全に運転するようになることが統計的に示されている二五歳の段階で約六割下がる。この自動車保険料率の大幅な変更は、不可解なものではない。前頭前野が大脳辺縁系と完全につながり、大脳辺縁系の衝動に駆られたはたらきを制御できるようになる年頃と一致しているのだ。それより若い一〇代から二〇代前半の若者の場合、ドーパミンの報酬学習の仕組みや、睡眠時間の減少やカフェイン摂取量の増加といった青年期の典型的な不適応行動によって、判断力が乏しくなることが多い。

不安なときに集中したり、悲しいときに憂鬱な思いを抑えたりすることはとても難しい。大人とは違って感情に振り回されないよう気持ちを抑えることができない青年期の若者にとってはなおさらだ。我々の脳と体の仕組みは、一〇代から二〇代前半の若者に危険な行動を促すようにできている。この点を進化の観点からより詳しく理解するためのお膳立ては、あなたがここまでで手に入れた知識によって整った。心の準備はできているだろうか。この先は、少々荒れ模様になりそうだ。

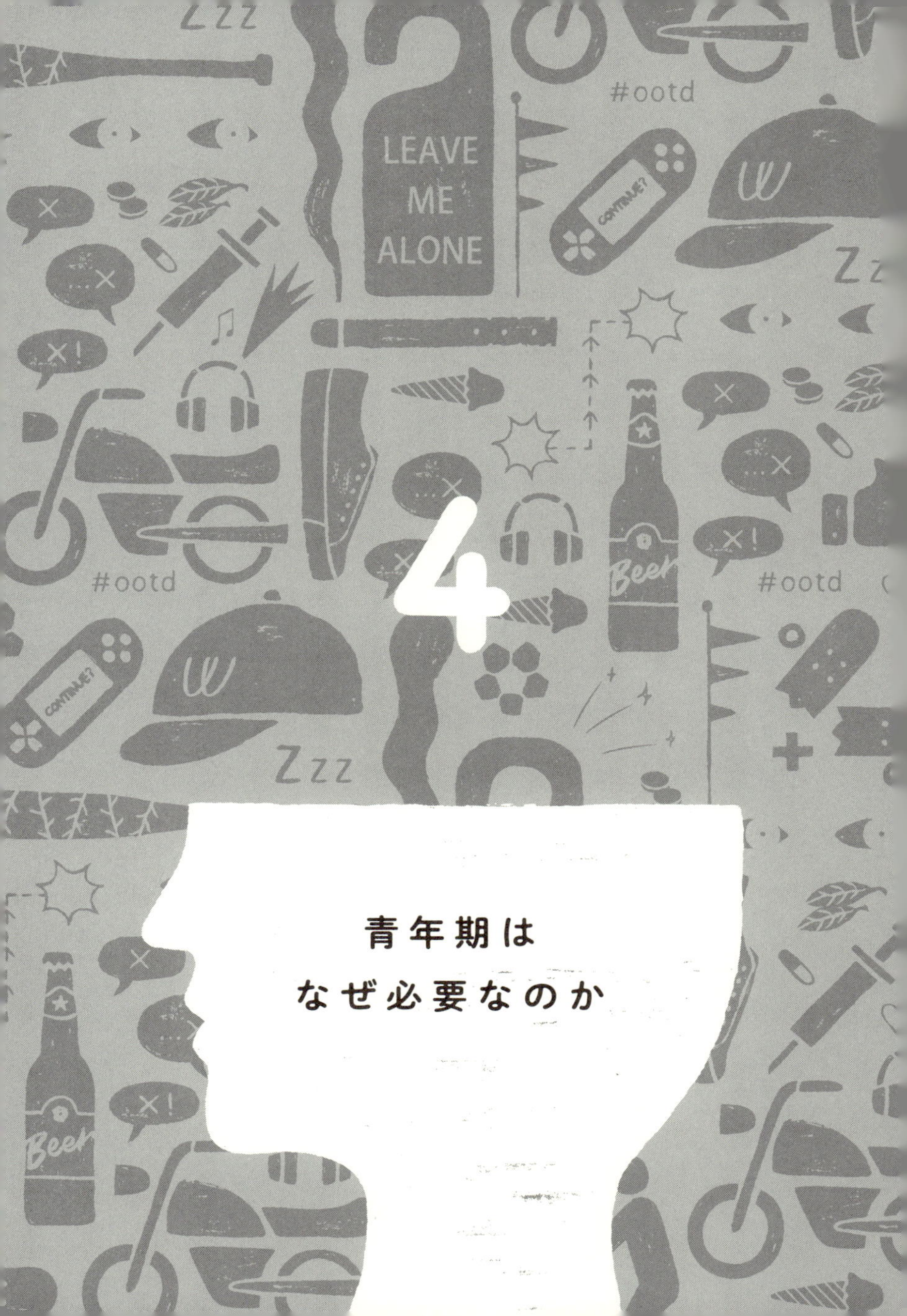

4

青年期は なぜ必要なのか

人生で最高のものは、あなたを汗まみれにする。

——エドガー・アラン・ポー

スタンフォード大学のウォルター・ミシェルは、自制心というものを理解したかった。長期的な目標を達成するために満足感を得ることを先延ばしにし目先の誘惑に耐えられる人はたいてい、社会的にも経済的にもより多くを成し遂げることはわかっていた。長生きのためにたばこをやめる喫煙者。豊かな老後に向けて貯蓄するため、通勤用にポルシェではなくフォード車を購入する人々。ミシェルは、人はいつどのようにして自制心を身につけたり、衝動性を抱いたりするようになるのかを知りたくなった。そこで行われたのが、「マシュマロ・テスト」だ。

一九六〇年、心理学者のミシェル博士は三歳から五歳までの三二人の子どもたちに対して、一回目の実験を行った。最終的には一九六〇年代から一九七〇年初めにかけて、五〇〇名の就学前の男児と女児に対して調査が行われた。被験者は主に大学の教職員や大学院生の子どもたちが通う、学内にある保育園の園児から選ばれた。実験で子どもたちに与えられる課題は、とても簡単なものだ。被験者は部屋に通され、二つの選択肢を与えられる。今、マシュマロ（クッキーやプレッツェルのときもあった）をひとつ食べる。あるいは、一五分我慢して二つ食べる。そして、子どもは一個のマシュマロを目の前に置かれたまま、部屋にひとり残される。その様子は実験者が部屋に戻るまで、マジックミラー越しに観察される。マシュマロをすぐに食べてしまう子もいた。ぬいぐるみを扱うようにマシュマロをなでたり歌を歌ってやったりしていたが、ついに誘惑に負けて口に放り込んでしまった子どももいた。一方、実験者が戻ってくるまでの果てしなく思えたに違いない一五分間を、マシュマロを食べずに待ちつづけることができた子どもたちが手に入れた「報酬」は驚くべきものだった。

このマシュマロ・テストに関わった何百人もの子どもたちに対して、大人になるまで追跡調査が行われた。すると、まさにイソップのウサギとカメの寓話のように、我慢強さや粘り強さを見せた子どもたちが大成したことがわかった。満足感を得ることを先延ばしにできる能力(満足遅延耐性)が三歳から五歳のときに身についていると、さまざまな有益な結果につながることが明らかになったのだ。こうした子どもたちは、児童期の段階で周りよりも自信が強かった。しかも、すぐに手を出す、意地の悪いことを言うといった攻撃性が低く、ほかの子どもをいじめることも少なかった。青年期においては、ストレスとうまくつきあい、認知能力や感情を調節する能力を活かし、SATで高得点をとっていた。大人になった段階では、高い教育を受け、対処能力に長け、自己評価が高く、しかも薬物を乱用する可能性が低いことが判明した。

ミシェルと研究者チームは、自制心がはたらく人とそうでない人の違いを説明するにあたって「熱血系と冷静系」説を提唱した。「冷静」系は計算、思考といった認知を重視するタイプで、ひとつひとつの判断の利点と問題点を常に考慮している。それに対して、「熱血」系は素早く、衝動的かつ反射的だ。簡単に言うと、冷静系はあなたの肩越しにのぞき込んでいる天使であり、熱血系は悪魔だ。ミシェルによると、自制心が弱くなるのは衝動的な熱血系が、冷静で計算に長けた認知処理の過程よりも優位に立ったときである。また、自制心は一度身につけば持続し、あらゆる状況で発揮できる。実験に参加した子どもたちのなかの六〇人近くを四〇年後に調査したところ、この傾向は中年期になっても持続していただけではなく、脳画像の研究結果とも相関性があることがわかった。自制心が強い人は脳のCEOである前頭前野が、弱い人は脳の報酬中枢である腹側線条体が、より活発にはたらいていた。マシュマロ・テストは、危ない行動に走りやすい人は誰かを見分けるヒントを与えてくれる。さらに、自らを律して衝動を抑える方法を子どもたちが身につけられるよう我々がよりいっそう力を入れれば、成果が現れる可能性が高いことも示している。

進化の理にかなった発達段階

青年期の脳は、持ち主である若者が理想的な青年期を過ごせるようにつくられている。年齢とともにミエリン化が進み、白質が次第に増えることでより固くなる大人の脳に対して、青年期の脳はあらゆる点でもっと柔軟性に富んでいる。青年期の脳は大人の脳へと成長するための固定化の途中であり、灰白質の多くがまだ専門化されていないため、学習や創造、問題解決の能力、さらには危ない行動を起こす可能性までもが大幅に高まる。

前述のとおり青年期の脳は「可塑性」が高く、新しいことを積極的に学んでより柔軟な方法で問題を解決できる。一〇代から二〇代前半の若者は、驚くべきことをやってのける。アルベルト・アインシュタインが、$E=mc^2$として知られるエネルギーと質量の関係を証明した三ページの論文を発表したのは二六歳のときだった。ビートルズがアメリカに進出して大ブームを巻き起こしたのは、ジョン・レノンが二三歳、ポール・マッカートニーが二一歳のときだ。スティーブ・ジョブズは二一歳でアップルを設立し、マーク・ザッカーバーグは二〇歳でフェイスブックを立ち上げた。人間の偉大な革新の多くが、いや、もしかしたらほとんどが、若い頭脳から生まれてきた。これは青年期の脳がそうなるように進化によって細かく調整されてきたためであり、決して偶然ではない。青年期の脳は大人の脳の未完成版でもなければ、不完全版でもない。この二つを単純に比べてはならない。

感情を支配する脳の領域である大脳辺縁系が若いときに発達することは、人類の進化においてじつに理にかなっている。何千年も前の時代の人間は今よりも寿命が短かったため、早く子どもを産み、縄張りを守るためにほかの集団と戦い、新たな土地と食料源を探しに行くことが最優先で求められた。こうした危険を冒せるのは、野生の本能のままに強い感情や衝動に駆られて行動する者だけであり、そのため青年期の若者がこの使命に最もふさわしかった。彼らは強く、非常に高い免疫力を持ち、激しい暑さや寒さへの耐性があり、ほかのどの年代の者よりも速く走れて、痛みによりうまく対処できる。これまで多くの青年期の若者が感情に駆られて危険な行動をとり、命を落としてきたことに疑いの余地はない。人類が今日まで生存しつづけられたのは、こうした危険を顧みなかった者たちのおかげなのだ。彼らが積極的に獲物を狩ったり、新しい土地を探しに行ったりしていなければ、我々はずっと前に絶滅していたはずだ。

刺激を求めるのは哺乳類に共通する行動だ。これは第3章で取り上げたとおり、脳は我々が食べる、子孫をつくるといった特定の行為を頻繁に行うよう、脳内の多くの領域を用いて、そうした行為に大きな快楽や報酬を与えているからだと思われる。前にも述べたように何か新しいことを試してそれが気に入ったときには、報酬中枢である腹側線条体にドーパミンが放出され、その後も我々がその行為を期待するたびに同じことが起こる。当然ながらこの現象は総じて、女性よりもずっと危険な行動をとりがちな男性に顕著である。また、女性の場合は分泌されるドーパミン量が最大になるのが一六歳頃で、男性はそれより遅い一九歳頃のため、女性のほうが男性よりも早く結婚する傾向にあるのも当然と言える。青年期のドーパミン系は一生のなかで最高潮に達していて、最も敏感に反応するため、若者たちは目新しいものに真っ先に飛びつく。

青年期の若者たちは、刺激的なものをいつも待ちかまえている。新しくて、人とは違うものが大好きだ。我が家のティーンエイジャーたちも、しょっちゅう新しい音楽アーティストを見つけたり、ユーチューブに投稿される最新の動画を見たりしている。スケートボード、SNSでの友達づくり、プランキング〔腹ばいで横たわった写真をインターネットに投稿すること〕、パルクール〔走る、跳ぶ、登るなどの移動所作によって心身を鍛えるスポーツの一種〕、着こなし、といったどんなものであろうと何のためらいもなく最新の流行に飛びつき、それに伴うかもしれない危険を我々よりも簡単に受け入れる。この理由の少なくとも一部は、青年期の若者は大人や子どもよりも曖昧さにずっとうまく対応できるという、新たな研究結果によって説明がつく。つまり若者はたとえ情報が完全ではなく、起こりうる結果がはっきりしていなくとも、危険を冒すのにさほど躊躇しないというわけだ。とはいえ、新しいものが好きな度合いは、もちろん人それぞれだ。そのためこの新しいもの好きの性格は自制心と同様、ある程度遺伝的なものかもしれない。だが、一〇代や大学時代にやっていたことを思い返してみてほしい。今だったら、本当にあの頃の恋人とつきあおうと思うだろうか？　あれほどスピードを出して運転するだろうか？パーティーであれほど大量の酒を飲むだろうか？　ロープスイングにぶら下がって湖に飛び込むだろうか？　おそらくそんなことはもうしたくないはずだ。

実のところ、進化は社会に追いついていない。ヒト属である「人間」は二五〇万年前から生息しているが、文明社会で暮らしているのはそのうちの約五万年、およそ二パーセントにすぎない。人類の進化には何千年もかかるため、青年期の若者は原始時代の脳のまま現代社会に暮らしているようなものだ。言われてみれば、そのとおりではないだろうか。今日では、競走に勝つためにほかの車をかわしながら時速一六〇キロで高速道路を飛ばすといった危険な行動は、若者が生き延びる可能性を高めるものではない。だが一〇万年前は、きれいな水を求めて獰猛な野生動物をかわしながらサバンナを駆け抜けるという危険を冒すことは、生きるために重要だった。人類が栄えているのは、青年期の若者が身体能力的にも生殖能力の面でも頂点に達していると同時に危険を冒すことをいとわない、という事実に負うところが大きい。もちろん、そうした危険に飛び込んでいった者がライオンに食われたり、過酷な気候にさらされて死んでしまったりする場合もあるが、それでも結婚して子孫を増やすには十分な数が生き残る。こうして危険を冒しながらも生き延びた者たちが、その後率先して文化を築いていく。それは、ただ遺伝子を伝えるというだけではなく、仲間や子どもたちが倣えるような手本を示すというやり方でも行われる。「ミーム」と呼ばれる「非遺伝的な方法で受けつがれる考えや振る舞い」

は、それを模倣して学ぶ者たちの活動に影響をもたらすことで、社会を大きく変えていく。ソーシャルメディア、ポップミュージックといった若者の流行りのありとあらゆるものは、若者と社会全体に影響を及ぼすミームになる。

危険を察知する能力

彼女の名前はたしかニーナだった。当時一四歳だった私と彼女は、高速道路沿いの一般道を横並びで自転車をこぎながら帰宅していた。我々はともに夏休みに行われるＹＭＣＡのデイキャンプ〔学校が休みの日にスポーツなどの活動を行う〕で見習いカウンセラーを務めていて、ここ何日ものあいだ、七歳のグループのハイキングに同行したときや首にかけるストラップのつくり方を子どもたちに教える合間に、二人で冗談を言ったり熱心に見つめ合ったりしていた。一〇段変速の自転車に乗っている彼女がどんなに可愛かったか、今でも覚えている。私が曲がる角が近づいてくると、我々は顔を見合わせて優しく微笑み合った。私にとって、一日の最高のときが終わろうとしていた。鉄道の線路を渡り終えると、私は昨日と同じように「シュウィン」号のハンドルを左に切って手を振った。そして、凍りついた。

突然、目の前にバイクが現れたのだ。私は間違いなく左を見て車が来ていないことを確認したばかりだったが、それでもそこに黒と銀色の大きなハーレーダビッドソンがいたのは事実だった。すべての動きが、一秒ほど止まったかのように感じた。今でも、あの瞬間バイクのタイヤに腰かけるような恰好になっていた自分の姿、太腿にヘッドランプがぶつかってきた感触、バイクに同乗していた女性の叫び声を忘れることはできない。そして、気がつくと私は道路の反対側へと宙を舞っていて、線路の上に思い切り背中から着地すると何度も何度も転がった。すぐに立ち上がったが、両脚の動きを止めることはできなかった。固定されていないばねのように、勝手にあちこちへと飛び跳ねてしまうのだ。まっすぐ見ようとして頭に手を当ててみたが何もかもがぐるぐると回っていて、私はふらつきながらニーナのほうへと道路を渡った。近づいてきた車にひかれなかったのは、幸運としか言いようがなかった。

たしかに私はでれでれしていたし注意散漫ではあったが、あのバイクにひかれた瞬間以降のことは、まるで昨日起こったことのように詳細まで鮮明に覚えている。バイクにぶつかった瞬間、私の脳は大量のノルアドレナリンを放出した。これは神経伝達物質の一種で、戦うときや逃げるときに体を動かすために必要なものだ。たしかに、あのときの私は宙を舞っていた。私の脳と体があまりに多くのノルアドレナリンを分泌して必要量を超えたために、心拍数や血圧が大幅に上がり、瞳孔が広がり、筋肉に大量の血液が送られ、消化吸収活動は著しく低下した（トイレに行く時間がとれないからだ）。このノルアドレナリンの大量放出によって、永久に消えない「フラッシュバルブ記憶」が脳の危険察知中枢である扁桃体でつくられた。腹側線条体のドーパミンが本当に重要なものを教え、生存のために必要な優先順位をつけられるようにしてくれるのと同じように、扁桃体のノルアドレナリンは何を恐れ、何を避けるべきかを教えてくれる。フラッシュバルブ記憶は、我々が強烈な感情を伴った出来事を経験するとつくられる。アメリカ同時多発テロ事件でワールドトレードセンタービルが崩壊した日や、ジョン・レノンが暗殺された日のことを思い出してみてほしい。あなたはその日自分がどこで何をしていたか、はっきりと覚えているはずだ。それがフラッシュバルブ記憶だ。

この一件で最も信じられないのは、少女の名前がニーナだったかどうかすら定かでないということだ。あの頃の私にとって彼女は大事な存在だったが、何十年も経った現在では彼女の名前をはっきりとは思い出せない。一方はっきり言えるのは、あの事故以来、左折するときは必ず左を二回見て確認するようになったことだ〔アメリカでは車両は右側通行〕。左太腿には今も傷跡が残っているし、骨が欠けた足首は一年近く腫れていた。フラッシュバルブ記憶となったあの出来事は今日に至るまで、行動するときの私の判断に常に影響を及ぼしている。それがなければ、もしかしたら私は自転車、車、バイクの運転中に左折しようとしたときに、命を落とすような危険に何度も直面していたかもしれない。今となっては、彼女の名前が何だったかはどうでもいい。左を二回見て確認するのを忘れないということに比べれば、彼女の名前を覚えているかどうかなどはたいした問題ではないのだ。

我々の人生において、恐怖は特別な位置を占める。大脳辺縁系の一部である扁桃体内にある脳の危険察知中枢は早くから発達し、青年期の前頭前野による統制は腹側線条体の報酬中枢に対するものと同じく、とても緩やかだ。座ろうとしたトイレの便座にクモがいたときのように、あなたも目の端に映った何かにひどく怯えたことがあるのではないだろうか。それはあなたの視野に入ったその何かに扁桃体が即座に反応して、危険を知らせてくれているのだ。そして、あなたは慌てて立ち上がって、その物体をまじまじと見る。数秒後、担当を引き継いだ前頭前野が状況を分析して、それはただの綿ぼこりだと教えてくれる。よかった。これであなたは安心して座ることができる。

危険を察知する能力は非常に重要だ。動物にとって、交尾する、食べる、眠るといった報酬は何日か先延ばしにしてもかまわないが、危険に対する反応がたとえ一秒でも遅れたら命を失いかねない。三歳くらいの幼い子どもでも、コンピュータの画面で花よりもヘビをより素早く認識する。この好ましくない情報に注意を向ける「ネガティビティ・バイアス」は、我々が楽しい経験よりも危険に敏感であることを示している。あの少女の名前がニーナであろうとなかろうと、私が彼女と自転車に乗っていたときのことはまさにそれに当てはまる例だ。忘れてならないのは、我々がそういったものに恐怖を感じるのは、今後それらを避けられるようになるためだということだ。しかも、青年期の若者にとって、自分が感じた恐怖とその原因との関連性を消し去ることは、ほかの年代に比べてずっと難しい。若いマウスと青年期の若者を対象にした研究によると、どちらの場合もあるものが危険だといったん学習すると、大人になってもそれを忘れる可能性は低いことが判明している。それに対して幼い子どもや大人の場合、マウスも人間も過去に恐怖を与えられたものをずっと簡単に忘れたり、あるいは少なくとも無視したりできる。青年期の若者たちは古代から第一線の探検者であり、現在も軍隊で最前線の兵士でありつづけていることから、この特徴は人類の進化で大きな利点になったと考えられる。青年期の恐ろしい経験によってつくられた記憶は、長きにわたって残りつづける。そう、左折するときは必ず左を二回見て確認しなければならない、というように。

青年期の若者が幼い子どもや大人よりも危険にずっと敏感に反応することは、実験でも証明されている。恐ろしい表情といった、危険が迫っているかもしれないことを示す刺激を与えられたときの危険察知中枢である扁桃体の活動が、青年期には特に活発なことが脳画像で確認されている。ほかの年代に比べて危険により敏感に反応する青年期の若者たちが、奇妙にも恐怖を感じるものに惹かれる点は、非常に興味深い。あなたは今もホラー映画、ジェットコースター、ウィリー走行、自転車の手放し運転が好きだったりするだろうか？　おそらくそうでもないだろうが、あなたのティーンエイジャーの子どもたちはそういったものが大好きなはずだ。

青年期の若者が危険に惹かれる原因を探るのは難しい。もしかしたら、彼らはドーパミンの力に突き動かされていて、報酬を求める気持ちが恐怖心に勝ることもあるのかもしれない。あるいは、立派な大人になるために危険に対処する訓練を重ねて、恐怖を克服しようとしているのかもしれない。実際、ある研究によると、若者は報酬への期待によって（腹側線条体の活性化を通じて）さらなる行動に駆られるのと同様に、危険を示す強い刺激によっても（扁桃体の活性化を通じて）行動に駆られるのだ。この研究結果は青年期の若者は怖いもの知らずだと指摘しているのではなく、むしろ彼らには単に危険がよりわくわくするものだからという理由で安易に近づく傾向があることを示している。つまり、若者たちは恐怖を乗り越えようとする感覚が好きなのだ。彼らは危険を恐怖と報酬を備えた二面性があるものと捉え、これまでとは違う新たな体験に惹かれるのかもしれない。

とはいえ進化は完璧なものではないため、うまい方向に進まないときもある。青年期には不安症とうつ病の患者数が急増する。これは恐怖を引き起こす扁桃体が相対的に活動過剰で、それに比べて感情を制御する前頭前野があまり活動していないことによるものだと考えられている。こうした皮質下構造と前頭葉の部位がうまくつながっていない状態は、うつ病、不安障害、心的外傷後ストレス障害（ＰＴＳＤ）を抱える大人にも見られる。それよりも程度は低いが、十分な睡眠がとれないときにも似たような状態になる。睡眠が不足すると、やはり前頭前野が感情に訴える大量の情報をどうしても処理できなくなるため、イライラや不安、悲しい気持ちが起こる。

大量のホルモンを浴びながら

もしあなたが遠い惑星から初めて地球にやってきた宇宙人で、たまたま中学生の集団の真っただ中に放り込まれたとしたら、異次元に来たことを実感するだろう。少し離れたところから彼らを見ると、顔のニキビ、歯列矯正のワイヤー、風変わりな髪形が目に入るだろう。近づいていくと、強烈な体臭に面食らうかもしれない。会話が聞こえるほどそばに行けば、一言発せられるたびにつけ加えられる「みたいな」「えーと」「でしょ」は、何かの神を称える言葉かもしれないと思うはずだ。いや、宇宙からの来客であるあなたに断っておくと、彼らは大人になるための宗教的な通過儀礼を行っているわけではない。これは青年期というもので、そのすべてはホルモンに支配されているのだ。

思春期を迎えると、体内のあらゆる腺からホルモンと呼ばれるさまざまな化学伝達物質が分泌されて運ばれ、その後数日間、数週間、あるいは数カ月にわたって効果を発揮する。こうしたさまざまな誘発ホルモンの連動的な分泌によって、やがて主要な性ホルモンが産生される。テストステロンは人を攻撃的に、エストロゲンは人を感じやすくすると思われがちだ。だがそれぞれのホルモンの役割は、そこまではっきりと分かれているわけではない。それどころか、思春期に分泌される各種のホルモンには、若者が社会の時代精神になじめるように脳全体を大きく変化させる役割もあることが、最近の研究で明らかになっている。脳に大量のホルモンが送られると、進化の仕組みによって若者は社会の秩序へ組み込まれ、そこで彼らは仲間の尊敬を集めて自身の地位を向上させようと努力するようになる。

一〇代から二〇代前半の若者にとっての社会的成功が何かは、いうまでもないだろう。少なくとも仲間からの尊敬がある程度なければ、食べるものを見つけ、ふさわしい結婚相手を選び、家を建て、子どもを育てるために必要な、周囲からの支援を受けられない。ホルモンはこの過程において、極めて重要だ。テストステロンの役目は青年期の若者を攻撃的にすることではないということが今では明らかになっている。**テストステロンはむしろ社会性に関わるホルモンであり、その作用によって若者は「自分が周りにどう見られているのか」を以前よりも気にす**

るようになる。少年たちが運動競技やほかの少年への威嚇を通じて社会的地位を競うことは世界共通の事実だが、こうした行動は文化によってつくられたものでもある。チベットの仏教僧院で高い地位を得るための方法のひとつは、ほかの少年よりも優しく思いやりのある人になろうと努力することだ。つまり、テストステロンは攻撃性のみに関するものではない。集団との結びつきと社会的な成功に関わるものなのだ。もし非行少年の集団に加わることで社会的地位が高まるのであれば、テストステロンは反社会的な行動を促進するかもしれない。同様に、優しく思いやりのある人物になることが社会的地位の向上につながるのであれば、向社会的な行動を促進するだろう。

ホルモン自体が我々の振る舞いを変えることはないが、状況にいかにうまく適応するかを察知するきっかけを与えてくれる。たとえば、夕食にピザを食べたあとは、あなたも喉が渇くのではないだろうか。それはピザに含まれる多量の塩分が、血液の塩分濃度を高めるからだ。脳は血液中の塩分が増えたことを察知して、抗利尿ホルモンの分泌を誘発する。このホルモンは水分を排出しないよう腎臓に指示するだけではなく、あなたに水を探させようとする。抗利尿ホルモンはあなたに水を飲ませようとはしないが、喉の渇きを激しくすることで、あなたが確実に何か飲むものを探しに行くよう仕向ける。同じように、思春期のホルモンは若者に社会的地位や仲間との絆といった、特定の情報へ注意を向けやすくさせるのだ。

泣いている赤ちゃん連れの母親と飛行機で席が隣り合わせになったとき、あなたはどう思うだろうか？　おそらく、かなり迷惑に思うのではないだろうか。自分の家でも最近赤ちゃんが生まれたという場合を除けば、あなたは何としてでも席を移ろうとするはずだ。多くの種では、雄と処女の雌は生まれたばかりの子どもを完全に避ける傾向にあり、小さい子から受けるどんな刺激も強烈に嫌悪する。ところが不思議なことに、自分の赤ちゃんであれば小さなげっぷ、甲高い笑い声や泣き声といったどんなしぐさもひっくるめて、ひたすら可愛くてたまらなく思うものだ。オキシトシンは自分の子どもといっしょにいるときに満たされた感情を抱いたり、自分の子どもに関することであればうんちのように通常は不快なものに対しても嫌悪感を失わせたりさせる強力なホルモンである。

オキシトシンが出産時の子宮の収縮や、その後の新生児への授乳時の母乳分泌に関与していることはよく知られている。また、動物同士のつながりを促進する役割もあるため「愛情ホルモン」とも呼ばれている。オキシトシンは決して「ほれ薬」ではないが、子どもの泣き声を聞いた親の腹側線条体の活動を高め（報酬を増やし）て扁桃体の活動を抑制する（恐怖を抑える）ことで、親が子どもにより強く感情移入するようになる。そうして、親子のつながりが強化される。また、オキシトシンはほかの人への信頼感も育む。親が子どもにセックスしないよう忠告するときはオキシトシンのことなど頭になく、それよりもセックスすると判断力を失って人生で本当に大事なものをないがしろにしてしまうのではないかと心配しているはずだ。どうやら、親がそういう不安を感じるのは、彼らがたとえ無意識でも人間の本性をよく捉えているからのようだ。というのも、セックスをするとたしかに脳のオキシトシンが増加して相手への愛情や興味が高まり、その人とより深い関係を築きたくなることが、最近明らかになったのだ。

私とアリスがニューヨーク市のアパートメントに家族で移り住もうと決めたとき、小型犬を飼ってもいいと子どもたちと約束してしまった。チワワを飼うことになるとは思ってもみなかったが、新しくやってきた子犬のエリオットを抱いて、あの大きな茶色の瞳でじっと見つめられた瞬間、あまりの可愛さにぞっこんになってしまった。人間と同じく、イヌも互いに見つめ合うことでつながりを築く。イヌの脳は人間よりずっと小さいが、一万五〇〇〇年以上にわたって飼いならされてきたなかで、我々と絆を結べるようイヌの視覚系は人間の古くからの性格に合わせて非常に高性能化している。イヌが互いを見つめ合う目的は最も近縁の動物であるオオカミのものよりも、人間のものにはるかに似ている。エリオットの瞳をのぞき込むと、私と彼のなかで循環するオキシトシンの量がともに上昇して、我々に感情的なつながりを築いて保つよう促す。こうした人間とイヌの関係は、双方にとって有益だ。イヌは敵かもしれない不審な存在から飼い主を守ろうとするし、飼い主はイヌに餌と寝床を与える。そして、愛情を通い合わせるのだ。

こうした愛情を生み出すホルモンの仕組みを互いに持っていることは、進化の面で大きな意味がある。同様に、オキシトシンの分泌量が青年期に最大となるのは進化的に有利だ。なぜなら、人生において仲間との緊密な関係を築いて保つことが生きるための最大の支えとなるのは、まさにこの時期だからだ（ちなみに、最も多く飼われている哺乳類のペットのもう一方であるネコは、人間に飼われるようになってからまだ五〇〇〇年ほどしか経っていない。我々と極めて近い関係のイヌに比べてたいてい一定の距離を保ち、視線をめったに合わそうとせず、つながりをあまり感じさせないのは、このためかもしれない)。

オキシトシンによる絆を結ぶはたらきで青年期に最もよく見られるのは、若者を社会的シグナルに敏感にさせることで、それは仲間の集団に誰が「属していて」誰が「属していない」かを判断する作業を促す。青年期の若者を社会の秩序へ組み込むテストステロンと同様に、オキシトシンは集団内の仲間に対する共感や信頼を強め、集団外の者に対する敵意や守りも強める。つまり、オキシトシンによるつながりを築く作用は、仲間に属する者とそうでない者を見分けさせることによって、若者の集団意識を高め、友情を深める。

一〇代や二〇代前半の若者たちは、彼らよりも年齢が下の子どもや上の大人たちに比べて、仲間との固い絆を結ぶことで今と将来を生き抜こうとする傾向がはるかに強い。テストステロンとオキシトシンは社会での円滑なつながりや仲間集団内での交流に対する報酬効果を高めることで、大人になって成功するために最も役立つものとなる「同年代の仲間との絆」に、若者の注意を向けさせる。人生はチームスポーツであり、成功する者は仲間とうまく協力する方法を見つけている。このように青年期にはテストステロンとオキシトシンが分泌量を高めて、若者が仲間同士でより効果的に結びつくよう指令を出しているが、その一方でこの時期の若者をストレスで悩ませるホルモンも存在している。

視床下部-下垂体-副腎系(HPA軸)はコルチゾールといった体内でつくられるステロイドホルモンを循環させるが、その量も青年期に最大となる。コルチゾールは体がストレスを受けたときや、血糖値が低いときに分泌される。アドレナリンの増加とともに、数々のストレスホルモンが扁桃体、海馬、前頭葉に作用して恐怖学習能力や記憶力を高め、若者を感情のままに動かそうとする。社会的なつながりに役立つテストステロンとオキシトシンの上昇と同じく、青年期におけるストレス反応の増大は、進化のうえで大きな意味がある。ティーンエイジャーは立派な大人になるために、身の回りの危険に常に注意を払わなければならないからだ。幸いにも、テストステロンとオキシトシンの作用で得られる仲間との良好な関係は、コルチゾールを低下させてストレス反応を和らげることができる。それは青年期の若者が不安を乗り越え、立ち直る力(レジリエンス)を高めるための支えとなる。

慢性的にうつ状態の母親を持つ若者や貧しい家庭で育った若者の場合、残念ながら通常より高い、ときには有害とされるほどのストレスホルモン値を記録することが多い。その結果、記憶障害が起こったり、脳の危険察知中枢である扁桃体を沈静化させようとする前頭前野のはたらきが鈍くなったりする可能性が高くなる。また、そうしたストレスホルモン値が慢性的に高いと、うつ病、肥満、癌、心血管疾患が起こる恐れも年齢とともに高くなる。

どんな親に尋ねても、青年期真っただ中の子どもたちは携帯電話といった気を散らすはたらきかけがあると、宿題などの与えられた課題に集中しづらくなると答えるだろう。しかも、子どもたち自身がそうした邪魔を迷惑に思っているときでさえも。どんな子どもも初めて携帯電話を持つとわくわくするが、一六歳、一七歳にもなると、常に仲間を意識させられる状態を鬱陶しく思いはじめる。フェイスブック、インスタグラム、スナップチャットを通じてすぐに大量に手に入る、誰がいつどこで誰と何をしていたかという仲間の交流情報すべてに対応することが大変な重荷だと気づくからだ。私は娘や息子、そして多くの若い患者や大学生から、「携帯電話のない世界で大きくなれたらよかったのに」というせりふを何度も聞かされている。

これは青年期の彼らにしては、しごく冷静な意見だ。というのも、すでに説明したように、思春期のホルモンはティーンエイジャーや二〇代前半の若者の脳を、周りからの感情に訴える情報に対して（たとえ内容をすべて理解できなくても）非常に敏感になるように仕向けている。これもまた、進化のうえで大変大きな意味を持つ。どんな哺乳類にも「青年期」があり、その間は報酬や危険に対する感度や、刺激を求める行動への関心が高まり、さらに仲間への感情反応も強化される。こうした脳や行動の変化は、生存や繁殖につながる探索行動を促進するために重要だが、その一方で個体を著しく疲労困憊させる。

ホルモンが我々にどのような影響を及ぼすかは、状況や背景によって異なる。テストステロンとオキシトシンは、友達づくりが得意な優秀な生徒に対しては似たような仲間集団に加わるよう促す。その集団内では仲間同士がつながりを築き、互いに助け合い、しかも危険な行動に走りすぎないよう互いを抑制し合う可能性が高い。一方この二つのホルモンは、勉強や運動が得意でない、または自信を高めたり仲間とのつながりを築いたりできる特技がなく、しかも強い刺激を求める生徒に対しては、危険な行動をとるようはたらきかける。なぜなら、**青年期の若者は、仲間と有意義な関係を結ぶためにはどんなことでもする**からだ。

刺激を求める者同士は意気投合しやすく、そういった者がひとつの場所に大勢集まると、危険な行為に走る可能性が高い。高校時代、いつも問題を起こしてしょっちゅう停学を命じられ、授業前に麻薬でハイになるグループが、あなたの学校にもいなかっただろうか？　彼らは中学時代にはいけてると思われていたかもしれないが、高校の後半にもなると冷めた目で見られるようになる。試験に落第したり、マリファナを売ったりするのは、もはやかっこよくも何ともないのだ。あなたはそうした生徒たちはたいていろくな大人にならないと感じて、たとえ昔からの友人でも距離を置くようになったかもしれない。やがて彼らは普通の生徒たちとあまりにも距離ができたために、危険な行動を肯定し、危うい振る舞いに爽快さを見出すようになってしまう。悪い行いは、縮小しつづける仲間集団のなかで自信を保てて尊敬を得られる唯一の方法だからだ。彼らにとって危ない行動は単に刺激的なものではない。最も望ましいものなのだ。ティーンエイジャーに「高校でマリファナを常習している」「窃盗で逮捕された」あるいは「妊娠した」のはどういった生徒かと尋ねると、彼らはみな「学校の成績が悪い」「運動が苦手」「将来の成功につながる自信になったり仲間の尊敬を得られたりする特技がない」生徒と答えるはずだ。

思春期早発症

私の息子は七歳の頃、深刻なジレンマに陥った。ジュリアンは歯が抜けて「歯の妖精」からすてきな手紙と一ドルをもらった直後に、同じ学校の子どもたちから「『歯の妖精』なんて全部つくり話だ」と言われたのだ。息子は動揺して帰宅した。その夜、彼はベッドに入って眠りにつく前に、目に涙を浮かべて私を見上げた。「パパ」彼は泣きべそをかきながら言った。「歯の妖精なんていないって、みんなが言うんだ。僕は本当のことを絶対に知りたいんだ。歯の妖精は本当にいるの?」。親としては予期せぬ瞬間だ。こうした状況は思いがけずにやってくるし、小児精神科の研修医時代に受けた訓練も自分の小さいときの記憶も、適切な指針を探るうえであまり頼りにならない。もはや自分の経験と勘をあてにするしかなかった。

「ジュリアン」私は尋ね返した。「おまえはどんな世界で生きていたい? 不思議なもの、すてきなもの、わくわくするものにあふれた世界? それとも、何もかもがはっきりとわかっていて、何の想像もめぐらせることができない世界?」。ジュリアンは真剣なまなざしで私を見つめた。私の質問について懸命に考えているのだ。そして、大粒の涙を流しながら答えた。「僕は不思議なものや、すてきなものがある世界で生きていたいけど、本当のことも知りたいんだ」。これはまさに、人間が直面する根本的なジレンマではないか。それが幼い子どもの口から出るとは! 「じゃあ、どうしようか?」私は尋ねた。すると、息子は驚くほどの名案を出した。「パパ」彼は必死にせがんだ。「今はまだパパに本当のことを教えてもらわないで、僕が一六歳になるまで待つのはどうかな? それまでに僕がわかっていなかったら、教えるって約束してくれる?」。私は約束すると誓って、息子にキスを浴びせたのだった。

ジュリアンの苦悶があまりにもよくわかるのは、我々はみな困難にぶつかりながら大人になっていくからだ。大人へと成長する過程は新しいことやわくわくすることに満ちているが、そこには難題や危険もたくさんある。青年期は思春期のホルモンが体中を駆け巡ることから始まり、続いて体も心も変化するという人生の過渡期だ。こうした移行期間では、我々は自分が自立できそうにはとても思えなかったり、自分に自信が持てなかったりするために、人生で最大の危機に直面する。ジュリアンは真実を知りたかったが、自分はまだ七歳で、ありのままの事実を受け入れる準備はまだできていないこともどうやら理解していた。息子は歯の妖精を信じつづけることで、もう少し子どもでいられる。そしてたとえ「本当のこと」を知らなくても、親は彼を守り導くと約束してくれたのだから、彼はあどけないままでも安心して暮らせる。残念なことに、近年では思春期の訪れがどんどん早まっているため、子ども時代という安全な枠のなかでのんびりと過ごせる年月は限られてしまっている。

今の子どもたちは、過去の世代よりも早い年齢で思春期を迎えている。女子はまず胸がふくらみはじめ、次にわき毛や陰毛が生え、顔にニキビができ、身長が急激に伸びて、やがて生理が始まる。男子の場合、思春期が始まると精巣の容量やペニスが大きくなり、次にわき毛や陰毛が生え、顔にニキビができ、声が低くなり、身長が急激に伸びる。思春期の期間はおよそ二年から四年で、厳密には性成熟によって完了する。女子の思春期は、一般的には一〇歳頃から一四歳頃までだ。男子の場合は通常女子よりも数年遅く、一二歳頃から一六歳頃までが多い。「思春期早発症」と呼ばれる非常に早い思春期の症状は、男子に比べて女子の件数が一〇倍にもなり、第二次性徴（乳房の発達、わき毛や陰毛が生える）が八歳前に始まるか、初潮（初めての生理）が九歳前に始まった場合、そう診断される。ほんの二五年前は、八歳前に思春期を迎える女子は五パーセント未満だった。今では当時の倍になっている。アメリカ国内での最近の調査では、さらに高い割合が示された。白人の一〇パーセント以上、黒人の二五パーセント近く、それにラテン系の一五パーセントの女子で七歳までに乳房の発達が見られた。しかも八歳までの場合、割合は倍近くに増えた。これは思春期の時期が大きく変化していることを表している。

思春期は、キスペプチンと呼ばれる神経化学物質が一連のホルモンを刺激し、それによって最終的にエストロゲンとテストステロンが放出されることから始まる。キスペプチン自体は満腹状態、つまり食べた量に満足したことを知らせるはたらきで最もよく知られる、レプチンというホルモンの刺激で分泌される。レプチンは脂肪細胞で産生される。脂肪が多い人ほど、多くのレプチンがつくられる。現在ほぼすべての先進国では、肥満がまん延している。アメリカにおける肥満率は、この三〇年間で子どもは倍、若者では四倍になった。二〇一二年には、子どもと若者の三分の一以上が「太り気味」または「肥満」と診断された。肥満は思春期の始まりを促すキスペプチンが早くから分泌される大きな要因である。だが、思春期が早まっている理由はそれだけではない。

レプチンがキスペプチンを刺激して思春期を促すかたわらで、メラトニンがキスペプチンの分泌と思春期の開始を抑制している。睡眠をもたらすホルモンとして最もよく知られるメラトニンは、暗くなると放出され、体が光を浴びると分泌が抑制される。赤道付近で暮らす子どもたちは、緯度の高い地域に住む子どもたちと比べて一年中より多くの日差しを浴びているためメラトニンの量が少なく、早く思春期を迎える。つまり、今日の子どもたちの思春期が早まる理由として考えられるもうひとつの要因は、多くの電子機器の画面から出ている光に、それらを見ている彼らが常にさらされていることだ。携帯電話やコンピュータの画面、あるいはテレビから発せられる光は、子どもたちの体内で産生されるメラトニンの量を大幅に減少させるほど強い。そのため、抑制されなかったキスペプチンによって、思春期のホルモンが通常より早い時期に次々と放出されることになる。しかも、もし肥満でもなければ電子機器の画面を見る時間が長くもなかったとしても、思春期を早めているとほぼ断定されている要因がほかにいくつもあるのだ。

内分泌かく乱物質〔日本では「環境ホルモン」と呼ばれることが多い〕は、体内でつくられるホルモンのはたらきを模倣したり阻害したりして、体の正常なホルモンの機能を変化させる人工化学物質である。内分泌かく乱物質の多くはエストロゲンとほぼ同じはたらきをして、思春期を早める一因となる。農薬用の殺虫剤（例：ＤＤＴ）、プラスティックに含まれるさまざまな化学薬品（例：フタル酸エステル、ＢＰＡ）、ＰＣＢ、ダイオキシンは、そういった害を及ぼす多くの化学物質のほんの一例だ。こうした化学物質はペットボトル、シーラント〔虫歯予防用の樹脂〕、哺乳瓶、食品パッケージ、スキンケア製品、ヘアケア製品といった、ありとあらゆるものに含まれている。我々の子どもたちは、こうした化学薬品が含まれる容器に保存されていたものを食べたり飲んだり、あるいは使ったりすることで、内分泌かく乱物質を体内に取り込んでいく。

さらに、貧困、同調圧力、暴力や弱い者いじめを受ける、保護者が気分障害を抱えている、といった心理社会的ストレス因子も、内分泌をかく乱する作用を持つと考えられている（たとえば、貧しい親からは低出生体重児が生まれる可能性が高く、そのため子どもの血液中のインスリン量は少なくなる。それが早期の体重増加へとつながり、思春期が早まる可能性が高くなる)。

これまでよりも早い思春期や思春期早発症が増えている原因が何であれ、子どもたちが深刻な影響を受けている事実には変わりない。ある調査によると、早く成熟した女子は自己評価が低くなる傾向が強く、うつ病になる可能性も高くなる。さらに、社会から逸脱した年上の仲間集団の影響を受けやすく、早い時期からセックス、薬物乱用、アルコール摂取に走ることが多い。しかも、問題は青年期だけに留まらない。早く成熟した女子は成人後もうつ病になる可能性が高く、多くのセックスパートナーを持ち、学力が低い。また、高い肥満率と高血圧の症状に悩まされるだけではなく、通常より数年長くホルモンの刺激を受けていたために年齢とともに乳癌、卵巣癌、子宮内膜癌になる可能性も高くなっていく。

つまるところ、思春期を早く迎える子どもの場合、大脳辺縁系が活発にはたらく一方で前頭前野が未熟であるという状態が長く続くことになる。自分の感情を理解し抑制するためにもがく時期が長くなり、その結果青年期が延びて危険に直面する期間も通常より長くなるのだ。だが、彼らにとっての最大の問題点は、思春期の感情の不安定さやそれに続く青年期の危険に対して、受け入れる準備が整うはるか前から立ち向かわなければならないことである。

進化の妥協点

大昔には人類の生存に非常に役立った本能や脳の発達が、今日ではむしろ多くの若者を危険にさらしていることは間違いない。ホルモンの作用で激しく活動する大脳辺縁系と緩やかに発達する未成熟な前頭前野によって、青年期の若者は激しい感情に強く反応する。大昔はそれが彼らを新たな土地の探検や、野生の獣との戦いへと駆り立てた。すばらしい仕組みではないか。だが一般的には、我々はもはや獣と戦う必要はない。では、なぜこうした特徴が残っているのだろうか？ これはただ進化に時間がかかるからというだけではない。現代の若者を危険にさらす行動は、危ないと同時に生き抜くための強みでもあるのだ。我々もその一部である進化の過程においては人類の存続が最優先事項であって、個々についてはほとんど顧みられない。つまり進化とは、何百万人を救うためには何千人もの犠牲者を出してもかまわない、というものである。自然界にはこうした「進化の妥協点（トレードオフ）」について、鎌状赤血球症やマラリアといったさまざまな例がある。

鎌状赤血球症は、この疾患遺伝子を子どもが両親からひとつずつ受けついだ場合に起こる。アメリカでは鎌状赤血球症患者は一〇万人近いが、ほかにも約三〇〇万人がこの疾患遺伝子を保有している（アフリカ系の黒人のおよそ一二人に一人）。つまり、後者は鎌状赤血球症を発症させる遺伝子を、片方の親からだけ受けついでいる。鎌状赤血球症は、赤血球を鎌状（三日月形）に変化させ、赤血球が運搬できる酸素量を低下させる。そのため赤血球は凝集して、早く壊れてしまう。鎌状赤血球症の患者は慢性の痛みを抱え、感染症や脳卒中を起こす可能性も高い。しかも平均寿命は約四〇歳で、これはアメリカの平均のおよそ半分だ。

鎌状赤血球症はこれほど破壊性の高い疾患であるにもかかわらず、なぜいまだに遺伝子が残っているのだろうか？　この疾患遺伝子をひとつ持っているだけでも、何らかの健康障害が起こるというのに。実は、鎌状赤血球症の遺伝子は保有者にとって大きな利点にもなっていることが判明していて、それが今日までこの遺伝子が残っている理由だと考えられている。この病気を発症した人はたいてい若くして亡くなってしまうが、この疾患遺伝子を保有している人は、熱帯熱マラリアに対する抵抗力をわずかだが持っている。熱帯熱マラリア原虫（学名：Plasmodium falciparum）は鎌状赤血球内では増殖することができない。熱帯熱マラリア原虫の寄生への抵抗力は、非常に有益である。なぜなら、あらゆる対策がとられているにもかかわらず、今日もなお全世界でマラリアによって亡くなる子どもの数はどんな感染症の死亡者よりも多く、HIV／エイズによる死亡者数の五倍にもなるからだ。

同様に、主に肺や膵臓に影響を及ぼして慢性感染症や早死にの原因となる場合が多い嚢胞性線維症も、子どもが疾患遺伝子を両親からひとつずつ受けついだときに発症する。鎌状赤血球症と同じく、嚢胞性線維症の遺伝子が人間の遺伝子プールに保たれているのは、この疾患遺伝子をひとつだけ持っている人の重症疾患に対する抵抗力が強化されるからだ。この疾患遺伝子の場合、我々の先祖の命を多数奪った腸チフスへの抵抗力が高まることがわかっている。つまり、鎌状赤血球症も嚢胞性線維症もさまざまな障害や早すぎる死の原因になることが多いものの、その疾患遺伝子を保有する者にとって生存のための大きな利点にもなるゆえ、人類の進化の歴史を通して残りつづけたのだ。このように、進化の方向性は大勢がマラリアや腸チフスで命を落とすよりも、それより少ない者が鎌状赤血球症や嚢胞性線維症で亡くなるほうが人類全体としては得策だという、客観的かつ非人間的な理論で決定づけられてきたようだ。

セロトニントランスポーター遺伝子の仕組みも同様である。この遺伝子には、短い型（S型）と長い型（L型）の二種類がある。このセロトニントランスポーター遺伝子のS型を一本、または二本持っている人は、うつ症状を訴えたり、うつ病と診断されたり、日々のストレスによる自殺行為に走ったりする可能性が通常より高い。また、S型の保有と、脳の危険察知中枢である扁桃体に対する前頭前野の制御力の弱さには関連がある。そのため恐怖反応が強くなり、心的外傷後ストレス障害（PTSD）が発症する可能性が高まる。しかも、S型のセロトニントランスポーター遺伝子を保有する大人の場合、抗うつ薬の投与による治療の効果は低くなる。ではいったいなぜ、S型のセロトニントランスポーター遺伝子は、何千年もの人類の進化を生き延びてきたのだろうか？

まず、L型のセロトニントランスポーター遺伝子を二本持っている人は、比較的まれな疾患だが命に関わる可能性が高い肺高血圧症を起こしやすい。そしてさらに重要な点は、S型のセロトニントランスポーター遺伝子を一本保有している動物は子孫を残すうえで有利になる可能性が高いことだ。少なくとも、人間にかなり近いアカゲザルの世界では、S型のセロトニントランスポーター遺伝子を保有している個体は早く巣立つことがわかっている。親元を早く離れると危険な目に遭いやすいかもしれないが、それでもほかの個体に先駆けて新しい食料源、巣づくりする場所、配偶者を見つけることで、子孫を残して遺伝子を伝えられる可能性も高くなる。つまりこの事例でも、進化のトレードオフが行われたと考えられる。早く巣立つ個体は不安に襲われる可能性が高いし、成長して自分の身をしっかりと守れるようになるまで体に傷を負うこともあるだろうが、配偶者を見つけて繁殖できる可能性もずっと高くなるのだ。

身体能力のピークと脳の成熟

人間の身体能力は青年期にピークに達するが、最高の成果を出せるようになるのは脳が完全に成熟する大人になってからだ。例として、野球の場合を見てみよう。チームで最も重要な選手は投手だ。どんなプレーも、文字どおり投手の手の内にあるボールから始まる。彼は打者ごとに、投げる球種やスピードのリスクを計算する。我々と同じく、投手も青年期に身体的なピークを迎える。三〇代前半よりも二〇代前半のときのほうが、速い球を投げられたはずだ。しかも若いときのほうが試合を終えたあとの回復も早く、怪我も少なかっただろう。だが、大リーグの試合のマウンドに必要とされるのは、若手の投手ではない。

ジェレミー・アフェルトは左投げのリリーフ投手で、四回登板したワールドシリーズで三回勝っている。一九九七年、ジェレミーは高校を卒業してすぐに、カンザスシティ・ロイヤルズに新人投手として入団した。その後コロラド・ロッキーズとシンシナティ・レッズに在籍したのち、二〇〇九年にサンフランシスコ・ジャイアンツにトレードされた。ジャイアンツはジェレミーが在籍していた二〇一〇年、二〇一二年、二〇一四年に、ワールドシリーズで優勝している。ジェレミーに話を聞いたところ、彼が最も速いボールを投げていたのはシンシナティに在籍していた二四歳のときだそうだ。「あの年は時速一五六キロから一五八キロくらいのボールを投げていました。一六〇キロ近く出ていたときもありました」と彼は語った。それでもジェレミーによると、最もうまく投げられたのは二九歳から三〇歳のときだったそうだ。「なぜ」私は尋ねた。「年をとってからのほうがうまく投げられたのでしょうか？」。「投球は心理戦だからです」と彼は答えた。「プロになった当初は、ひたすら捕手の指示どおりに投げていました」。だが彼は年を重ねるに従って、試合や打者についての理解を深め、自分ができることとできないこともわかるようになったそうだ。そうして、経験と勘に頼れるようになった。つまり、投げるときにただ左腕を使うだけではなく、各選手についての自分の知識を活かす方法も身につけたのだ。「たとえば、投げる直前に捕手をじっと見ると、打者は私が捕手のサインを拒否しているのか、それともただ考えているだけなのか読み取れません。何が起こっているのかわからないのです」。ジェレミーはさらに、投手は三振をとることを一番の目標とするべきではないと指摘した。「投手がみな三振が好きなのは当たり前です」彼は補足した。「しかし、三振は過大評価されています。大勢の打者全員から三振を奪おうとすると球を投げすぎることになり、翌日投げられません」

ジェレミー・アフェルトが野球を語る視点は大人のものであり、青年期の若者のものではない。彼は若手の選手だった頃は十分速く投げられたにもかかわらず、試合中はたいていベンチで過ごしていた。だが、年齢とともに、球のスピードは多少落ちても問題解決能力、集中力、忍耐力は向上した。投手の平均年齢が低くてもヒューストン・アストロズの二七歳、高いところはボストン・レッドソックスの三一歳にもなるのは、まさにそういうわけだ。青年期の投手のほうが速いスピードで投げられても、三〇歳の投手は経験を活かし、戦略をよりうまく使い、打者の読みを予測することで、結局はずっと多くアウトをとれる。年齢を重ねた投手がチームに欠かせない優れた選手となる理由はまさに、すでにミエリン化が完了した前頭葉によって大脳辺縁系の感情中枢を制御する能力が身についているからだ。

同様にナショナル・フットボール・リーグでも、最も重要なポジションであるクォーターバックの平均年齢は二七歳だ。つまり、体への負荷がより大きいスポーツであるアメフトでさえ、チームの司令塔は身体的なピークを過ぎていても脳が完全に成熟した年齢のときのほうが最高のはたらきができるのだ。トム・ブレイディ、ジョー・モンタナ、ペイトン・マニング、ジョン・エルウェイ、ロジャー・ストーバックといった多くの名クォーターバックたちが選手としてのピークを迎えたのは、三〇歳をとうに過ぎてからだった。

青年期の若者は速く走り、高く飛び、激しい戦いに耐えることができる。この時期の若者が強靭な肉体を持ち、危険な行動に走るようにできているのは、人類の生存がそれにかかっているためだ。進化の観点から言えば、青年期の若者たちの優れた能力は、勇敢さ、腕力、賭けに出ようとする意欲によるものである。だが、投手、クォーターバック、医者、大統領といった仕事は、若者にはまかせられない。なぜなら、年とともに体力、迅速さ、持久力は衰えても、判断力は大幅に向上するからだ。

青年期の若者が危険な行動に走るのは、決して偶然ではない。若者の脳と体は進化の結果、そうするようにできているのだ。若者というものは、大人だったらまずさまようのを躊躇するような場所に進んで探検に行くよう、極めて巧みにつくられている。何千年も昔、我々の祖先である若者の多くは食べるための獲物を追いかけたり、きれいな水を探したりしている最中に、踏みならされた道からそれて命を落としていった。あるいは、有毒な植物を食べられると勘違いして死んでしまった。その時代に刺激を求めていた者たちは、そうした実話を聞いて探検熱に火が点いたことだろう。獲物との戦いで勝利を収め、家族のための食料を手にして戻ってきた者は仲間から称賛された。彼らは現代のプロスポーツ選手のように高く評価され、理想の結婚相手として人気者になり、危険な行動をとる遺伝子を次世代に伝えられる可能性が高くなった。どんな社会でも、度胸のよさや勇敢さは尊敬される。

今の若者たちがとろうとする危ない行動には意味のないものが多いが、それでも刺激を求める気持ち、ホルモンによって高められた社会的地位を向上しようとする意欲、制御されていない状態の大脳辺縁系は今日もなお健在だ。二〇〇〇年以上も前に、アリストテレスは青年期の若者について「血気盛んで希望に満ちている彼らは、年配の男たちよりも勇敢だ」と記している。だが、もしアリストテレスが今日明らかになっている事実を知っていたら、「青年期の若者は強い恐怖を感じやすいが、それでも報酬と仲間からの称賛を求めて危ないことをやってしまう」と書き直したに違いない。**若者が危険な行為に走るのは、彼ら自身も気づいていないはるか昔からの本能に従っているからだ**ということを、我々大人は理解しなければならない。

つい最近、私は現在一六歳になった息子とこんな話をした。彼は高校二年生を終えようとしているところで、勉強や学校生活でのさまざまな重圧に不満を抱えていて、若干打ちのめされそうになっていた。「こんなにたくさん宿題を出して生徒をいらいらさせることに、何の意味があるんだろう？」と息子は言った。私はこう答えた。「大事なのは幾何学、世界史、デートの誘い、学校劇のオーディション、バスケットボールチームの選抜テストといった難しい課題や高い壁にぶつかったときにいつも成功することじゃなくて、失敗してもへこたれないすべを学ぶことだ。試験でAがとれなくても、チームに入れなくても、好きな女の子にフラれても、ショックを受けながらもひたすら努力しつづける方法を学べばいい」

たしかに子どもたちの大半にとって、幾何学の証明はその後の人生でたいした役には立たないだろう。その点は息子に同意する。おそらく幾何学の知識は息子の空間認識能力や論理力をわずかに向上させるにすぎないだろうし、彼が数学者になれる可能性は極めて低い。とはいえ、幾何学の授業で学ぶのはユークリッドの定理だけではない。難しい課題への取り組み、気難しい教師とのやりとり、仲間との協力、自分にはとうていできないと思っていたことに挑戦する努力を通じて、自己効力感と感情の自己調整能力を身につけることができる。それこそが、この世で最も大事なものだ。つまり、青年期は子どもたちにとって、大事な意味を持つ挑戦に対処する方法を学んで自制心を高めるチャンスを与えられた期間である。そしてマシュマロ・テストで証明されたとおり、自制心や強い意志は子どもたちの将来にとって計り知れない財産になる。

若者は無駄に若いわけではない。若者が立派な大人になるためには、若さゆえの強さ、迅速さ、敏捷性、高い免疫力、仲間を強く意識することや彼らとのつながり、危険な行動が必要なのだ。それどころか、若者にとって青年期は理想的な期間である。

5

同調圧力の内部事情

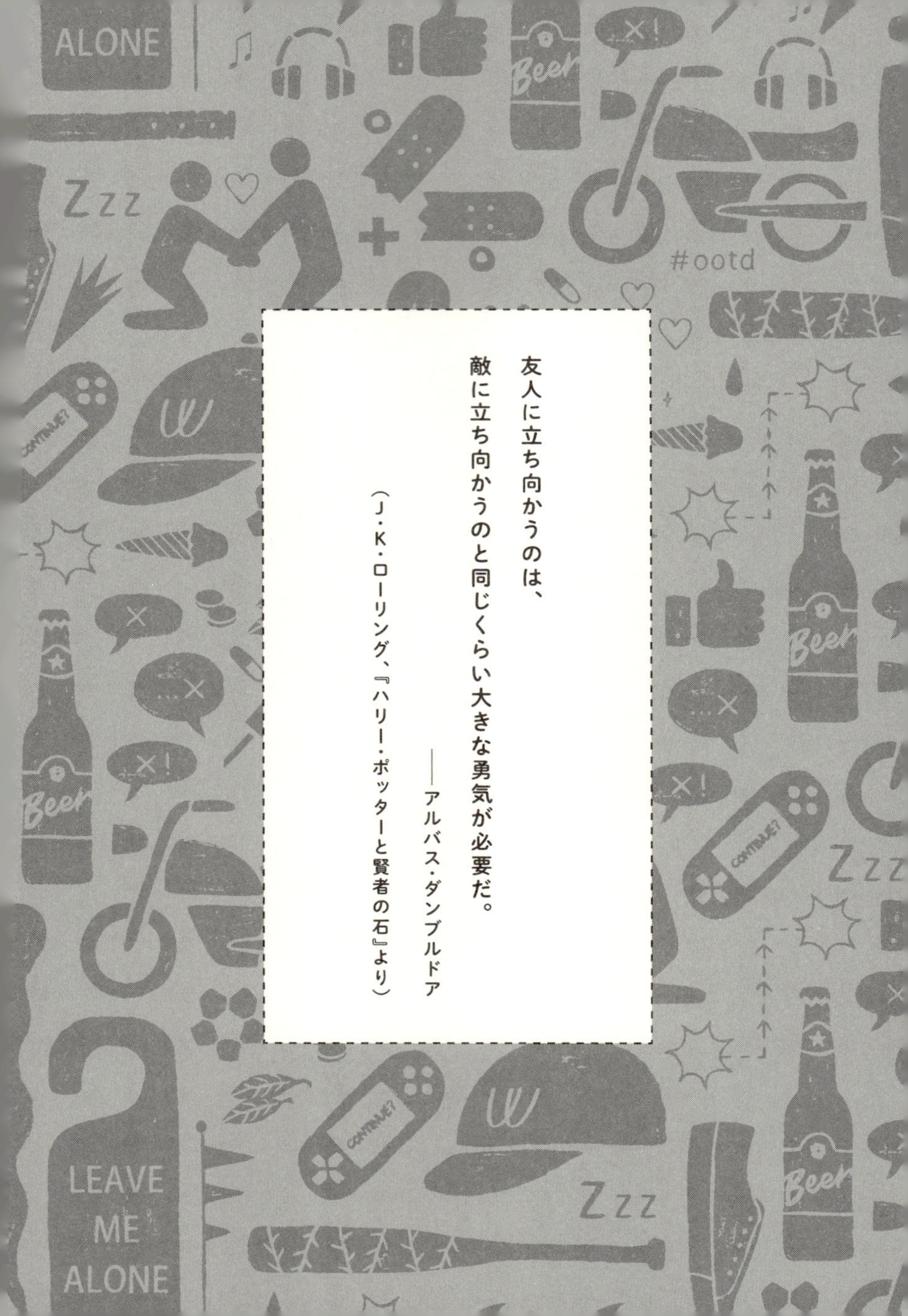

友人に立ち向かうのは、
敵に立ち向かうのと同じくらい大きな勇気が必要だ。

——アルバス・ダンブルドア

（J・K・ローリング、『ハリー・ポッターと賢者の石』より）

休み時間のキックボールのチーム決めで、校庭で一列に並んで立っていたときのあの不安な気持ちを、誰だって覚えているはずだ。同様に、高校の体育館でのパーティーでぎこちなくたたずみながら、ダンスに誘われるのを待っているときの落ち着かない気持ちも、誰もが経験しているだろう。仲間のなかで最も強くて勇気がある者は、待つようなことはしない。彼らはほかのメンバーを選ぶ立場であるチームのキャプテンになりたいと主張する。あるいは、ダンスに誘われるのを待たずに自分から誘うか、ただダンスをしたいのならばひとりで踊る。だが現実的には、我々の大半はそれほど強くもないしそんな勇気もない。ただ待つだけだ。

そうして待ちつづけながら、不安になる。「自分が人からどう思われているか」という意識は、一生を通じて人間のあらゆる行動に影響を及ぼす。幸いにもそういったことは年齢を重ねて人として成熟するにつれてある程度は気にならなくなるが、同調圧力や仲間からの評価への強いこだわりが完全に消え去ることは決してない。だが、青年期の若者に対するそうした影響力の大きさは、我々大人へのものとはまったく比べものにならない。前青年期から青年期へと移行した若者（男子も女子も）が、精神的な苦痛がとても大きくなったと訴えるのは決して珍しいことではない。

親は思春期を駆け抜けている我が子の気分がそれ以前よりも後ろ向きになり、しかも感情の起伏が激しくなった理由について、いろいろ考えたり推測してみたりする。そうした変化は、彼らが中学に入ってから、高校時代、そして二〇代前半を通じてさらに急激になっていく。第4章で取り上げたとおり、青年期の若者の報酬や危険に対する感度の上昇、刺激を求める行動への興味の高まり、ホルモンによって高められた仲間を強く意識する気持ちはまぎれもないものであり、それらは彼らに大きな影響を及ぼす。いろいろな出来事でストレスが増えることも、青年期と深く関係している。ただし、成長するにつれてストレスというものが理解できるようになったために、さまざまなことでより大きなストレスを感じるようになるのか、それとも年齢とともにますます大きな責任を課せられてストレスが大きくなるのかは、はっきりとはわからない。同様に、若者は不快な気分のせいで不快な経験をするかもしれないし、あるいは不快な経験によって不快な気分になるかもしれない。さらに同じような例として、ある研究では悲観的で塞ぎ込みがちな若者はひとりでいる時間が長いことが明らかになったが、ひとりでいる時間があまりにも長いと若者は悲観的で塞ぎ込みがちになるのもわかっている。こうした例はどれも、我が子の成長過程で目にする感情の高まりの要因ではあるが、若者を対象にした青年期における感情の変化の原因に関する調査では、彼らの関心はあるひとつのことに集中していることが判明した。

若者たちによると、プレティーンからティーンエイジャーへと成長するにつれて否定的感情が大きくなる最大の原因は、男女ともに「友人」だった。プレティーンやティーンエイジャーの不安症の大半は家族、学校、課外活動の複合的な影響によるものだが、最も大きな要因は前青年期から青年期へと移り変わるにつれて仲間との関係によるストレスが大幅に強まっていくことだ。子どもたちの多くも自身のそうした変化に驚かされている。一方、家族、学校、課外活動によるストレスの量は比較的一定で、ときには多少減ることもある。青年期における脳の発達では、ドーパミンニューロンが前頭葉内で多数のシナプスをつくりはじめる。ティーンエイジャーが知的な題材に興味を持ち、周囲のさまざまな問題を認識しはじめ、他人に対してより深い思いやりを示し、より広い視野でより抽象的に考えられるようになるのが、まさにこの時期だ。一〇〇年近く前はドーパミンニューロン、大脳辺縁系、前頭葉の重要性はまだ判明していなかったが、青年期の若者のストレスの増大の主因は抽象的思考であると、行動観察によって指摘されていた。

友人関係におけるトレードオフ

スイスの心理学者ジャン・ピアジェ（一八九六－一九八〇）は、ジークムント・フロイトの心理性的発達理論とエリク・エリクソンの心理社会的発達理論を受けて、認知発達段階説を提唱した。ピアジェによると、子どもは思考能力発達の四つの段階を通じて成長し、通常は青年期の一五歳から一七歳頃に最終段階の「形式的操作期」に到達して、抽象的に考えられるようになる。抽象的な思考力には、大きな利点がいくつもある。だが、スパイダーマンのベンおじさんの言うとおり、「大いなる力には、大いなる責任が伴う」。たしかに青年期に入ると、それまで知らなかったことがわかるようになり、自分の頭でもっと考えられるようになる。すばらしいことだ。だが、若者は青年期のあいだに子孫を残さなければならないという、人類が進化するための激しい本能に駆られるので、仲間が考えていることや彼らの反応を以前よりもずっと気にするようになる。それゆえ、友人からのストレスがますます大きくなるのだ。

一九八九年、小学五年生から高校一年生の四〇〇人以上を対象に、一週間毎日終日にわたって不特定な時間に合図（ポケベル）を送ったときの思考、活動、心の状態を報告してもらうという調査が行われた。その結果、男子は青年期に入ると友人関係によるストレスが三倍、女子でも倍近くになることが判明した。データをより詳しく見ていくと、このストレス増大の原因のほぼすべてが特定の異性への思いによるものだった。この年頃の心の痛み、落胆、苦悩、悲嘆、不安、怒り、罪悪感、嫉妬、不満は大半の場合、たとえそれが実在の相手であろうと空想のなかの相手であろうと、手に入れたいと思う「運命の人」との関わりで起こったことの結果である。いうまでもなく、この年頃の肯定的感情を最も高める要因も友人関係である。つまり、青年期の若者は友人関係に悩まされることが多いが、それでもたいていの場合は仲間との関係によって「有意義なもの」を十分に得られるため、互いに緊密に関わりつづけるのだ。

ウディ・アレンの名作映画『アニー・ホール』の終盤で、アレンが演じる主人公は「かかりつけの精神科医に、自分をニワトリだと思っている兄について語る男」という古いジョークを披露する。なぜ兄を入院させないのかと尋ねられた男は、「そうしたいのはやまやまですが、卵は欲しいんです」と答えるのだ。そして主人公は、我々が人間関係で常に行っているトレードオフについて、「まったくもって不合理で、常軌を逸していて、ばかげている。それでも、誰もやめることはないだろう。誰だって卵が必要なのだから」と語るのだ。

わずか数年という、わりと短い期間で子どもから若者へと移行する少年少女たちも、遊び場で「ばい菌ごっこ」をして互いから逃げ回っていた子ども時代から、親密な友人関係による「卵」を求めて有意義な関係を築こうとする若者へと成長するにつれて、同じようなトレードオフを行うようになる。こうした変化には、抽象的に考えられる能力の向上が極めて重要だ。だが、抽象的な思考による恩恵やそれに伴う責任の大きさゆえに、混乱が生じることもある。これは心理学で「認知の歪み」と呼ばれているものだ。

認知の歪み

一九五〇年代後半、ペンシルベニア大学の精神科医アーロン・ベック博士は、精神分析療法を成人うつ病患者への主な治療法として用いた場合の効果を調べるために、一連の研究を行った。ベックは精神分析医としての研修を受けていて、フロイトの「談話療法」の基礎となる理論に傾倒していた。だが、一連の実験からは治療効果が確認できなかったため、ベックは驚き、落胆した。一九六〇年代に入ると、ベックは「思考とうつ病」に関する二つの重要な論文を完成させた。この研究はのちの認知行動療法（今日では青年、成人両者の不安症とうつ病に対する、根拠に基づく精神療法の主流になっている）と、次ページ図5－1の認知トライアングル構築の基礎となった。

［図5-1］認知トライアングル

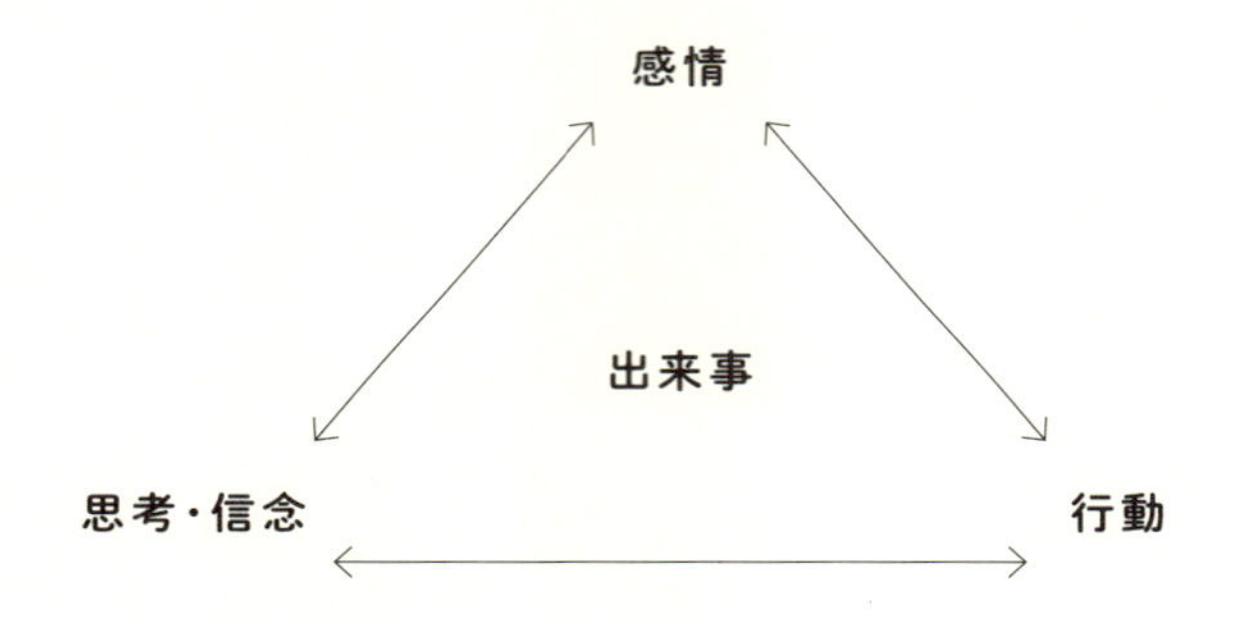

認知トライアングルは出来事が人の思考、感情、行動に影響を及ぼし、それによってそれぞれが互いに影響し合うことを示したものである。

認知トライアングルの中心は「出来事」、つまり、この一連の過程を作動させて、思考、感情、行動間の複雑な相互作用を引き起こすものだ。ある典型的な青年期の若者の例を紹介しよう。廊下を歩いている男子高校生が、向こうから好きな女子がやってくるのに気づくという「出来事」を想像してみてほしい。仮に男子高校生をアラン、女子をエミリーと呼ぶことにしよう。アランは互いの距離が近づくにつれてエミリーと目を合わそうとするが、彼女は気づかないようだ。さらに近づくとアランはエミリーをじっと見つめたが、それでも彼女はどうしても気づかない。彼は「やあ」と挨拶までするが、反応はなかった。すれ違ったあと、アランは悩みはじめる。「エミリーに嫌われているのかもしれない」「何か彼女の気に障ることを言っただろうか？」「今日、このシャツを着るべきじゃなかった！」。こうした否定的な考え、または認知は、図5－1の両矢印で示されるように、その後さまざまな行動や感情へつながっていく。アランは返事が来ることを期待して、あとでエミリーに親しみを込めたメールを送ろうとするかもしれない。あるいは今度は目が合うことを期待して、もう一度すれ違えるよう廊下をうろうろするかもしれない。それとも学校の食堂に行って、好きな相手が自分に気づいてくれなかった痛みを和らげるためにドーナツを食べて、憂さ晴らしをするかもしれない。認知トライアングルの三つの頂点に即して見ると、アランは廊下でエミリーとすれ違う出来事によって、何かを「思考」したり、「行動」を変えようとしたりするだけではなく、このすれ違いについて何らかの「感情」も抱いたはずだ。彼は起こったばかりの出来事について、落ち込み、不安、いらいら、怒りを感じたかもしれない。廊下でエミリーとすれ違うという単純な動作は、アランの思考、行動、感情にありとあらゆる影響を与えるのだ。

もちろん、エミリーが単にアランに気づかなかった可能性もある。もしかしたら、彼女はほかの友人からの悪い知らせに気を取られていた、次の授業の課題について悩んでいた、頭痛が辛かった、あるいは直前に何かとてもいいことがあって嬉しさで頭がいっぱいだったのかもしれない。エミリーがわざとアランに冷たくした可能性はまったくないとは言えないが、若者はたいてい自分の仲間に対してきちんと振る舞うので、とても低いはずだ。だが、繰り返しになるが、若者は仲間とつながりたいという進化上の欲求に激しく駆られるため、エミリーが廊下で気づいてくれなかったのは自分に対する侮辱だとアランが思い込む可能性はとても高い。これが「認知の歪み」あるいは「歪んだ思考」である。

認知の歪みは誇張された不合理な思考だ。それによって人は現実を誤って捉えたあげく、不快になる。当然ながら、大人でも認知の歪みは起こりやすく、自分が誰かに無視されたと思って不愉快になることがある。ただし、大人は幸いにも年齢と経験を重ねるなかでこうした出来事に多く遭遇しているため、たとえ侮辱されているかもしれなくても些細なものなら、たいてい若者より楽にあしらえる。私は精神科医として仕事をするなかで、親が子どもに「気にするな！　ほかの人がどう思うかなんて関係ないだろう？」とか、単に「どうでもいいじゃない」と言うのを数えきれないほど耳にしてきた。我が子が周りの世界を間違って解釈しがちなことや、自身の歪んだ考えに気づくために助言を必要としていることを親は理解している。

たとえ頻繁ではなくても、我々のなかで生じやすい認知の歪みは一〇以上あることが判明している。代表的なものを次に挙げる。

・心のフィルター
ある状況において悪い点を大げさに捉え、よい点については除外してしまうこと。

・全か無かの思考
物事をあまりにも独断的に「よいもの」と「悪いもの」に分類してしまうこと。自分は完璧でなければ完全な落ちこぼれだと思い込み、中間というものが存在しない。

・**過度の一般化**
自分の能力について、ひとつの出来事や根拠だけに基づいて結論を下すこと。何か悪いことが一度起こると、何度も繰り返し起こると思い込む。

・**心の読みすぎ**
他人がどう思っているか、なぜそのような行動をとるのかを自分が理解していると思い込むこと。とりわけ、他人が自分についてどう思っているかをわかっていると信じ込むこと。

・**破局視**
どんな相互作用や状況からも最悪の事態を予期すること。

・**個人化**
他人がやることや話すことはすべて自分に対する反応だと思い込むこと。常に自分と人を比べて、どちらがより頭がいいか、より見た目がいいかといったことを判断しようとする。

・**非難**
自分が感じる苦痛を他人のせいにする、あるいはどんな問題が起こっても自分のせいにすること。

・すべき思考

自分や他人がどう行動すべきかを定めたルールを持っていること。他人がこのルールを破ったときは怒り、自分が破ったときは罪悪感を覚える。

アランがエミリーと廊下ですれ違ったとき、彼のなかで生じた可能性が最も高い認知の歪みはどれだろうか？　私は「個人化」と、おそらく「過度の一般化」ではないかと思っている。あなたとあなたの子どもにときおり起こる、認知の歪みはどれだろうか？

青年期の若者が抽象的に考えられるようになると認知の歪みの影響をますます受けやすくなり、それはさまざまな不快感の原因になる。彼らは仲間が何を考えているかを想像できるし、しかもたいてい最悪のことを考えているだろうと思う。彼らの脳の危険察知中枢である扁桃体が激しく活性化しているため、どうしてもそう思わずにはいられないのだ。第4章で取り上げたとおり、扁桃体は常に危険に反応しようと目を光らせていて、しかも青年期には前頭前野による制御をさほど受けていない。若者は認知の歪みを判断するための訓練を積んで、そうした思考の歪みにかなり意識的に対処する方法（精神療法で導入されているような手法）を身につけない限り、認知の歪みによる混乱、いらいら、怒り、悲しみをしょっちゅう感じるようになるだろう。そして、若者は認知の歪みによるそうした心の痛みを避けようとしたり緩和したりするために、どんなことをするだろうか？　もしかしたら、アランのようにメールを送ったり、ドーナツを食べたりする程度に留まるかもしれない。だが青年期の若者たちは、ときにはそうした痛みを避けるために度を越えた行動に走り、大きな危険にさらされるのだ。

その場の勢いに流されて

新人いじめは、最近のものではない。クラブ、大学の男子学生友愛会や女子学生クラブ、スポーツチーム、非行集団、軍隊で報告されている、結束と帰属意識を強めるという名目において新人を辱めたりからかったりする行為は、何千年も前から行われてきた。残念ながら、新人いじめがときには悲惨な結果につながってしまうことはよく知られている。ロバート・チャンピオンの場合も、まさにそうだった。

フロリダA&M大学（農工大学）の「マーチング１００」は、おそらくアメリカで最も有名な大学マーチングバンドだ。一九四六年から続いているこのバンドの優れた技術と革新力は、もっぱら他校のお手本とされてきた。過去には四度のスーパーボウル、グラミー賞授賞式、コカ・コーラやウェルチグレープソーダのコマーシャルに出演し、大統領就任式でも二度演奏している。だが二〇一一年一一月一九日、マーチング１００は新人いじめで一気に評判を下げた。「バスCの通路を突破せよ」と呼ばれるバンドの「通過儀礼」に参加したロバート・チャンピオンが、直後に亡くなったのだ。

チャンピオンはアメフトシーズンの最後の試合であるフロリダ・クラシックでの応援で、バンド仲間とともにオーランドにいた。彼は新人いじめの儀式に参加する義務はなかった。チャンピオンはクラリネット奏者としてバンドに入隊した。彼はとても優秀だったので、指揮者である「ドラムメジャー」に昇格し、翌年は指揮者のリーダーになる予定だった。これは三五〇名もの隊員を抱える、全国的に有名な陸軍小隊の指揮官になるようなものだ。打楽器セクションメンバー用の「バスC」で行われる「バスCの通路を突破せよ」は、マーチング100で最多のメンバーを誇る最もお祭り騒ぎが好きな集団として知られた先輩打楽器奏者たちの、尊敬と忠誠心を勝ち取るために必要な儀式だった。ロバート・チャンピオンは、自ら希望して新人いじめを受けたのだった。

儀式は通例のごとく「電気椅子」で始まった。チャンピオンはメンバー用バス前方の椅子に座らされて、毛布でくるまれた。そして、手、ドラムスティック、マレットで何度も叩かれた。次に彼は真っ暗闇のなかで殴る、蹴る、平手打ちの攻撃を受けながら、バスの通路を後ろまで進んでいった。バンド仲間のなかにはチャンピオンが前に進みやすいよう手助けした者もいれば、もっと痛めつけようとして押さえつけた者もいた。新人がバスの後ろの壁に触れた瞬間に儀式は終了し、彼は直前まで執拗に殴りつづけた仲間からの大きな拍手と声援とともにバンドにすっかり受け入れられる。チャンピオンの場合、それが最期の瞬間となった。証言によると、チャンピオンが何度も叩かれていたときバスは激しく前後に揺れていたそうだ。バスの後ろまでたどり着いた彼は倒れ込み、その後まもなく亡くなった。死因は軟部組織損傷による出血性ショックと鈍器損傷だった。つまり、彼は激しい殴打による内出血によって死亡したのだ。

バンド仲間のひとりであるベンジャミン・マクナミーは、凶悪ないじめと故殺で有罪評決を受けた。マーチング100でリーダーを務めていたマクナミーには犯罪歴はなかった。マクナミーは評決を受けて「私はロバートを死に至らしめた事件に関与したことを非常に恥ずかしく思い、とても後悔しています。私は犯罪とは無縁で育ってきて、自分の人生がこうなるとはまったく予想していませんでした……私はロバート・チャンピオンが殺された原因は、仲間からの圧力だと思っています」と語った。

チャンピオン本人は、儀式に参加することへの疑問を事前に口にしていた。元ルームメイトによると、チャンピオンは「新人いじめは自分の信条に反するのでやりたくないが、仲間の尊敬を得るために参加する」と言っていたそうだ。若者はなぜ「仲間の影響」によって、危険を十分理解していながらも「バスCの通路を突破せよ」といった危ない真似をしてしまうのだろうか？

人は一六歳になる頃には、「冷たい認知」がかなり発達している。それはつまり重圧も誘惑もないとき、あるいは本人が冷静なときには、大人と同じくらい明確かつ論理的な判断ができるということだ。冷たい認知による判断は一般的にデータをバイアスなしで評価できる、感情を伴わない問題に関するものだ。「レストランでステーキを頼むか、魚を注文するか」や「学校まで歩いていくか、バスに乗るか」はそうした判断の例である。だが、感情的または生理的に興奮しているとき、つまり睡眠不足、欲情、空腹、不安によって「熱い認知」で状況を捉えている場合は判断力が鈍くなりやすくなるため、危険な行動をとる恐れが大きくなる。この仕組みは、我が子をよく観察しているどんな親にとっても驚くにはあたらないだろう。仲間の影響が熱い認知による状況判断のきっかけになって、危険な行動を促進することについても同様だ。

若者が仲間からの圧力や影響を受けやすいのは、それが人間の遺伝子構造の一部であるというのも理由のひとつのようだ。驚くことに、仲間からの影響は「青年期」のマウスにも見られる。若いマウスはほかの若いマウス（同じケージの仲間）の前ではより多くのアルコールを自己投与する（飲む）のに対して、成体マウスは仲間が近くにいてもアルコールを摂取する量が変わらなかった。少なくとも、青年期において仲間に気づいてもらおうとする一連の行動は進化を通じて保たれてきた習性のようだ。

青年期の若者にとって、仲間といっしょにいるだけで報酬の重要性が高まる。青年期の女性は毎月の月経周期の中でエストロゲンが多く分泌され、プロゲステロンが少ない最も妊娠しやすい大事な時期に、脳の報酬中枢である腹側線条体のドーパミン信号にさらに敏感になることを示すデータさえある。たとえば、女性はほかのどんな時期よりも、排卵前後のおよそ六日間は低い声や彫りの深い顔といったテストステロンの影響が大きい男性的な特徴をより魅力的に感じる。また、この時期の女性はより刺激的な服装をすることが多い。しかも声がわずかに高くなり、顔がより左右対称に見えるよう肌の状態が変化し、魅惑的な香りを発するようになって、ふだんより男性の気を引こうとするようになる。そしてもちろん、男性はそうした排卵期の女性に対して反応する。彼らはさらに多くのテストステロンを分泌しながら、性行動や夫婦になることを求めてその時期の女性に近づいていくのだ。女性が月経周期の卵胞期後期（卵巣から卵子が放出されたばかりの時期で、最も受精しやすい）と呼ばれるこの時期に最も強く報酬への欲求に駆られるという研究結果は、女性は月経周期の中間期に、セックスや薬物の使用といった危ない行動に走る可能性が高いことを示している。

脳の報酬中枢（腹側線条体）内でドーパミン感受性が高いほど、人間の行動は報酬に強く影響される。つまり月経周期のなかで、腹側線条体内のドーパミンに対してより敏感になって報酬を求める排卵期の女性が、排卵前後の六日間にさらに危険な行動をとるのは理にかなっている。この時期の女性は、いちゃついたりキスをしたり、マリファナを吸ったりすると、いつもよりずっと強い快楽を得られるのだ。

同様に青年期の若者の場合、仲間の前では通常よりも大量のドーパミンが放出されることが多い。ドーパミンの増加は報酬に対する感度を高めるだけでなく、若者がすぐに手に入る報酬（即時報酬）を衝動的に選んでしまう可能性を高める原因にもなる。たとえそれが、将来手に入れられる見込みの報酬（遅延報酬）より小さくてもだ。大学生を対象としたある調査によると、彼らは仲間が見ている前では半年後に手に入る一〇〇〇ドルよりもすぐに得られる二〇〇ドルを選ぶ可能性が高いが、ひとりの場合はそうではなかった。調査用の偽札を選んで受け取るのには何の害もない。だが報酬を求める行為が助長されると、深刻な結果を招くこともある。

同じ年頃の集団に見られていると思った若者は、たとえ彼らのことを知らなくても、自分が強く、有能で、度胸があると思われたいために、橋の上から川に飛び込むといった危険な行為に走る可能性が高くなる。怪我や死ぬ恐れがあっても、「勇敢で自分に自信があると見なされる」という即時報酬は、「絶対に生き延びる」という遅延報酬よりもはるかに大きいのだ（マウスにアルコールを飲ませる実験と同じく、大人は仲間の存在にそれほど影響されないため、この例には当てはまらない）。

駆け足の人生

あなたが若者の運転を怖がるのは、当然のことだ。一五歳から二四歳までの若者はアメリカの全人口の一四パーセントにすぎないのに、この年代の自動車事故による年間治療費は全体の三割を占めている。アメリカで二〇一三年に自動車事故に遭った一〇代の運転者はほぼ一〇〇万人で、そのうちの四〇万人が負傷し三〇〇〇人近くが死亡した。一六歳から一九歳の運転者が走行距離一マイル（約一・六キロ）当たりで交通死亡事故に遭う確率は、二〇歳以上の三倍高くなる。また、一日平均六人の一〇代が、自動車事故による負傷で亡くなっている。二〇一二年の場合、交通死亡事故に遭遇した一五歳から二〇歳の運転者の二三パーセントが飲酒運転をしていた。だが、青年期の若者の運転を最も左右すると思われるのは、仲間の影響だ。

テンプル大学のローレンス・スタインバーグが率いる研究チームが仲間の影響を調べるために行った一連の研究では、運転シミュレーターで運転する青年期の若者と大人を観察した。運転シミュレーターでひとりで運転しているときの若者は、黄色信号で大人と同じくらい素早くブレーキを踏む傾向が見られた。彼らは生理的にも感情的にも興奮しておらず周囲に仲間もいないため、冷たい認知で判断していたのだ。だが、実験者が「別の部屋で仲間が見ている」と告げたところ、若者は黄色信号でブレーキを踏むのに統計上の数字よりも長い時間をかけ、危険な行動をとる回数は三倍に増えた。だがまたしても、仲間の存在は大人の運転手には何の影響も及ぼさなかった。

運転シミュレーターで運転中の若者と大人の脳をｆＭＲＩスキャナーで調べたところ、画像でも違いが確認された。若者の脳では感情中枢の大脳辺縁系が、大人の脳では前頭前野がより活発に活動していた。これは大人はよく考えたうえで判断しようとするときに、前頭葉の回路をよりうまく利用して報酬系を抑制できることを示している。つまり、大人は脳のＣＥＯである前頭前野により、感情中枢の大脳辺縁系に対してトップダウン式に統制力を発揮できるということだ。青年期の若者が運転している車に一〇代が同乗していると事故に遭う確率が四倍以上になり、自動車事故に遭う確率や事故によって死亡する確率が一〇代の同乗者数に比例するのは、決して驚くべきことではない。そして大方の予想どおり、大人の運転者の場合にはそうした確率の上昇は見られない。

ここまで来れば、仲間の前で行われる犯罪は大人よりも青少年の場合が多いと聞いても誰も驚かないだろう。そうした仲間からの影響は、ほかの者に危険を冒させようとする数名の「悪い種」によるものだと考えられてきた。だが先ほど指摘したとおり、若者は同じ年頃の集団に見られていると思うと、たとえ彼らのことを知らなくても危険な行為に走る可能性が高くなる。つまり若者の危険な行為は、ほかの一〇代の若者に危ない選択を迫る特定の荒っぽくて無謀な同年代の集団の影響によるものだけではないはずだ。運転シミュレーター時の脳の画像研究で示されていたとおり、一〇代の若者は仲間に見られていると思うと、彼らの脳の報酬中枢(腹側線条体)が過剰に活動して、これからやってくるかもしれないドーパミンによる快楽に満ちた経験を期待させる。その結果、若者は危険を冒すことの問題点よりも利点のほうに目がいってしまい、危ない目に遭う可能性が高まるのである。

幸いなことに、仲間の影響を受けやすいのは危険な行為だけではないようだ。「運転シミュレーターによる研究結果について最もふさわしいと思える解釈は、青年期の若者は仲間がいると危ないことをする可能性が高くなる、ということではありません。正しくは、若者は仲間がいると報酬系の処理能力が高まるということです。そのため、若者は『特定の』仲間がいると、『特定の』ことをやろうとする意欲が高まります」とスタインバーグ博士は私に語ってくれた。つまり、若者は前向きで秩序正しい仲間がいると自身も前向きな姿勢で行動しようとするのに対して、反社会的な仲間がいるとより反社会的な行動をとる傾向があるということだ。すなわち、一〇代の子どもを持つ親として覚えておきたい重要な点は、我が子の交友関係が本人に及ぼす影響は計り知れないため、親は常にそれに細心の注意を払わなければならないということだ。

心の痛みと体の痛み

あなたにとって、人生で最も心が痛んだ経験は何だっただろうか？

こう聞かれたら、たいていの人は私的な関係や、拒絶されたときのことに思いを巡らせるだろう。もしかしたら、恋人との別れかもしれないし、あるいは大きな試験に落ちたことや、仕事をくびになったことかもしれない。ナオミ・アイゼンベルガーはカリフォルニア大学ロサンゼルス校での大学院生時代に、「人生で最も辛かったことを尋ねられたときに、手術や腕を骨折したことだと答える人が少ない」という事実に注目した。一九九〇年代に社会心理学の博士号取得に向けて研究をしていた彼女は、「傷つく」や「辛い」といった感情面での経験を表すために使われる言葉が、体を痛めたときと同じ種類であることに興味を抱いたのだ。誰にでも、仲間外れにされた、人から相手にされなかった、好きな人に廊下で無視された、キックボールのチーム分けで最後まで選ばれなかった、といった経験があるはずだ。こうした経験によって、なぜこれほど傷つくのだろう？　また、この「傷つく」という感覚は、怪我をしたときに感じる体の痛みと何らかの関係があるのだろうか？

アイゼンベルガー博士はこの疑問を詳しく調べるために、被験者の大学生にｆＭＲＩスキャナーに入った状態で「サイバーボール」というゲームをやってもらった。被験者たちは、隣り合ったＭＲＩ室にいる同じ年頃の二人の仲間と、脳をスキャンされた状態でこのゲームをやるのだと教えられた。学生たちはスイッチを操作しながら、ゲーム画面上でキャッチボールをした。この実験の種明かしをすると、何も知らない被験者たちと対戦していたのは仲間ではなくコンピュータで、隣の部屋には仲間の学生などいない。サイバーボールのゲームは最初はうまくいっていて、学生は二人の「仲間」とそれぞれ同じ数のボールをやりとりしていた。しかし、数分後にゲームの様子が変化した。スキャンを受けている学生は仲間外れにされ、コンピュータ同士でキャッチボールが行われたのだ。この実験によって、アイゼンベルガー博士は「受容」と「排斥」という二つの条件下でｆＭＲＩが捉えた脳の画像を比較できるようになった。

「非常に興味深いことがわかりました」とアイゼンベルガー博士は私に語った。「肉体的な痛みを処理する脳の領域と、社会的排斥を経験したときに活性化する領域は同じだったのです」。どちらの場合も、誤りと思われるものを検出したり予測と実際に起こったことの違いを察知したりする領域である脳の島皮質と前帯状皮質（ＡＣＣ）が強く活性化していた。島皮質とＡＣＣはいわば脳の警報装置のようなもので、対立を警戒したり予想と異なる事態を検知したりする役割を担っている。異常が起こったときに知らせてくれる、進化のうえで非常に古くから存在する原始的な信号である「痛み」と「空腹」は、島皮質とＡＣＣを活性化させる。アイゼンベルガー博士によって新たに発見された重要な事実とは、心の痛みは体の痛みを処理して生き延びるという脳の感覚系を、実質うまく利用してきたということだ。そのため**脳、つまり我々にとって、社会的排斥による心の痛みは、命の危機に瀕していることを知らせる体の痛みと同じに感じられる**のだ。

進化の観点から見ても、アイゼンベルガー博士が出した結論は道理にかなっている。人間はひとりで生き延びることはできない。どんな哺乳類もそうだ。我々が互いを必要とするのは子孫を残すためだけではなく、ともに食料や水を確保し、身を守って、家庭を築くためでもある。仲間外れや社会的排斥によって体に痛みを感じるのであれば、そうしたひどい気持ちになるのを避けようとして、必死になるのは明らかだ。どんな動物でも、自身の生死の行方が仲間とのつながり次第であれば、つながりを保つためにどんなことでもするはずだ。

一九歳の大学二年生スティーブという架空の人物で考えてみよう。スティーブと友人たちは、金曜の夜に大学近くの地元の映画館でディズニーの『ファンタジア』を見る計画を立てた。これは「子どもに帰って何かとてもふざけたことをしよう」という、大学生によくありがちなものだ。スティーブは金曜日を楽しみにしていた。正直なところ映画はどうでもよかったが、仲間のことがとても好きだし、誘ってもらってとても嬉しかったのだ。金曜の午後になると、メールのやりとりがせわしくなった。友人たちと連れ立って子ども向けの映画を見るという今夜の楽しい計画は、どういうわけか上映前にみんなで幻覚キノコ(マジックマッシュルーム)を食べて、「ハイになったまま」映画を見ることが中心になっていた。スティーブは困ってしまった。そんなキノコを食べる気はまったくなかった。幻覚剤を使うのは怖かったし、自分の教育費のために懸命に働いてくれている両親も許さないだろう。だがその一方で、スティーブは激しいFOMO(取り残される恐怖心)も感じていた。もしスティーブが映画と「キノコ」に参加しないと決めたら、彼が感じるのは排斥による心の痛みだけではない。彼の脳は、彼の生存自体が危ぶまれていると感じるだろう。我々の古い祖先が、寒い夜に洞穴から締め出されたときと同じように。大学生の場合、自分にとても自信があって断固とした姿勢をとれる者でなければ、ＦＯＭＯを振り切るのはとても無理だろう。

サイバーボール実験の結果は、大学生よりも若い一〇代にも当てはまる。アイゼンベルガー博士の研究チームがｆＭＲＩスキャナーに入った一二歳と一三歳の被験者に対して、大学生のときと同じ条件下でサイバーボール実験を行ったところ、同じ結果が確認された。神経系の警報装置である島皮質とＡＣＣにおいて脳の代謝活動が非常に活発に行われていることが、神経画像データから読み取れた。興味深いことに、大学生と一〇代前半の被験者ともに、基準となる体の痛みに対する感度が高い者ほどこの実験でより大きな苦悩を訴えたのだ。それはつまり、痛みに敏感な人は心も傷つきやすいということだ。

この実験でほかの被験者より苦悩が少なかった者は、大学生、一〇代前半の被験者のいずれでも、前頭前野（特に右腹外側前頭前野）がより活発にはたらいていた。脳のこの領域は、人が感じる精神的な苦痛の大きさを調整するうえで重要な役割を担っている。第３章で取り上げたとおり、大人の成熟した前頭前野は大脳辺縁系（島皮質とＡＣＣもここに含まれている）が感じる激しい感情の大半を抑えることができるため、人が社会的に排斥されたときに感じる嫌な気持ちを何とかして打ち消そうとする。我々が認知の歪みを正そうとするときにも、前頭前野が活性化する。前述のアランが「エミリーは廊下を歩いていたときおそらく何かに気を取られていただけで、僕にわざと冷たくしたわけではない」と自分に言い聞かせて、「個人化」

の認知の歪みを打ち消すために必要となるのがこの領域だ。

サイバーボール実験では、平均的には一〇代前半の被験者よりも大学生の前頭前野のほうがより活性化していた。これは大学生のほうが、精神的な苦痛に対処して認知の歪みを見直す態勢がより整っていることを示している。どんな人も年をとって経験が蓄積されると、否定的な思考への対処がうまくなる。なぜなら第3章で詳しく取り上げたように、前頭前野が成熟するにつれて、(ニューロンを覆って情報伝達を効率化させるミエリンの形成が進むことで)脳の感情中枢とのつながりが強化されるからだ。一〇代前半の場合、特に「熱い認知」で状況を捉えている場合は、前頭前野が感情を支配する脳の領域とまだうまくつながっていないため、彼らには社会的排斥に直面したときに成熟した前頭前野の慰めや助言に頼れるという強みがないのだ。

要するに、人が進化するうえで、社会とのつながりを保とうとする仕組みは体の痛みを感じる脳の感覚系を利用するようになったというわけだ。哺乳類にとって社会的な結びつきは生存のために不可欠であり、しかも我々は体の痛みを避けるためにはどんなことでもするので、この進化的適応は実際とても役立つ。人が苦痛を感じれば感じるほど、感情中枢である大脳辺縁系に含まれる島皮質とACCがより活性化しようとするが、脳のCEOである前頭前野がその痛みをよりうまく打ち消そうとするのだ。

アイゼンベルガー博士の研究は、「パーティーに招かれなかった」とか「誰かのフェイスブックのページに掲載された写真で自分がタグ付けされていない」といった些細なことでも、ティーンエイジャーが社会的排斥によってなぜあれほど動揺するのかを極めて明確に解明している。さらに、「苦痛を感じたくない」という思いが若者を危ない行動に向かわせる有力な理由であることも示された。実際、若者たちは彼らの脳にとっては痛みや激しい空腹と同じように感じられる社会的排斥を受けないためなら、何だってする。拒絶される痛みがあまりに大きいため、彼らはそれを避けるためにマリファナを吸い、酒を飲み、セックスだってする。この痛みの感覚は非常に強烈で、仲間外れにあったり精神的な苦痛を味わったりした若者は、アセトアミノフェン(解熱鎮痛剤「タイレノール」の単一成分)の服用によって気分が回復するほどであることが示されている。しかもfMRIを用いた研究によると、アセトアミノフェンは社会的な苦痛を伴う状況で体の痛みに関連した神経信号を抑えることが判明している。この結果は、体の痛みと社会的排斥に伴う気持ちが脳で同じものと見なされていることを証明するものだ。

こうした発見には、遺伝学的な裏づけもある。人間の体内にはエンドルフィンやエンケファリンといった、モルヒネのようなはたらきをして痛みや不快症状を緩和する内因性オピオイドが存在している。オピオイド受容体遺伝子の珍しい型であるOPRM1遺伝子を持つ人は、体の痛みに敏感で依存症に陥りやすい。当然ながら、この遺伝子の保有者は社会に拒絶されたときに非保有者よりも大きな苦悩を訴え、社会的排斥を受けたときの痛みに関する脳領域の活性化もより激しかった。

アイゼンベルガー博士の研究チームは痛みの研究に続いて行った同様の研究で、心温まる個人的なメッセージを人に読んで伝えると、温かいものを手にしたときと同じ脳受容体のいくつかが刺激されることを証明した。つまり、体が温かいと感じる感覚系と心が温かいと感じる仕組みも、脳内で共有されているのだ。同じく、痛みを伴う身体的な被害を受けたなどの辛い経験をした人に支援を行ったり優しくしたりすると、脳の報酬関連領域が刺激されることから、利他主義に関わる神経基盤の存在が指摘されている。さらに、ほかの研究チームが行った最近の一連の研究によると、ほかの人が社会的に拒絶されているのを目撃するだけでも、脳における体の痛みの感覚系を活性化させるのに十分であることが明らかになっている。

「棒や石で骨を折られることはあっても、言葉では傷つけられない」ということわざがあるが、実際には社会から排斥されたときに感じる痛みは、棒や石で骨を折られるのと同じくらい、いや、もしかしたらそれ以上のものだ。これまで行われてきた数々の研究はどれも、人間は生き延びるために必要な社会とのつながりを保つようにできていることを示している。我々は年をとるにつれて、自身の脳の前頭前野をよりうまく利用できるようになる。そうして、自分やほかの人の気持ちが理解できたり、欲望と安全のバランスがとれるように自身の行動を抑えられたりするのだ。だが思春期を迎えると、恐怖、不安、報酬への激しい欲望がうずまく、脳の感情を支配する領域による圧力が高まるうえに、仲間の存在によってよりいっそう刺激されるため、若者は感じられる報酬が最も多くて痛みが最も少ない行動へと向かっていく。

では、あなたの身近にいる若者たちは、社会的排斥を避けるためにどんなことをしているのだろうか？　数え上げれば、まさにきりがない。

ＳＮＳが脳と行動に与える影響

「我が子が電子機器の画面を見ている時間が多くて嬉しいです」と言った親は、これまでひとりもいない。

八歳から一〇歳の子どもが電子機器の画面を見て過ごす時間は一日平均およそ八時間で、青年期の若者の場合はおよそ一一時間だ。親が子どもに対して電子映像メディアやＳＮＳの利用制限をどんなに緩めても、彼らはもっと使いたいとせがんでくる。八歳から一八歳までの子どもや若者による電子映像メディアやＳＮＳの利用者数は、二〇〇四年から二〇〇九年までだけでも二割増加した。また、一四歳から一七歳までの若者が送ったＳＮＳのメッセージ数は二〇〇九年には一日六〇件だったのに対して、二〇一一年には一日一〇〇件に増加している。今日の一二歳から一七歳までの若者は、直接会うよりもＳＮＳでのメッセージのやりとりを主なコミュニケーション手段にしている。一三歳から一七歳までのティーンエイジャーは、毎月平均三三六四件ものメッセージを送っているのだ。あなたの子どもの一日のどれくらいが、電子機器の画面を見ることに費やされているのだろう？

ある夫妻が一四歳の息子グレゴリーについて相談しに私を訪ねてきた。二人は父と母としてグレゴリーを、「いい友達がたくさんいる」「学校の成績もよくて運動神経もいい」「すばらしい子」と評した。グレゴリーと家族に対する私の精神科医としての見立てでも、グレゴリーの発達状況はごく正常だと思われた。ではなぜこの感じのよい夫妻が、わざわざ精神科医を訪ねてきたのだろうか？　実はほんの数回ではあるが、最近になってグレゴリーは「怒りを爆発させ」、自殺すると言って両親を脅すようになったのだ。自分を殺してくれと両親にせがんだことさえあったそうだ。不思議なことに、こうした騒ぎはいつも学校に行く前の朝食の時間に、グレゴリーの両親が彼の携帯電話を取り上げたときに起こった。

子どもを学校に送り出す家庭にとって朝は修羅場になることが多く、グレゴリーの家も例外ではなかった。ベッドから抜け出して着替え、リュックの中身を用意し、何か食べるといった一連の作業でグレゴリーにとって最も重要なのは、昨夜自分が寝てから起きるまでに友人たちがやりとりしていたグループメッセージを確認することだ。たしかに、朝は修羅場だった。グレゴリーは両親が私を訪ねてきたその二カ月前から、初めてのガールフレンドと「デート」をするようになっていた。彼の両親が「デート」という言葉を強調するようなしぐさをしたのは、息子とガールフレンドのアンドレアの関係はいわゆるたまに手をつないだりキスをしたりするといった、たいていの中学二年生にとってありがちなものにすぎないだろうという意味だった。一般的に、携帯電話といった特別なものを与えてもらった子どもが言うことを聞かないときは、それを取り上げるのは親にとってごく当たり前のことだ。グレゴリーの場合、電話を置いて学校に行く支度をするように繰り返し言われても（「何度も言ったんです！」）そうしなかったために、両親は何回か電話を取り上げざるをえなかった。

最初はこんなふうに始まったそうだ。「グレゴリー」と母親が言った。「電話を寄こしなさい。朝ごはんを食べて、学校に行く準備をしなくちゃ」。あのとき息子は聞こえないふりをしたんです、と母親は私に語った。「グレゴリー」今度は父親が言った。「お母さんに電話を渡して、学校に行く支度をしなさい」。すると、グレゴリーは電話を持ったままトイレに入って、鍵をかけてしまった。父親はドアをノックしながら、「トイレに電話を持って入るんじゃない」と言った。返事がない。「電話を渡しなさい！」と父親は怒鳴った。「ちょっとだけ待って。アンドレアにメールしないといけないんだ」とグレゴリー。いら立ちながらもなすすべがなかった両親は「二分」でメールを打ち終えるよう告げた。五分後、グレゴリーがトイレから出てきたとき、母親は息子が手にしていた電話を取り上げた。「返せ！」グレゴリーは叫んだ。両親は拒否した。「電話を返せったら！　アンドレアにメールしないといけないんだ！」。「メールする時間は十分あったでしょ」と母親は告げた。「学校に行く支度をしなさい。三〇分後には彼女に会えるじゃない！」

両親は私に言った。「あのとき、息子はアニメのキャラクター『エルマー・ファッド』が激しく怒ったときみたいになったのです。ほら、エルマーがバッグス・バニーに出し抜かれたときのような。あんな息子は、見たことがありませんでした。床にひっくり返って、手足を激しくばたばたさせながら叫んだのです。『お前たちなんか大嫌いだ。自殺してやる！　何もわかっちゃいないくせに！　だったら、いっそ僕を殺してよ！』と」。父親も母親も衝撃を受けた。一四年かけて育てた、面白いことが好きで、感受性豊かで、賢くて、思慮深い我が子はどこに行ってしまったのだろう？　そのときの息子は「常軌を逸して」いて、しかも不幸なことに、これは一度だけではすまなかった。同じような出来事が少なくとも三度繰り返されたあと、二人はグレゴリーを精神科医に診せたほうがいいと考えた。「息子には本当に自殺願望があるのでしょうか?」と、夫妻は尋ねた。

親たちにとって通信革命は予想もつかないものであったために、自身の生き残りがかかっているという圧力に子どもたちの脳が押しつぶされそうになっているのを、知らないうちに放置してしまっていた。子どもたちは起きている時間の多くを電子機器の使用に費やしているため、フェイスブック、インスタグラム、スナップチャットといったSNSアプリを通じて、常に仲間の影響を受けたりメッセージを目にしたりすることになる。それはつまり、自分が何らかの交流の機会を逃していることを、絶え間なく教えられているようなものだ。そうなると、子どもたちのなかの生存しようとする仕組みに、常に重い負担がかかる。先述のナオミ・アイゼンベルガー博士の研究結果のとおり、人が進化するうえで、社会とのつながりを保とうとする仕組みは、体の痛みを感じる脳の感覚系や生き延びる仕組みを利用するようになった。現在、我々の子どもたちの生存は、ある意味常に危機に瀕している。彼らはフェイスブックの写真で自分がタグ付けされていなかったり集まりに誘われていなかったりすることをスマートフォンで知るたびに、自分の存在が脅かされている気持ちになり、まぎれもない痛みを感じるのだ。今の子どもたちはあらゆる種類の通信機器を利用しやすい環境に置かれているため、昔に比べてこの手のストレスがはるかに重くのしかかってくる。

写真を共有するSNSアプリとして非常に人気の高いインスタグラムが青年期の若者の脳

や行動へ与える影響をシミュレーションしたある研究が、大きな注目を集めている。実験ではｆＭＲＩスキャナーに入った一三歳から一八歳の被験者たちに彼らが撮影したものも含んだ写真を見てもらい、その反応が観察された。行動面では、一〇代の被験者たちは「いいね！」がついた写真を支持して「いいね！」をつける傾向があった。これはたとえそれが見ず知らずの他人によるものであっても、同年代からの影響が強いことを示している。神経学的な観点からでは、自分が撮った写真に「いいね！」がついたり、ほかの一〇代が撮った写真で「いいね！」がたくさんついているものを見たりすると、被験者たちの脳の報酬中枢こと腹側線条体がとりわけ活性化された。つまり予想されていたとおり、脳のドーパミンによって快楽を感じる領域は、仲間とのつながりや人気によって刺激されることが証明された。次の点はおそらく最も重要だと思われるが、危険な行為を撮った写真（たとえば酒を飲んだりたばこを吸ったりしている光景）で「いいね！」がたくさんついているものを見た一〇代の被験者たちの脳内では、認知制御や行動抑制の役目を担っている領域（前帯状皮質背側部、左右両側半球の前頭前野、外側の頭頂皮質を含む）の活動が大きく低下した。インスタグラムの写真をインターネットで見ること自体は、危険な行為ではない。ただし、インターネットを通じた仲間の影響は、若者の前頭前野の活動を低下させて衝動を抑える力を制限し、彼らが誤った判断をして危ない行動へと走る可能性を高めることが、この研究によって示されたのだ。

子どもたちに電子映像メディアやＳＮＳを毎日自由に利用させるということは、強い圧力やストレスにさらすことであり、それは決してよい結果を生み出さない。電子機器の画面を見る時間が長ければ長いほど、成績が下がり、より頻繁に問題を起こし、さらには退屈したり、悲しくなったり、学校生活で満たされなくなったりすることが増えて、個人としての充足感が低下することが研究結果にはっきりと表れている。

「グレゴリーには自殺願望はありません」私は診断後に両親に告げた。それどころか、グレゴリーは友人のメールの内容やどの写真で自分がタグ付けされているかを確認することで、懸命に生き延びようとしていたのだ。彼にとってとりわけアンドレアとのやりとりは世界で一番大事なものであり、彼女にメールを送れないのは自分の頭に銃口を押し当てているのと同じことだ。生き延びることに比べれば、学校へ行く準備などどうでもいい。そんなの当たり前じゃないか！　私にはグレゴリーの両親の気持ちが痛いほどわかる。「このことでお二人がどんなに悩まれどんなに不安になられているか、よくわかります」私は二人に告げた。「でも、こうしたストレスを受けている息子さんの気持ちを想像してみてください」

サルも人間も同じ

グレゴリーの場合のように、電子機器の画面を見つづければ、仲間からの影響を受けやすくなる。だが、問題はそれだけではない。画面で見る映像メディアを通じて、強力な理想像を植えつけられるのだ。青年期の若者たちは薬物やアルコールが出てくる映像を大量に見せられていて、しかもその大半で薬物やアルコールが肯定的に描かれている。一九六〇年から一九九〇年のあいだにつくられた映画では、登場人物たちは全国平均の三倍ものたばこを吸っている。一九九六年と一九九七年のレンタルビデオ人気上位二〇〇本の九三パーセントで飲酒の場面が、二二パーセントで違法薬物に関する場面が描かれていた。こうした映画の四分の一以上に薬物摂取の準備か薬物摂取、あるいはその両方の生々しい描写が含まれているのに対して、登場人物が薬物を使う理由を何らかのかたちで示した作品は数えるほどだった。さらに、薬物乱用の短期的影響を描いた作品は半数のみで、長期的影響を描写したものは一二パーセントにすぎなかった。一九八八年から一九九七年までの各年における年間興行収入上位二五本の映画の七五パーセントに、たばこを吸う場面が含まれていた。同じく、一九九六年と一九九七年に人気のあったレンタルビデオ上位二〇〇本の九〇パーセント近くで、たばこを吸う場面が描かれていた。マスコミによるこの種の迎合は、たばこ、アルコール、薬物の摂取の害が世間に広まるにつれて終わりを迎えたかに見えるだろう。だが、たばこの包装紙に警告文を載せることが連邦政府によって義務づけられたにもかかわらず、二〇一〇年から二〇一一年までのG指定(全年齢に適している)、PG指定(保護者の指導が必要)、PG-13指定(一三歳未満は保護者の厳重な注意が必要)の映画での喫煙場面は、一本の映画につき平均三四パーセント増加した。こうした映画では喫煙が肯定的に描かれることが多く、たばこを吸う登場人物は映画に出てくるほかの者よりセクシーで情熱的だ。まだ何もよくわからない幼い子どもでさえ、こうした影響から逃れるのは難しい。一九三七年から二〇〇〇年に公開されたすべてのG指定長編アニメーション映画の四七パーセントで飲酒の場面が、四三パーセントで喫煙の場面が出てくる。

『ビルボード』誌に掲載された二〇〇五年にヒットした上位二七九曲を分析した興味深い研究によると、そのなかの三三パーセントの曲に薬物やアルコールの摂取に関する不適切な歌詞が含まれていた。これは一時間曲を聴いていると、薬物やアルコールに触れた箇所が三五回出てくるということだ。この研究によると青年期の若者は一日平均およそ二時間半音楽を聴いているため、ティーンエイジャーの多くは薬物やアルコールに関する不適切な歌詞を、毎日約八五回は耳にしていることになる。歌詞のなかにこうした表現が含まれている度合いは、曲のジャンルによって異なる。薬物やアルコールに関する歌詞が含まれる曲が占める割合は、ポップソング－九パーセント、ロック－一四パーセント、リズム・アンド・ブルース（R＆B）／ヒップホップ－二〇パーセント、カントリーソング－三六パーセント、ラップ－七七パーセントだった。薬物使用反対のメッセージを明確に打ち出している曲はわずか四パーセントにすぎず、薬物を拒否する状況を歌詞にした曲はなかった。この論文の著者たちはさらに、人気がある曲で歌われている薬物摂取の場面は、「仲間に認められたい」「セックスしたい」という願望が動機になっているものが多く、しかもそうした結びつきや結果としての摂取はたいてい肯定的なものと見なされていると指摘している。

青年期の若者が親からひとり立ちしようと奮闘するのは望ましいことだが、そうしたなかで彼らの多くが芸能人をお手本にする。アメリカの広告業界の流行仕掛人たちは、この傾向をずっと前からつかんでいた。しかも彼らは、自分がひとり立ちしていることを認めてもらいたい若者がインターネットを通じた宣伝の影響を非常に受けやすいことも承知しているため、大量に情報を送りつける。前述のとおり、青年期の若者は毎日およそ一一時間近く、映像メディアやSNSの影響を受けている。一週間に換算すると七七時間、一日の割合で見れば四五パーセント以上にもなるのだ！　子どもたちが薬物、アルコール、それらの乱用についてのあらゆる情報を受け取るには十分すぎる時間だ。

我々は親やほかの大人によって育てられて「しつけ」という訓練を受けるが、社会で成功するかしないかは仲間との世界でどう生きられるかによる。我々が子孫を残すという種としての成功を収めるためには、仲間と実のある社会的な関係を築くことが極めて重要だ。動物界を見渡しても、自分の種の社会に精通していて社交性の高いサルやネズミが最も立地のよい場所に巣をつくり、より多くの食料や水を確保し、より相性のよい配偶者と子孫を残すことができるのは、じつに理にかなっている。我々人間だって、そうではないだろうか？

中毒や依存におけるドーパミンの役割の解明は、青年期の若者が社会で成功する能力を追求していることの理解に役立つ。第3章で解説したように、ドーパミンは生存のために必要な行動の動機を制御する。我々の注意を重要なものに向けることで、生き延びるために何をしなければならないかを教えてくれるのだ。食事、セックス、仲間とのつきあいといった行為はドーパミンを増加させるため、人は快楽を感じてそうしたことをもっとやりたくなる。さらに重要なのは、そうした行為を期待するだけでドーパミンが増えるので、我々は何としてでも食料の確保、配偶者探し、他人との交流に走ろうとするという点だ。社会での交流に対してドーパミンの強い反応を得ることは、人間が社会で成功することの後押しになるため、より相性のよい配偶者を見つけることにつながる。これも第3章で取り上げたとおり、乱用の恐れがある薬物は効果を強化したり中毒性や依存性を高めたりするための極めて重要な策として、ドーパミンに大きな影響を与えることが今日では知られている。

とはいえ、ドーパミンだけで中毒や依存の仕組みをすべて解明できるわけではない。薬物依存症ではない人が薬物を使用した場合、その人の脳内では薬物依存症患者の脳内と同じくらい、またはそれ以上のドーパミンが分泌されるだろう。だが、薬物を試す大半の者は依存症にはならない。いったい、ほかにどんな要因があるのだろう?

その答えは、マカクザルの脳のなかにあるかもしれない。ある研究によると、群れのなかで支配力を持つサルはドーパミンD2受容体が多い。第3章で説明したように、D2受容体の多さは、そうしたサルたちはマイナスの結果からよりうまく学習できるということを意味している。興味深いのは、彼らのD2受容体の多さは、生まれつき決まっていたものではないという点だ。つまり、それぞれ分離されて育てられたサルたちを集団にすると序列社会がつくられ、その序列の最上位を占めるサルたちは、D2受容体がもともと少なくてもそれを増やしていく。要は、社会的な成功はD2受容体量を増やす誘因になるということだ。さらに驚くべきことに、下位のサルはD2受容体量が少なくなり、機会があればより進んでコカインを摂取しようとした。これは社会的地位が低いと社会から落ちこぼれた痛みを消そうとして、より積極的に薬物を使用することを示している。

青年期の若者と仲間の影響を理解するためには、ドーパミンと中毒、依存に関する研究は重要である。なぜなら、社会的な成功はドーパミンD2受容体量を増やすことによってドーパミンへの感度を高めるという事実が、そうした研究によって明らかになったからだ。さらに、**人は社会的に成功すればするほど、美味しい食事、楽しい会話、よい学校といった通常の強化子によってより満足できる報酬を手に入れられるため、薬物やアルコールに手を出す可能性が低くなる**。たとえば、大学を出ている人は大学に進学していない人に比べて喫煙率が半分以下だし、しかも違法薬物を乱用する可能性も半分以下だ。そのため、青年期の若者の仲間同士での健全で揺るぎない、精神的に満ち足りた関係を促進するにあたっての、親、教師、社会全般の重要性は語りつくせないほど大きいのだ。

青年期を過ごしながら成長を続ける若者にとって、生き延びて成功するためには仲間との関係が極めて大事になってくる。人は脳の多くの領域でこうした変化に対応するようにできているが、それでも親にとっても子ども本人にとっても常に思いがけないことが多少なりとも待ち受けている。親たちは青年期真っただ中の我が子が「宇宙人」に思えると口々に言い、そんな「見知らぬ者」をどうやって育てればいいのか非常に迷い自信をなくしていると訴える。ほんの一、二年前までは我が子をどう育てればいいかある程度きちんとわかっていたはずなのに、今や突然変化球を投げつけられたのだ。だが先述のとおり、この時期の若者は物事を抽象的に考えられるようになり（これはたくさんの機会をもたらす反面、大きな負担にもなる）、とりわけ仲間に見られていると思うと報酬への欲求に駆られ、社会に排斥された痛みを恐ろしいほど激しく急激に感じるため、彼らが同調圧力という難局を乗り越えられるように導くことが我々大人にとっての最善の策だろう。我々の使命は危険から身を守る役目を果たす社会的成功を、子どもたちが手に入れられるよう支援することだ。それと同時に、社会から落ちこぼれたときにそれによって危うい行動に走らされないよう、ショックを和らげてやらなければならない。以上のことを踏まえたところで、次は青年期の若者がどのように判断を行っているかを探ってみよう。

6

脳はどのように判断しているのか

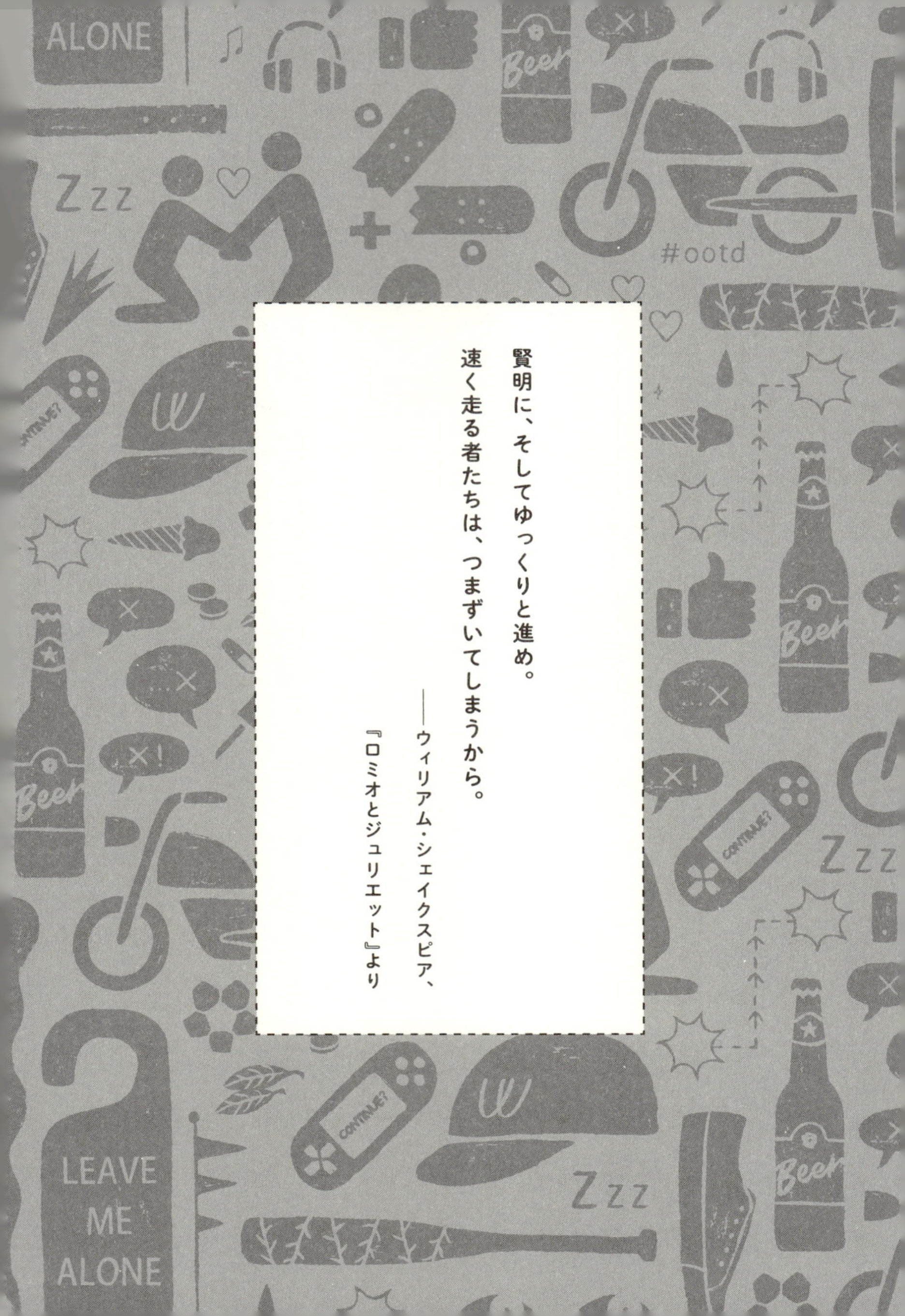

賢明に、そしてゆっくりと進め。
速く走る者たちは、つまずいてしまうから。

——ウィリアム・シェイクスピア、
『ロミオとジュリエット』より

6 脳はどのように判断しているのか

一日のなかで決めなければならないことは数えきれないほどある。我々はその多くをほぼ無意識に判断しているが、それ以外のいくつかについてはじっくり考えなければならない。朝食に何を食べるかは、ほとんどの場合わりと簡単に決められる。ほかには、どの服を着ようかといったもう少し複雑なものもある。着心地がよく、それでいて流行を取り入れていて、しかも場にふさわしいものを選びたいからだ。それ以外の、とりわけ健康や子どもの安全に関する判断には、かなり難しいものもある。娘が関係を持ってしまわないか心配だから、ボーイフレンドと無理に別れさせるほうがいいだろうか？　数学の試験でひどい成績だった息子に、運転免許を取得するのを認めてもいいのだろうか？　我々は親として、こういった問題をじっくり考えることができる。一方、子どもたちは瞬時に行わなければならない難しい決断を日々迫られている。しかも、そうした判断は長期にわたって彼らに大きな影響を及ぼすものが多い。パーティーに行ったほうがいいだろうか？　友人たちと酔っぱらってもいいだろうか？　友人たちがやっているからといって、自分も橋から川に飛び込んでもいいだろうか？　みんなでマリファナを吸っていたにもかかわらず、この車にいっしょに乗ってもいいのだろうか？　ガールフレンドにセックスを強要してもいいだろうか？

青年期の若者、親、教師たちが健全な判断ができるよう支援することは、当然ながら児童青年精神科医としての私の重要な仕事だ。私のところに患者として訪れる若者たちや、我が家の二人の子どもたちは、あなたの周りの若者たちと同様に日々危ない状況に直面している。自分の身を安全に守ることを教えながら、彼らの正常な発達を支えてひとり立ちを後押しするために、我々は何をすればいいのだろうか？　我々は親として、我が子を観察や監督する方法、彼らが一〇代を終えて二〇代に入るという難しい過渡期をうまく乗り越えられるように支える方法を必死で探そうとする。どんなやり方が効果的だろうか？　親として子どもに求めていることをはっきり示したり、とうてい認められない危険な行動に対して断固とした姿勢をとったりしながらも、彼らの気持ちを理解しようとしつづけるためにはどうすればいいのだろうか？教師の場合、青年期の若者の感情や教室での行動にうまく対処しながら最高の指導を行うことが大きな課題となる。人生で秀でるために必要な学問の基礎だけではなく、成功するためや危ない行動を抑えるための土台となる、極めて重要な向社会的な行動を教えるためにはどうすればいいだろうか？

青年期の私に対して、両親が最も頻繁にかけてきた言葉は「分別をはたらかせなさい」だった。夜、私が友人たちと出かけるとき。友人の家に泊まりに行くとき。私の運転で友人たちと浜辺までドライブするとき。こういった、私が大人のつきそいなしに友人たちと出かけるとき、何かが起こるのではないかと予想されるときに、両親からいつもそう言われていた。一〇代の頃は、その言葉を聞いていらいらしたり頭にきたりしたこともあった。第2章で触れた、一六歳でドイツに向かう際に父から「調子に乗るんじゃないぞ」と言われたときは、とりわけそんな気持ちになった。とはいえ月日が経つとともに、私は両親と特別な絆でつながっていると感じるようになり、「分別をはたらかせなさい」と言われることを誇りにさえ思えるようになった。両親が言わんとしていたのは、「若者のグループが大人の目が届かないところで何をするかは予想できるけど、私たちはあなたが正しい行動をとると信じている」ということだったのだ。たしかに両親は私が友人たちと出かけるのを許してくれたし、家の車を出すこともたいていは許可してくれた。私の両親は一九二〇年代生まれの、いわゆる「大恐慌時代の子どもたち」だ。そのためとてもまじめで、ああした忠告をするときもウィンクしながら、というようなことは決してなかった。だが、あの言葉は我々親子にしか通用しない「暗号」のようなものだったと思う。本当はこんなふうに言いたかったのではないだろうか。「息子よ、一〇代の若いやつらが大人抜きで集まると何が起こるか、私たちはよくわかっている。彼らといっしょに遊びに行くのはかまわない。だが、冷静さを忘れちゃだめだ。自分の意思を持て。彼らがやることを真似する必要は決してないんだから」。第2章ですでに告白しているとおり、青年期の私の行動は必ずしも立派と呼べるものばかりではなかった。だがその後、私は分別をはたらかせることと健全な判断をすることの大切さについては、まさに両親が正しいと思えるようになっていった。

私は一〇年以上前から、初めはピッツバーグ大学、二〇〇五年以降はニューヨーク大学の児童青年精神医学研修課程で指導を行っている。この間、何百人、もしかしたら何千人もの医学大学院生や、精神医学科、小児科、神経科の研修医たちに、児童や青年期の若者、その家族を、心理学と医学の二つの観点から診断および治療する方法を教えてきた。さらに、選抜された一〇〇人を超える研修医に対して児童青年精神医学の臨床研修も行ってきた。こうして選び抜かれた研修医たちの成果を注意深く検討していくなかで、私はある重要な点に気づいた。医師としての最も大事な素養は、間違いなく優れた判断力だということだ。医学で教えられることは山ほどあるが、三〇歳の精神医学科研修医に分別を身につけさせるのは至難の業で、どうしても無理な場合もあるかもしれない。もちろん指導医はともに診療を行うことでどんな研修医の判断力も向上させられるし、我々が教える医学判断学に基づいた手順は非常に役に立つはずだ。だが、患者に対する的確な診断を可能にする分別を持っている者は、幼い頃からその能力を習得しはじめ、私が指導する研修課程の面接を受けるよりもはるか以前にすっかり身につけていることが多い。

後先を考えない

大学を卒業してから、昼間はＨＩＶ教育の仕事にボランティアとして携わり、夜はウェイター兼バーテンダーとして働く生活を一年間続けたのちに、私は公衆衛生学の修士号を取得するためにカリフォルニア州バークレーを離れて、チャペルヒルのノースカロライナ大学へと向かった。修士課程の二年目に、真の研究者の教えを受けるという幸運に恵まれた。当時のゴッドフリー・ホックバウムは、輝かしい功績を残した研究生活からの引退目前だった。思い出せば、彼はとても寛容で遊び心に満ちていて、オーストリア訛りがかすかに残っていた。さほど背が高いわけではなくわずかに太り気味で、頭のてっぺんに白髪がまばらに生えていて、瞳はきらきらと輝いていた。彼の授業はとても楽しかった。ゴッドフリーは魅力あふれる人物で、しかも学生に心から関心を抱いていたが、それはおそらくもっともな理由があったからだ。彼の講義の中核をなす研究は、健康を保つうえでの自覚と考え方の重要性についてだったのだ。ゴッドフリーは我々学生の若さあふれる熱意を歓迎し、我々が既存の枠にとらわれずに思考を巡らせて、主流の見解や自身の思い込みを打ち破れるよう熱心に導いてくれた。ゴッドフリーの最も有名な功績は「ヘルスビリーフモデル」の概念化と研究で、それは人がなぜ、どのようにして健康に関する判断をするのかについて説明するための、初の社会心理学モデルだと考えられている。

ゴッドフリーが判断の仕組みに初めて関心を持ったのは、一九五〇年代に結核撲滅のためにアメリカ公衆衛生局に在籍していたときのことだ。彼は人々が自発的に検診を受けにこないことに頭を悩ませていた。一九五〇年代から六〇年代にかけて、結核は公衆衛生にとって大きな脅威だった。結核の猛威によって人々や地域社会は大きな被害を受けたが、当時すでに治療が可能な病になっていた。検査は無料で受けることができ、簡単でしかもほとんど何の痛みもなかった。病院や、各地区に出張してくる検診車など、全国ほぼどこでも検診が受けられた。世界の人口の三分の一近くが結核に感染していて、そのうち毎年一〇〇〇万人近くが発症し、一五〇万人が死亡している――こんな状況のなかで、いったいなぜ結核の検診を受けようとしないのだろうか？

一九五〇年代に大人たちが結核の検診を受けなかった理由は、二一世紀の青年期の若者たちがたばこを吸いつづける理由と似ている。喫煙者はまず間違いなく一〇代からたばこを吸いはじめているのは周知の事実だが、いったいなぜそんなことができるのだろうか？　喫煙は健康を損ね、癌や肺気腫をはじめとする多くの恐ろしい病気を引き起こす可能性があることを知らないティーンエイジャーなど、誰ひとりいないはずだ。二〇〇九年以降、アメリカ連邦政府はたばこの包装紙や広告に「喫煙で死ぬ恐れがあります」や「たばこには中毒性や依存性があります」といった、九種類の警告文を表示することを義務づけている。そういったなかで、たばこが混じりけのない毒物であることを知らない人は、文明社会から遠く離れて暮らしているとしか思えない。喫煙は毎年大半の国で、予防可能な死因の第一位になっている。アメリカだけでも毎年四五万人近い死亡者を出していて、国の経済は医療費と生産性低下によって二〇〇〇億ドルもの損失を被っている。こうした状況のなかでたばこに手を出すティーンエイジャーたちは、いったいどういうつもりなのだろうか？

ゴッドフリー・ホックバウムは、たばこを吸う、結核の検診を受けに行くといった健康に影響を及ぼす行動のなかで、変えたほうが健康になれるとはっきりわかっているものについてさえ、多くの人がのちの健康を考慮した判断をしようとしない理由を理解したかった。彼の結論を大まかに言えば、判断の際にある種の比較が行われているということだ。つまり、推奨された疾病予防行動をとることで得られると思われる恩恵のほうが、その行動を妨げると思われる障害よりも大きい場合、その行動をとる可能性が高くなる。ただし、問題となっている病気に自分がかかりやすいと自覚していること、その病気が大きな脅威だと感じていることが前提条件である。後年、健康に関する行動における個人差を説明する一助として、自分にはやろうと試みたことをやりとげる能力があるという自信、すなわち自己効力感の概念がモデルに加えられた。

ヘルスビリーフモデルや、それに続いた計画的行動理論といった数々のモデルは、今日もなお公衆衛生活動の企画で広く利用されている。こうしたモデルは健康に関する行動を理解・予測してより優れた健康促進活動を企画し、若者が間違った判断をしないよう導くために役立つ。全般的に見て、こうしたモデルは人がなぜそのように行動するのかを予測するときに、態度や考え方を重視する。だが残念ながら、危うい行動については、態度や考え方だけですべてが決まるわけではないのだ。

結核の検診を受けるとかコンドームを使うとか夏に日焼け止めを塗るといった健康関連の行動に対する我々の判断は、数あるヘルスビリーフモデルによってどのくらいの精度で予測できるのかを、正確に特定するのは難しい。大半の研究では、予測できるのはすべての行動変化のおよそ三分の一だと推測されている。要するに、人間の行動の多くは論理的ではなく、こうしたモデルが予測する行動とは違って、必ずしも自身の健康に対する考え方に基づいて冷静にとられたものではないということだ。そして、健康に関する行動については、自身の健康に対する考え方や意図に基づいてとられたものは、全体のおよそ三分の一にすぎない。

たしかに正直な話、私みたいに酔っぱらって泳ごうとしたり、ドイツでけしかけられて送電鉄塔に登ったりすることが冷静または論理的な選択だとはとうてい思えない。私が酔っぱらっていたり時差ぼけだったり仲間を感心させようとしたりしているとき以外に、こうした行動は名案だろうかと尋ねてくれていれば、当然「いいえ」と答えたはずだ。そういったわけで、我々の行動意図はこうしたモデルによってかなり正確に予測できることが多いにもかかわらず、我々が実際にとった行動の三分の二は予測できないのだ。では、ほかに何が関係しているのだろうか?

こういったモデルの最大の問題は、人間は自身の健康についての考え方や病気のかかりやすさによって行動を変化させるだろうという仮定に基づいて予測をしている点だ。だが、特にたいていの若者は、健康や病気について考えることに時間をかけたりしない。しかも、こうしたモデルは喫煙や自転車のヘルメットをかぶるといった、すでに習慣化された行動は予測できない。さらに、環境要因を厳密に考慮することもない。この場合の環境要因とは、たとえば運動のためのジムを利用しやすいとか、あるいは、体重を減らしたいから運動したり食事内容を変えたりするといった、自分の健康のためではなく見た目の改善につながる行動を選ぶといった事情のことだ。おまけにこうしたモデルは、さまざまな感情、それに無意識に行われる理性を欠いた軽率な判断といった、青年期の若者を危ない行動へ向かわせる大きな要因の影響が考慮されていないのである。

やる気もあるし、機会もある

数時間後に家まで運転して帰らなければならないのに、パーティーで酒を飲んでしまった。そんなことをあなたが初めて経験したのは、いつだったか覚えているだろうか？　あのときあなたは一杯だけでおしまいにしただろうか？　世間にはそうする人と、しない人がいる。ヘルスビリーフモデルは、その夜遅くに家まで運転して帰らなければならないにもかかわらずパーティーで酒を大量に飲むつもりでいるといった、わざと危ない行動をとろうとする青年期の若者に対して我々がどう介入すればいいかを考えるうえで役に立つ。こうしたモデルは、飲酒運転中に事故を起こす可能性の高さや、自分自身が大怪我をしたりほかの人に重傷を負わせてしまったりする事態の深刻さを自覚させ、タクシーを呼んだり親や友人に迎えにきてもらったりする必要性をより強く認識させることができる、と提案するだろう。こういった事例では、ヘルスビリーフモデルの予測はかなり役に立つ。だが、若者の大半は、飲酒運転をしようと思ってやっているわけではない。青年期の若者の多くは、同調圧力がなく、感心させたい相手もいない「冷たい認知」の状態であれば、飲酒運転は悪いことだと言うだろう。問題は、そうするつもりは決してなかったにせよ結局そうしてしまうということだ。

私は二一歳の頃、失敗に終わったデートを経験したことがある。デートの相手と二人で、バークレーの中東料理店に夕食を食べに行ったときのことだ。中東の料理については、二人とも何となく聞いたことがあるという程度だった。我々のテーブルを担当してくれた、輝くような笑顔のウエートレスは料理についてとても詳しかった。何を注文すればいいかよくわからなかった我々に、ウエートレスはフムス、ババガヌーシュ、ドルマ、タブーリ、ラム肉のケバブと「料理にぴったりのワイン」を次々に勧めてくれた。私は二人ではとうてい食べきれないほどの料理やワインを注文してしまった。それは今思えば単に、自分でも気づかぬうちにウエートレスに一目ぼれしてしまったというだけの理由だった。食事が終わりに近づくと、私の関心がほかに向いていることをデートの相手からついに指摘された。私は初めは必死に否定したがその後考え直し、結局恥を忍んで認めることにした。ウエートレスにでれでれしてデートの相手を傷つけるつもりはまったくなかったし、夕食にあれほどの金額を支払うつもりもなかった。だが、どうしようもなかった。私はあの笑顔のとりこになってしまっていたのだから。

人間はどうやら自分が思っていた以上に酒を飲んだり（あるいは食べきれないほどの中東料理を注文したり）するよう、笑顔ひとつで簡単に操られてしまうようだ。そしておそらく、あのウエートレスは意識的にせよ無意識にせよそれをよくわかっていたのだろう。平均年齢が二〇代前半の学部生を対象にしたある研究によると、事前に見慣れないある飲み物を笑顔で勧められていた彼らは、喉が渇いて飲み物を選ぶときに記憶の片隅にあった笑顔とその飲み物を無意識に結びつけ、それを最も多く選んで自らグラスに注いで飲んだ（プライミング効果）。さらに、彼らはその飲み物の値段がほかより高くても喜んで支払い、もっと飲みたいとさえ答えたのだ。一方、事前に険しい顔つきで勧められた飲み物については、逆の結果となった。この結果と同じくらい興味深い点は、被験者がまったく意識せずに、あるいは何の感情も動かさずにこうした行動をとれるということだ。だが、我々の日頃の行動を変化させる要因は、笑顔や険しい顔つきだけではない。

人は誰でも空腹、喉の渇き、痛み、疲れ、欲情といった、肉体的または精神的な欲求が激しい状態のときは、かなりひどい判断をしてしまうことがある。カーネギーメロン大学で心理学と経済学の教授を務めているジョージ・ローウェンスタインはそうした例をいくつも挙げているが、そのひとつはイサクとリベカの双子の息子である、エサウとヤコブの聖書の物語だ。ヤコブは第一子として父から長子の権利と全財産を譲られることになるエサウをずっと妬ましく思っていた。ある日、狩りから戻ってきたばかりで目が回るほど空腹だったエサウは、自分が継ぐはずの長子の権利と財産を、ヤコブがつくっていた煮物一杯と交換してしまった。同様に、スターリンをはじめとする各時代の悪名高い独裁者たちは、敵対者を何日ものあいだ眠らせなかったり粗末な食事しか与えず栄養不足にしたりして、偽りの自白を引き出した。今日でもなお、警察の捜査官は取調べではまず名前、年齢、住所、数多くの職業といった数多くの簡単な項目について詳しい話をさせて、被疑者を疲れさせる。そして、その後被疑者が疲れや空腹のために集中できなくなってぼろが出そうになったり、尋問を終わらせたいためだけに譲歩したりしそうになるときまで、被疑者を落とせる可能性が高い質問をとっておく。弁護士も法廷で証人に対して同じ戦術を使うし、雇用主が新たな契約について労働組合と交渉しているときもそうだ。合意に達するのはいつも深夜で、更新前の契約の期限が切れる日が終わる直前だ。

エサウが空腹に駆られて長子の権利を一杯の煮物と交換してしまったように、青年期の若者たちも激しい性的欲望に駆られたときに無防備なセックスをしてしまう可能性が高い。喉の渇きや空腹といった生理的な欲求や、怒りや欲情を覚えるといった精神的な欲求に駆られた状態は、ストレスを受けている若者の「熱い認知」による判断に明らかに影響を及ぼす。そうした激しい情熱に駆られた瞬間には、若者たちの感情は認知制御や事前に考えられていた計画を無効にすることがあるため、彼らが危険を冒す可能性が高くなる。「熱い認知」で状況を判断しているときの若者は危険な行動が多くなるだけではなく、道徳的態度も変化する。たとえば、性的に興奮している若者はセックスをしたいがあまり、「やれそうな」相手を説得するためには嘘をついてもかまわないと思う気持ちがいつもより強くなる。若者は睡眠が不足していたり、規則正しい食生活を送っていなかったり、性的欲望を満足させられる手段がなかったりするときが頻繁にあるため、気づかないうちに危険な状態に陥ってしまうことが多いのだ。若者たちのパーティーの定番であるレッドブルとウォッカを合わせたカクテルのように、カフェインが多く含まれる栄養ドリンクをアルコールと混ぜた飲み物にも同様の作用がある。こうした組み合わせは飲酒量を増やしたり、まともな判断をできなくさせたりする恐れがあると、多くの研究結果で指摘されている。その理由は、飲んだ人はカフェインの効果で興奮が高まるのでアルコールの作用がある程度まで現れず、そのため実際よりも疲れや酔いを感じられずに元気になった気がするからだ。現在は学校が始まる時間が早く、深夜までかかるほど宿題が多いことは第3章でも触れたが、そうして起こる睡眠不足によっても、若者が危ない状況で誤った判断をする可能性が高くなる。たいていの若者は、あえて問題を起こすつもりはない。だが彼らは、食べもの、睡眠、セックス、社会に受け入れられたいといった生まれながらの激しい欲望や、痛い思いをしたくないという強い気持ちのせいで、難しい判断を迫られる危険な状況に陥ってしまうのだ。

私は何年も診察を行ってきたなかで、危ないことをするつもりもその必要もまったくなかったのにもかかわらず結局問題を起こしてしまった青年期の若い患者を何人も診てきた。そういった若者たちは経験が足りず未熟なため、たいてい受け身の状態のまま危ない状況に近寄ってしまうのだ。こうした問題を起こしてしまう若者は、私の患者以外にもたくさんいる。「酒に酔わない」「セックスしない」といった揺るぎない決意を持つ若者もいるが、その他の大多数はやがてある時点で「やる気」に満ちてしまう。彼らはセックスをするつもりはないから、それに備えてコンドームを常に持ち歩いているわけではない。あるいは、酒を飲んで酔うつもりはないから、パーティーからどうやって車で帰るか事前に誰かと決めておくわけでもない。だが、「セックスするかもしれない」「飲みすぎるかもしれない」といった事態に直面すると、自分が迷っていることに気づくのだ。避妊なしでセックスしてもいいだろうか？　酔っぱらったまま家まで運転してもいいだろうか？　多くの若者は危険を冒すつもりもなければ冒すなどとは思ってもみなかったにもかかわらず、実際そんな状況に直面すれば積極的に危険を冒す気になってしまう。そんな彼らに対して我々が教えなければならない「危うい自分から自分の身を守る」方法は、どんなヘルスビリーフモデルが示す案よりもさらに徹底したものでなければならないのだ。

あなたはいったいどういうつもりだったの？

もしあなたが青年期の若者の親なら、こんなせりふを数えきれないほど口にしたはずだ。また、あなたが一〇代や二〇代前半だったときに、親から同じように大げさに尋ねられたのを覚えているだろう。たいていの場合、子どもたちの答えのひどいことといったらない。とはいえ、「どうして飲酒運転したの？」「なぜコンドームなしでセックスしたの？」といった質問へのまともな答えなど、そもそもあるのだろうか。若者は理にかなっていないことが本人にさえすぐにわかるような、とても危険な行動に走る。我々は親として、我が子が冷たい認知の状態であればそうした判断や危ない行いを決してしなかっただろうということをよくわかっているので、なおさらショックは大きい。

ここまでの章では、青年期の若者が危険な行動をとることについて、考えられる理由をいくつも検討してきた。第3章ではまず、神経発達の不均衡さという説、つまり大脳辺縁系が脳のCEOとしてトップダウンで制御を行う前頭前野よりも早く発達するために、若者の脳では感情を支配する領域が過剰に活動することを説明した。次に、ドーパミンの報酬作用が人生において最も大きいのは青年期であり、それによって若者たちはセックスや薬物使用といった危険が高く報酬も大きい行動へと駆られることを取り上げた。第4章では、若者は危険な行動をとるよう進化によってつくられているという説を検討し、仲間とのつながりを築くことを若者に促す主要なホルモンについて調べた。第5章では同調圧力について詳しく取り上げた。さらに、アルコール、薬物、カフェイン、睡眠不足といった、若者を危ない行動に走らせるさまざまなきっかけについても何度も触れている。こうした数々の要因はどれも若者が誤った判断をして危険な行為に走る原因ではあるが、話はそこで終わらないのだ。

第5章では、「認知の歪み」または「歪んだ思考」が青年期の若者の感情や行動を左右しかねないことについて触れた。だが、若者の認知や思考が、彼らの判断や危険に走る行為にどのように作用しているかについてはまだ詳しく説明していない。思春期を迎えた子どもたちが危うい行動に駆られるのは、神経発達の不均衡さ、ドーパミン、ホルモン、進化、同調圧力のせいだけではない。現在では若者の論理や批判的な見方も、彼らの行動を左右する要因ではないかと指摘されている。

デカルト的二元論

創世記二章七節には「主なる神は地の塵で人をかたちづくり、命の息をその鼻に吹き入れられた。そうして人は命あるものとなった」と記されている。聖書によると、人間は体（「塵」）

と心（「命の息」）でできている。同じく、古代ギリシャの哲学者プラトンとアリストテレスも、人間の心または魂は肉体とは異なる独立したものであると考えていた。プラトンは『饗宴』（紀元前三七〇年頃）のなかで、人間は四本の腕と四本の脚を持ち、頭に二つの顔がついたものとしてつくられたと論じている。だが、人間は強くなってうぬぼれてしまい、神々の地位を奪うと脅かしてきたため、ゼウスは人間の体を引き裂いて「男の半身」と「女の半身」に分けてしまい、その男女の半身は自分の片割れである配偶者「魂の伴侶」を見つけられなければ一生惨めな人生を送ることになるとも記している。こうした心あるいは魂が体から独立しているというある種の二元論に基づいた創造神話の流れをくんで、フランスの哲学者、数学者、科学者であるルネ・デカルト（一五九六－一六五〇）は、「我思う、ゆえに我あり（Cogito ergo sum）」という有名な命題を提唱した。デカルトのこの簡潔な言葉は、「自分の存在について思考し、ときには存在自体を疑うことさえできる能力は、人間の心と体は別物だという証明である」という二元論の考え方を象徴するものとなった。体と心はそれぞれが唯一無二の、本質的に異なる二つの実体で、しかも表裏一体の関係であるというわけだ。

デカルトの説はたしかにうなずける。考えてみれば、我々は自分の周りのあらゆることを相反する性質に基づいて二分しがちである。私が専門とする精神医学の分野では、ジークムント・フロイトが意識と無意識は抗争的な状態であると主張した。どんな分野や文化を調べても、デカルト的二元論が存在しないものはない。例を挙げると、成功－失敗、弱さ－強さ、愛情－憎悪、陰－陽、危険性－有益性、開始－終了、よい点－悪い点、天国－地獄、プラス－マイナス、かたい－やわらかい、男性－女性、異性愛者－同性愛者、清潔－不潔、若い－老いた、火－水、速い－遅い、善－悪、ときりがない。頭のなかで物事を「そうであるか、そうでないか」で分類することは、何かを決めるときに断然役に立つ。チョコレートアイスが大好きか大嫌いなら、チョコレート味かバニラ味を選ぶのはとても簡単だ。だが、そういった二元論的な発想に基づいて発言したり考えたりすることは、「全か無か」という認知の歪みを起こしやすくすることでもある。すると、「全」と「無」のあいだにある多種多様な選択肢を見落としてしまい、ときには誤った方向へ進んでしまいかねなくなるのだ。

意思決定についての専門的な研究は、一八世紀の近代経済学において始まった。初期の経済学者たちは、さまざまな結果の可能性を計算するための数学的な手法を編み出した。彼らは、人は物事を決めるときはえてして「効用」、いわゆる満足度を最大限にしようと試みるはずだという理にかなった仮定を立てた。経済学者たちはさらに、入手可能なあらゆる情報や、与えられた選択肢のそれぞれの費用と効果を検討して下した判断は「理性的」なものだと考えた。人はたいてい理性的に振る舞うものであり、そうでないときは感情に邪魔をされているからだと。そうして我々は、再びデカルト的二元論にたどり着いた。大事なことを決めるときは、危険性と有益性、よい点と悪い点、プラスとマイナスといったものを比べて論理的に判断していると、大半の人は思っているだろう。だが実は、我々はそうしていないことが近年の研究でわかってきている。

一九七〇年代、心理学者ダニエル・カーネマンとエイモス・トベルスキーは、人が理性的に振る舞っていない場合、それは必ずしも喜び、恐れ、怒りといった自身の感情に邪魔されたからではないと指摘した。彼らは激しい感情や情動が人の思考や判断に影響を及ぼすことはたしかだと認めていたが、それでも同じくらい、またはそれ以上に影響の大きな要因がほかに存在すると考えた。トベルスキーとカーネマンのこの先進的な理論の土台となっていたのは、理性は怠惰にのまれてしまうことが多いという主張だ。大きな決断をするために考え抜くには、頭を必死に使わなければならない。トベルスキーとカーネマンはそう命じられる脳の負担を考えた結果、人は「ヒューリスティック」とも呼ばれる簡単な経験則に基づいて決断することで精神的な近道をしようとすると指摘した。要するに、我々は難しい質問をもっと易しい質問に置き換えて簡略化したものに答えているのだ。たとえば、青年期のうつ病患者に先週の診察以来気分はどうだったかと尋ねると、その患者はこの七日間実際にどんな気持ちで過ごしていたかを思い出そうとする代わりに、尋ねられた瞬間の気分を答える可能性が高い。一週間の気持ちの移り変わりを思い出すにはかなりの集中力と努力が必要なため、彼の脳は近道をするのだ。この若者は「利用可能性ヒューリスティック」と呼ばれている経験則を利用して、彼にとって最も「利用可能」な、そのとき最も楽に思い浮かんだ気分について語ろうとする。つまり、もっとも簡単に特定できるのは現在の気分なので、それを私に報告するというわけだ。同様に、もし私が青年期の若者に危険な行動を自らとろうとするかと尋ねたら、彼は自身の行動全般を検討するのではなく、すぐに思いついた最近の出来事だけに基づいて答える可能性が高い。人は体が疲れ切っているとき、精神的に燃え尽きたとき、あるいは何かに気を取られているときに、置き換えをしようとする傾向が強くなる。若者はこういう状態であることが多い。

我々が日々決めなければならない物事の多さを考えれば、経験則は判断を行ううえでの時間短縮や精神的な負担の軽減に非常に役に立つ。とはいえ、経験則はときにあまりにも単純すぎるせいで、状況によっては偏った判断につながりかねない。次ページの表6－1は、最も一般的な経験則（ヒューリスティック）と、それによって起こる恐れのある意思決定バイアスの一覧である。

ダニエル・カーネマンはベストセラー『ファスト&スロー』〔村井章子訳、早川書房、二〇一二年〕のなかで、意思決定において重要な二種類の思考過程について論じている。ひとつ目は「ファスト（速い）」な「システム1（直感的、自動的）」思考、そして二つ目は「スロー（ゆっくり）」な「システム2（努力を要する、意識的）」思考である（もしかしたら、これはデカルト的二元論であることにあなたは気づかれただろうか？）。カーネマンによるとシステム1は捉えどころがなく、脳の「あらゆるところ」に存在している。主に便利なヒューリスティックに基づいた無意識かつ自動的な判断をするのがシステム1だ。一方、システム2は脳のCEOである前頭前野にあると、カーネマンは考えている。我々が認識し、積極的に携わっている意思決定や思考過程を担うのがシステム2だ。システム2は、分別や経験から学習する。この「システム1とシステム2」という考え方は、人が論理的な思考や判断でなぜあれほど大きく偏ってしまうかを説明するために編み出されたものだ。

二〇〇二年にノーベル経済学賞を受賞したカーネマンは、大人は分別と人生経験によって、

[表6-1] **ヒューリスティックとバイアス**

経験則であるヒューリスティックは意思決定をより容易にする反面、歪んだ思考や判断ミスにつながりかねないバイアスをかけることが多い。

ヒューリスティック	意思決定バイアス
感情ヒューリスティック	「好き」「嫌い」といった気持ちに基づいた「感情」ヒューリスティックは、意識的な思考や慎重な検討がほとんどされないままの決断を促す。 例 僕はリサが好きだから、彼女が勧めてくれるものは何だって飲もう。
係留ヒューリスティック	先に与えられた情報に大きく頼ることで出発時点の思考に「係留」され、決断にバイアスがかかる。 例 私の父はウイスキーを毎晩少なくとも2杯飲むが、とても健康そうだ。だから、私が週末にビールを少し飲んでも何の問題もないはずだ。
利用可能性 ヒューリスティック	ある出来事が起こる可能性や見込みの算定が、最も「利用可能」な実例、つまり最も簡単に頭に浮かんだ実例に過剰に影響される。 例 自動車事故が若者の死因で最も多いのはわかっているが、私が知っている人には誰も起きていないので、私にも起こらないはずだ。
フレーミング効果	データの「フレーム(見た目)」、つまりデータがどのように提示されるかによって、受け取る側の印象にバイアスがかかる。 例1 アメリカでは卒業間近の高校生の半分近く(45%)がマリファナを試したことがあるのに、私は試したことがない。私は自分が仲間外れの意気地なしのように思える。 これに対する 例2 アメリカでは卒業間近の高校生の半分以上(55%)がマリファナを試したことがないし、私もない。私は自分がほかの大半の人と同じだと思うし、何かを経験しそこなったとは思わない。
代表性ヒューリスティック	似たような物事や出来事が頭のなかで同類としてまとめられ、ひとつのことがもう一方を「代表」していると考える。 例 私のボーイフレンドは勉強もスポーツもできるし、服装もきちんとしている。だから、彼が危ない行動をとるはずがないので、私は安心して彼が運転する車に乗っていられる。
アンパック効果	出来事の詳細を「アンパック(解凍)」する、つまりより詳しい説明を提供することで、それが起きる可能性が高いように思わせる。 例 私の祖父はほぼ一生たばこを吸いつづけていました。そして、肺気腫と癌でひどく長く苦しんで亡くなったのです。だから私は絶対にたばこに手を出しません。

数々の危険な状況から身を守っていると考えている。「大人はすでに多くの状況で多くの決断をしてきました」と彼は私に語った。「大人はいろいろな問題に直面してきました。経験があるので、自分がある状況で危険を冒そうとする人物なのか、そうでないかがわかっています」。あなたもたしかに現在の私は、青年期の頃にとった危険な行動を繰り返そうとはまず思わない。あなたも同意するはずだ。もしかしたらそれは、我々がそうした危ないことをしたときに感じた激しい恐怖や、その後の後ろめたさを思い出すからかもしれない。あるいは、自分を大切にしてくれる人たちに嘘をつきたくないからかもしれない。あの頃に比べて、仲間を感心させなければならないという気持ちが薄れたからかもしれない。同じような危険を冒して自分よりもずっとひどい結末を迎えてしまった友人がいるからかもしれない。そしてさらに、我々は大人として配偶者、子ども、従業員といった、ほかの人に対する責任を担っているからかもしれない。理由が何であれ、カーネマンがシステム2と命名したこの知識と人生経験が、分別のあるすべての大人の危険回避行動にも大きな役割を果たしていることは間違いないはずだ。

それでは、我々は青年期の若者たちに、苦痛や悲惨な結末を経験せずにすむよう、意思決定や危険を冒すことについて十分に教えることはできるのだろうか？　カーネマンの理論に沿って言い換えると、我々は若者たちのシステム2を活性化させて、危険を最小限に抑えるために必要な分別や個人的な経験を植えつけられるだろうか？　カーネマンの答えは「ノー」だ。「教えるだけでは経験の代わりにはなりません」と彼は私に語った。「青年期の若者のシステム2を、彼らが危険に対処するために役立つ大人並みのレベルに強化することはできないでしょう」。

それはつまり、苦労して得られた経験や分別に基づいて築かれた、脳内で意識的に思考しながら理性的な意思決定を行う存在であるシステム2こそが、我々が正しい判断をして非常に危険な状態から身を守るために役立つものであるとカーネマンが考えているということだ。第2章で紹介した各地で採用されているD.A.R.E.、スケアード・ストレート、自動車運転教育といった危険防止活動を思い返すと、青年期の若者に危険について考えさせることに力を入れた教育は、総じて彼らの危険な行動の防止にたいした効果はなく、それどころか事態を悪化させるほうが多かった。そうしたうまくいかなかった介入はどれも、若者の前頭前野に存在する論理的、意識的、そして経験に基づいたシステム2による判断力を強化しようとしたために効果がなかったのだ。カーネマンは、こうした介入がうまくいかなかったのは、青年期の若者のシステム2を急速に発達させるのは不可能だからだと指摘している。我々が若者に一生分の経験を教えることができないのは、私も承知している。ただもしかしたら、我々を危険から守ってくれるのはシステム2だけではないかもしれない。

大人は危険に関する理性的な判断を、期待される理想的な結果だけに基づいて下すことはめったにない。それは青年期の若者も同じだ。だが、熱い認知の状態で「やる気」に満ちている若者は、たとえそういうつもりはなかったとしても、危ない状況に巻き込まれてしまうことが多々ある。しかも、そういう状態のときの判断は、どれをとっても生涯にわたる影響をもたらしかねないのだ。

脳の発達、ドーパミン、ホルモン、進化、同調圧力は、青年期の若者がどのように判断をして、なぜ危険な行動に走るのかを説明するうえで、極めて重大な要因であることは間違いない。こうした要因だけが若者の意思決定の仕組みに重要な役割を果たすのであれば、我々は今すぐ降参するほうがいいのかもしれない。進化や神経発達やホルモンにはかなわないからだ。この場合、子どもたちが自分の身を守れるようにするための我々大人の唯一の策は、彼らを集中的に監視監督することだ。子どもたちを死なせないように、親、教師、社会全般が事実上の警察隊にならなければならないだろう。だがありがたいことに、我々にはもっとよい策がある。それを第7章で紹介しよう。

Zzz
#ootd
LEAVE
ME
ALONE
CONTINUE?
#ootd
#ootd
Beer
CONTINUE?
Zzz
Beer

7

「要旨」をつかむ考え方

初心者の心のなかには多くの選択肢がある。
しかし、専門家の心にはさほど多くはない。

——鈴木俊隆

私は青年期の初診患者と待合室で初めて顔を合わせるとき、握手をする。そして、そのときの相手の手の感触を確認する。私の手を握る強さ。私の手としっかり合わさっているか、それとも半分くらいしか握ろうとしないか。手のひらは乾いているか、湿っているか。私は目を合わせて、相手の目の動きを見つめる。私の目をまっすぐ見返すだろうか？ どのくらい目を合わせつづけるだろうか？ それとも目をそらすだろうか？ そして身なりを確認する。この年頃らしい服装だろうか？ 清潔でこざっぱりしているか、それともだらしなかったり、特有のにおいを発していたり、何らかの流行りやスタイルを取り入れたりしているだろうか？ 私は「こんにちは。医師のジェス・シャットキンです」と言って、返事を待つ。声の響きや、話すリズムはどんな感じだろう？ 私のことをどう呼ぶだろう？ 「シャットキン先生」「先生」「ジェス」、あるいは名前で呼ぼうとはしないだろうか？

これがすべての患者に対する、最初のほんの数秒間での私の接し方であり、それによって驚くほど多くのことが明らかになる。我々はみな誰かと初めて会うという経験をするが、ごくわずかな例外（自閉症スペクトラム障害患者、重い脳障害や認知症の患者）を除く大半の人は、相手を品定めして瞬時に評価を下すことに慣れている。我々は初対面の挨拶は意識的に行うが、そのとき受けた印象についてははっきり覚えていなかったり、あるいは自覚すらしていなかったりすることも多い。だが、会ったばかりの人に対して自分がどう振る舞うかを決めるにあたっては、そういった印象のほうがまず間違いなく重要なのだ（第5章の認知トライアングルについての考察を思い返してみてほしい）。

精神科医として、私が新しい患者とその家族に初めて会った直後にやらなければならないのは、できるだけ多くのデータを集めて、その患者と同じ年頃で同じ文化的な背景を持つごく普通または典型的だと思われる若者像と比較することだ。これらは誰もが初対面の相手に対して行っていることだが、精神科医がほかの人と異なるのは自身の感情反応をある種のバロメーターにして、相手と接したときの自分の気持ちを注意深く観察している点だ。この青年期の男性が握手の際に私の手をものすごく強く握りしめたとき、私はどう感じただろうか？　もしこの男性が握手で私を怯えさせようとしているのだとすれば、私が彼、彼の父親、母親、兄弟の立場ならどう思うだろうか？　握手中に彼と目を合わせたとき、私はどう感じただろうか？たとえば、私を受け入れてくれている、親切、怯えている、鋭い、疑い深い、あるいは対抗意識があるように思えただろうか？　彼の体の位置は、私に対してどんな向きだっただろうか？待合室から出るときに、彼はドアを押さえてくれただろうか？　それとも、私がそうしようとするのを見て、そのまま私にやらせただろうか？

待合室から三〇メートルほど先の診察室へ向けて歩きはじめる前から、私はある種の診察をすでに開始している。患者と家族が互いにどのように接しているのかを確認し、患者の活発さ、動作、機嫌を観察している。彼ら同士の会話に耳を澄ませ、話し方、話し合いから窺える論理性や思考の中身に注意している。

こうした細かい点を四六時中観察しつづけるのは誰だってとうてい無理だし、相手と人間同士として関わることと、彼らの行動と自分の気持ちを観察して何らかの意味を見出そうとすることのバランスをうまくとらなければならない。というのも、もしかしたらこの男性患者は、単に握力が強いだけなのかもしれないのだから。精神科医たちがよく「葉巻はただ単に葉巻にすぎず、それ以上の意味はないこともある」と言って、自分の仕事を皮肉るように。だが、我々の行動にはたいてい大きな意味が含まれているし、たとえ初対面であっても人との交流は、自分が関わっている相手についてじつに多くの情報を与えてくれることは間違いない。

こういった多くの観察をしているのであれば、新しい患者と家族に初めて会ったときの私は、さぞかし必死に頭をはたらかせているのだろうと思われるかもしれない。それどころか、あらゆる情報を入手して処理しようとするあまりの大変さに、すっかり圧倒されているのではないかと心配されるかもしれない。しかし、精神科医として二〇年以上のキャリアを積むなかで、こういった相手の動作や自身の気持ちの観察をほぼ無意識に行うすべを私は身につけてきた。この時点では、「症状がX個あるから、この患者は強迫性障害か大うつ病性障害だ」というように考えているわけではない。そうした診断は、診察室に入って改めて診察をしながら、何も見落とさないように患者と家族の不満や症状をすべて検討してからだ。今はただ患者と家族に「寄り添い」、彼らがどんな人物でどういう関係を築いているのかといった、最も大事な情報を収集するだけだ。研修医時代や医師として働きはじめた頃は、多くの決まりにしばられている気がしていた。「患者にはこう言いなさい」「患者にこう言ってはいけない」「大うつの五つの症状、ADHDの六つの症状を挙げよ」というように。もう参ってしまいそうだった。現在の私はあの頃とは打って変わり、毎朝着る服を選ぶのと同じ要領でてきぱきと診察を進めている。その幸運にとても感謝している。なぜなら、そうした診察ができて初めて、私は温かく受け入れる気持ちや穏やかさ、落ち着きを表現することができ、それによって患者が私と安心して話せる雰囲気をつくり、それと同時に彼らが本当はどんな人物であるのかを感じとれるからだ。

たいていの場合、私は患者と家族に待合室で会ってからいっしょに診察室に入るまでのほんの三、四分のあいだで、彼らが精神科医を訪ねようと思った理由をかなりはっきりとつかむことができる。私は透視能力者ではないが、多くの研鑽（けんさん）と経験を積んだ医師であり、自身の感覚を特定の目的に利用するすべを身につけている。そのおかげで私は目の前にいる人物の情報から、直感的な推測ができるのだ。

判断の熟練者

アメリカ空軍のパイロットになるということは、危険な任務に就くということだ。パイロットになるまでには何年もの訓練を受けなければならず、パイロットの養成には莫大な費用がかかる。しかも各パイロットが操縦する戦闘機は、何億ドルもする。一九七〇年代、アメリカ空軍は若手のパイロットに緊急事態での対処法を教える最善の策を模索していた。当時の空軍は緊急時への備えについて、規則を教える方法で指導していた。だが数多くの規則を覚えさせることが、緊急時におけるパイロットの対処能力の向上につながるという証拠を得られなかった。空軍は資源を最も効率的な方法で投じるために、どうすれば緊急事態管理の「専門家」になれるのかを研究することにした。兄弟でともにカリフォルニア大学バークレー校の教授であるスチュアートとヒューバート・ドレイファスは空軍から助成金を受けて、緊急事態管理に必要な専門技能の解明に乗り出した。

弟で数学者のスチュアートと兄で哲学者であるヒューバートのドレイファス兄弟は、大人がいかに技能を習得するかを五段階のモデルで提示した。二人とも飛行機の操縦に関する知識はほとんどなかったが、それにもかかわらず彼らが提示した段階的な習得方法は納得のいくものだった。以降、このモデルは大人が車の運転、チェスの対戦方法、第二言語の習得、医師や消防士になる訓練といった高度な技能を学ぶ方法として、さまざまな分野で取り入れられている。

我々もこのモデルを使って、危険な状況での判断力を向上させる方法を子どもや青年期の若者に段階的に教えることができる。まず、子どもの頃（ドレイファス兄弟はこの段階を「初心者」と呼んでいる）は、親や教師の指導に完全に従いながら規則を覚える。この段階の規則とは、たとえば「道を渡るのは、信号が青のときだけ」や「道を渡るときは、まず左右を確認する」といったものだ。この年頃の危険な行動は主に衰えを知らない衝動性によるものだ。

一〇代前半になると、子どもたちはその状況が以前にもあったかどうかを認識できるようになり、自分の行動の指針となる原則を定められるようになる（中級者）。また、自らの行動についての判断ができる程度の自主性を持ちはじめる。そのため、この年頃は危険性の高い行動をとりはじめる時期にあたる。

青年期の若者は時間とともに経験を増やしていく。一〇代半ばから後半にかけて脳の発達が進み、若者たちがドーパミン、ホルモン、仲間の影響に支配されるようになると、彼らはそういったものに圧倒され、不安でたまらなくなり、重い負担を感じるようになる。そうして彼らは危険な状況に陥ったときに、考えられるさまざまな結果に対する心のなかの葛藤やためらいによって、誤った判断をする可能性が高くなってしまう。それと同時に、彼らは与えられたどんな状況に対しても自分との関連性をつかめるようになり、自分と周囲についてもっとはっきりと理解しはじめるので、興奮やいらいらといった熱い認知の状態を除けば、より的確な判断をもっと楽にできるようになる（上級者）。

一〇代後半から二〇代半ばにかけて、青年期の若者は自分についてもっと深く理解するようになり、自立心が高まり、自分が社会でどんな人になりたいかという展望を明確にして、どうすればそうなれるのかという方法を模索するようになる。そして、危険に対する判断をより不安なく楽に行えるようになり、しかも的確さもますます向上する（熟練者）。

二〇代半ばから後半にかけて若年成人期を迎えると、脳は完全につながり、ホルモンは落ち着き、それぞれが仲間の目を気にすることなく自分自身に向き合ったり、さまざまな活動や興味のあること、またはほかの人々に対して時間や熱意を費やせたりするようになる。効率のよい手順が確立されて、危険な状況での判断を直感的に下せるようになる。もしすべてが順調に進めば、三〇歳になる頃には危険に対する優れた「判断のプロ」になれるだろう。それはすなわち、ドレイファス兄弟が「専門家」と名づけた段階に到達したということだ。「『専門家』の極めて重要な特徴は、何がうまくいって、何がうまくいかないかを把握していることです。その理由を理解しようとすることではありません。ある意味、獲得した直感に判断を委ねるわけですね」とスチュアート・ドレイファスは私に語った。

ドレイファスの主張は的を射ている。自動車を運転するときのことを思い浮かべてみてほしい。曲がり角にさしかかったとき、いつ、どれくらいの強さでブレーキをかければいいのかを自分がどのように判断しているか、あなたは説明できるだろうか？　あるいは曲がり終えたあと、いつ、どれくらいの強さでアクセルを踏み込めばいいのかは、どう判断しているのだろうか？　または、曲がっている最中にハンドルをどれくらい正確に切ればいいのかは？　あなたはそういったことを、教室内の授業で学んだのだろうか？　おそらくそうではないはずだ。もちろん、こうした操作方法については自動車運転教育コースの三〇時間の学科で、指導員から教わっただろう。だが、いろいろな季節にいろいろな車でいろいろな道路を何度も走らなければ身につかなかったはずだ。何度も何度も繰り返し練習して習得した結果、今では直感的、無意識にできるようになったのだ。今のあなたはおそらく運転に習熟しているので、運転中に会話したり、コーヒーを飲んだり、あるいはその両方をできるだろう。ただし状況がとりわけ危険になったときだけは、運転に意識的に注意を向ける。誤って速度を十分に落とさずにいつもの曲がり角にさしかかったり、突然目の前に車が現れたりすると、あなたはひとつのことだけに集中する。ラジオの音が聞こえなくなり、コーヒーのカップは脇に置かれるか床に落とされ、あなたは運転に全神経を集中させる。そして、素早く直感的に反応する。あなたはこうした状況に陥った原因を探るために、時間を割いたりしない。状況を正すことに完全に集中しているのだ。

今のあなたが運転の熟練者として運転席でのあらゆる操作を無意識に行っているように、消防士、救命救急看護師、心臓専門医といった、差し迫った状況下で判断を行わなければならない職業の人々は、緊急性の高い状況で自分が何をするべきかを正確に把握できる理由を簡単には説明できない。ただ「わかる」のだ。

若者の脳は忙しい

次に紹介するのは架空の話だ。ジョンとナンシーはともに四五歳で、どちらもわりと幸せな人生を送っていた。二人は出張先の会議のセミナーで知り合い、すぐに意気投合した。ともに既婚者で子どももいたが、今回の出張には配偶者も家族も同行していなかった。二人とも相手がとても魅力的で好みのタイプだと思っていて、一日の予定が終わった現在、バーでいっしょに飲んでいる。では、架空の話をもうひとつ紹介しよう。マイケルとスーザンはともに一八歳で、彼らもわりと幸せな人生を送っている。同じ都市に住んでいるが、高校は別々だ。二人はハウスパーティーで知り合い、彼らもすぐに意気投合した。今夜のパーティーにはマイケルのガールフレンドも、スーザンのボーイフレンドも来ていない。彼らも相手がとても魅力的で好みのタイプだと思っていて、ベランダでいっしょにビールを飲んでいるところだ。

最初の質問をしよう。今夜セックスをする可能性がより高いのは、どちらの男女だろうか？

私は一〇年にわたって、この質問を何百もの人に投げかけてきた。もし、あなたが彼らの大多数と同じ意見であれば、当然ティーンエイジャーのマイケルとスーザンがセックスをする可能性がより高いと答えるだろう。私の個人的な、そして医師としての経験からも、それが正しい答えだと思われる。

だが本書の目的を考慮すると、ここで最も重要なのは次の質問だ。セックスをするかしないかを判断するとき、どちらの男女がより多くの情報を検討するだろうか？

私からこの質問をされたほぼ全員が、ジョンとナンシーだと即答した。この中年の男女のほうが、より多くの情報を吟味するだろうと。おそらく、あなたもそう思ったはずだ。ジョンとナンシーはもう一方の男女より年上で、人生経験が多く、成熟した大人のものの見方ですべての情報を比較検討できるのだから。それは経済学者たちが、我々にずっと言ってきたことと同じではないか。プラス面とマイナス面を比較検討して、効用や利益を最大にする判断を下せと。

だが、この答えは間違いだ。

というのも中年のジョンとナンシーは、ドレイファス兄弟が「専門家」と名づけた段階に到達している「判断のプロ」だ。彼らは専門家として経験、パターン認識、獲得した直感に頼るため、情報が多いよりも少ない場合のほうが、差し迫った状況下での危険に対してより的確な判断を下せるのだ。たとえ一瞬、情事に心が惹かれても、得るものより苦しみのほうがまず間違いなく多いことを二人はわかっている。友人や家族、親戚のなかに似たような経験をした者がいるとか、それどころかもっと若いときに自分も同じような経験をしていたのかもしれない。たいていの場合、ジョンとナンシーはバーで飲み終えたあと、別れを告げてそれぞれの夜を過ごすだろう。たしかに経験は重要だが、ジョンもナンシーも相手とセックスするかどうか心のなかで葛藤したり、プラス面とマイナス面を積極的に比較検討したりしていたわけではない。もし、彼らが実際にプラス面とマイナス面を比較検討する段階まで到達していたら、不倫へと突き進んだ可能性が十分にあったはずだ。

一方、マイケルとスーザンは目が回るほど忙しい。いちゃついたり、新しい人と出会えてわくわくしたりしている最中、それぞれの頭のなかは次から次へと飛び出してくる自分への質問でいっぱいになっている。この人とセックスしてもいいのだろうか？　もし彼氏／彼女に見つかったら、どう思われるだろう？　コンドームを持ってきただろうか？　もしかして、こちらで用意する必要はないかもしれない？　この人はちゃんと用意していそうな気がするから。どこですればいい？　もう一度会えるだろうか？　明日も自分のことを好きでいてくれるだろうか？　今朝シャワー浴びたっけ？　なぜこの人にこんなに惹かれるんだろう？　もしかしたら、自分は今の彼氏／彼女が本当は好きではないのだろうか？　将来、この人と結婚することになったらすごいかも!?　わあ、どうしよう！　こうした「危険性と有益性の分析」や「プラス面とマイナス面の比較検討」が、夜通し続きかねないのだ。

より少ないことがより多くの役に立つとき

二〇年以上前、UCLAで一年目の臨床研修を受けていた私はある日、ほかの大学から招かれていた経験豊かな神経科医を困らせる役目を与えられた。私は診断が難しいと思える、ひとりの患者のもとに彼を案内した。その患者については、神経科の研修医チームと何度も診察や検査を行って、入院三日目にしてようやく病名が判明したのだった。ところが、その医師は患者に質問しながら観察を行い、わずか一〇分程度で正しい診断を下した。そして優しげだが何となく見下すような微笑みを浮かべ、チームに告げた。「次はもっと難しい症状の患者を診察させてもらおうか」。私はあぜんとした。どんな段階の研修医も医師としてのキャリアを歩みはじめたばかりの若手も、ベテランよりも多くの情報を比較検討して、より多くの選択肢を考慮に入れる。通常はその方法で選択式の試験で高得点がとれるが、それだけでは決していい医師にはなれない。研修一年目だった私は、ドレイファス兄弟の分類での「中級者」に相当した。その段階の私が患者に対して直感的な診断を無意識に下せる「専門家」になるためには、勉強を続け、成長と経験を重ねて熟練するしか方法はないのだ。

医師のリー・ゴールドマンは、統計的手法の臨床医学への応用に貢献してきた先駆者のひとりだ。彼はその研究のなかで、胸の痛みを訴えて緊急治療室に運ばれてきた患者のうち、実際に心臓発作を起こす危険性が高いのはどの患者かを見極めるために役立つ四つの簡単な判定基準を設定した。ゴールドマンの四つの判定で行われるのは、「心電図のデータ確認」「血圧の測定」「肺の音を聞いて、液体がたまっている兆候がないか確認」「患者が自覚している痛みの程度を評価」することだ。この判定基準は多くの研究で有効性が確認されており、死亡者の減少において一般的な診療よりはるかに効果が高いとされている。同様に、ベテランの心臓専門医たちが、心臓の異変で病院に運ばれてきた患者の緊急度を見極めるために参考にする心臓病の危険因子は、かかりつけ医や医学大学院生に比べて少ない。**大きな危険が伴う判断を下すときは、総じて情報が多いよりも少ないほうがいい**のだ。

心理学を専門とするゲイリー・クラインは、人が実験室ではなく実際の現場でどのような判断をするかを調査する研究の先駆者である。最初の研究は、現場で迅速に決断しなければならない消防長を対象に行われた。クラインは初期の研究のひとつで、消防長たちが二つ以上の選択肢で熟考する場面をすべて特定しようとしたが、それは九回の判断のなかでおよそ一度の割合でしか起こらないことが明らかになった。「消防長たちのなかで最も多かった意見は、彼らは現場の状況をそれまでに何度も対処してきた事例のひとつにすぎないと捉え、意識的な選択をまったくせずに行動するというものです」と、クラインは解説している。別の選択肢が考慮されたのは、その消防長の経験や専門技能が限られていたからで、そのため決断を下すのが遅れてしまったのだ。クラインはその後、救命救急看護師、原子力発電所運転操作員、パイロット、戦術家、チェスの達人といった人々が責任の重い判断をいかにして下すかを調べ、消防長と同じであることを明らかにした。要するに、ベテランは論理的な議論やプラス面とマイナス面の比較検討ではなく、経験と直感を活かして、大きな危険を伴う決断（青年期の若者が日々迫られているようなもの）を迅速に下しているのだ。

我々の直感に反しているかもしれないが、特に危険もプレッシャーも大きい状況下での責任重大な決断は、より少ない情報で下されたときに最善の結果につながることが大半だ。探すべきものをはっきりと把握しながら、入ってくる情報量を制限することで、我々はより堅実で満足のいく判断ができる。だが残念ながら、青年期の若者たちは経験が足りないだけではなく、我々の文化は入ってくる大量の情報を彼らが制限しようとするうえで何の役にも立っていない。

およそ二〇年前、現在はスワースモア大学の名誉教授で『なぜ選ぶたびに後悔するのか』（瑞穂のりこ訳、武田ランダムハウスジャパン、二〇〇四年／二〇一二年新装版）の著者でもあるバリー・シュワルツは、近所の衣料品店にジーンズを買いに行った。若い店員に自分のサイズを伝えたシュワルツは、前回ジーンズを買ったときにはそんな覚えはなかったのに、いくつもの選択肢を提示された。「スリムフィット、イージーフィット、リラックスフィット、バギー、エクストラバギーのどのタイプがよろしいでしょうか？　ストーンウォッシュ、アシッドウォッシュ、ダメージ加工のどれがお好みですか？　ボタンフライかジッパーフライのどちらの仕様にされますか？」。シュワルツは気が遠くなりそうになった。

スーパーに足を踏み入れてみよう。サラダドレッシングは何種類あるだろうか。二〇種類、三〇種類、それとも五〇種類？　山のように種類がある「ブルーチーズドレッシング」や「イタリアンドレッシング」よりも、ブルーチーズやイタリア料理を選ぶほうが簡単だ。バリー・シュワルツは「選択肢がたくさんあるほうが理想的で、そのほうがより大きな自由や個人の幸福につながる、というのが社会での定説です。これは我々の文化に深く組み込まれている価値観です」と私に語ってくれた。だが、与えられた選択肢があまりにも多いと不安症やうつ病に苦しむ人が増えるとシュワルツは指摘しており、危険な状況で多くの選択肢を検討することは判断を遅らせ、さらにひどい結果を招く場合が多いことも研究で明らかになっている。

また、選択肢が多ければ多いほど結果に対する期待値が高まるので、たとえよい成果が得られても結果への満足感が低くなる。選択肢が多すぎる場合に必ず起こるのは、無気力、別の選択肢を選ばなかったことへの後悔、期待値の急激な上昇、そして自分を責めることだ。選択肢が少なくて選んだものにがっかりした場合、それは社会の責任だと思える。だが、選択肢が多いなかで選んだものにがっかりした場合、それは自分のせいに思えるのだ。

パイロットの訓練を行っていようと、緊急治療室で胸の痛みを判定していようと、情事のプラス面とマイナス面を比較検討していようと、あるいはサラダドレッシングを選ぼうとしているときでさえも、我々はあまりに多くの選択肢を前にすると、満足度の低い、よりひどい判断をしてしまう。危ない行動についての判断を迫られた場合、分別のある「判断のプロ」たちは肝心な詳細に的を絞り、パターンを認識し、不要な手がかりを切り捨てることによって、「より少ない情報」でより的確な判断を下す。

ファジートレース理論

ちょうどここに来て、私の研究は壁にぶつかってしまった。大人は青年期の若者よりもずっと多くのことを知っていて、頭のはたらきがより理性的で優れたものになっていて、より高度な分析的思考ができるにもかかわらず、その磨き抜かれた処理能力を活用するどころかむしろ少ししか利用しない。この矛盾にも思われる点を、我々はどう乗り越えればいいのだろうか？詳しく調べてみよう。

二〇世紀における子どもの発達研究での最も重要な思想家のひとりは、スイスの心理学者ジャン・ピアジェだ。第5章でも触れたとおり、ピアジェの発達段階モデルの中核をなすのは認知と論理的思考能力の発達である。彼は青年期の若者はやがて抽象的に考える能力と自身の思考を説明する能力とを身につけ、発達のうえでの成熟期を迎えると考えた。ピアジェの理論は、第6章で取り上げたダニエル・カーネマンの「システム1とシステム2」の発達理論や、認知発達に関するその他のデカルト的二元論と密接に関連している。つまり、人は幼いときには速いシステム1（無意識の思考）を通じて本能的に行動するが、年をとるにつれて自覚が強まって自身の思考過程をより意識できるようになり、ゆっくりとしたシステム2（努力を要する思考）を通じてより慎重に行動する。さらに、ピアジェのモデルは第3章で解説した、「脳の感情を支配する大脳辺縁系や種の生存に関わる一次的な報酬系は早く発達する一方、脳の

ＣＥＯであり認知制御系の前頭前野はそれよりも遅れて発達する」という神経発達のモデルとも方向性が一致している。だが、実験で得られた証拠から、思わぬ事実が明らかになった。消防士、パイロット、救命救急看護師、医師といった危険を伴う判断が必要な職業を対象にした研究によって、「判断のプロ」たちは差し迫った状況では立ち止まって慎重に考えるわけではないことがわかったのだ。彼らは可能なすべての選択肢を意識的にひとつひとつ検討することなく、何をするべきかという自身に備わった感覚に基づいて行動する。自分の思考を説明できる能力と、差し迫った状況で的確に行動できる能力は明らかに別物だが、たいていの人は同じだと思ってしまいがちだ。

「ほとんどの人は、理性的であるとは論理的な問題が解けることだと思っています」と、コーネル大学で人間発達学と心理学の教授を務めるヴァレリー・レイナは私に語ってくれた。「そのため、私たちはより高度な認知は、抽象的で理性的な思考を可能にすると考えますが、これは西洋哲学の考え方のひとつにすぎません。実際、論理的思考能力が発達しても、青年期の若者の危険に対する判断にはどうしても役に立たない場合もあります。というのも、行わなければならない判断に対して、思考があまりにも論理的すぎることがあるからです」

　我々の論理的、抽象的な思考能力が年齢とともに向上するのに対して、危険な状況における判断が分析能力にあまり依存しなくなる理由を解明するために、ヴァレリー・レイナは同僚のチャールズ・ブレイナードと共同で「ファジートレース理論」を構築した。この理論の要点は、「大人は『ファジーな処理』を好む傾向がある」、つまり判断を下すときに必要な心的表象（頭のなかでイメージとして捉えたもの）のなかで、もっとも漠然としたものに頼ろうとしがちだということだ。さらに言い換えれば、たいていの場合、大人は細かい点よりも大まかに捉えたものを土台にして判断するということである。

ファジートレース理論では、「逐語的」「要旨的」と名づけられた二つの思考過程の存在を仮定している。しかしながら従来のデカルト的二元論とは異なり、ファジートレース理論はどんな年代の人も何らかの問題や状況に直面すると「逐語的」と「要旨的」のどちらの心的表象もつくりだし、しかもその二つの表象は連続線上にあるとしている。実際、この二つの心的表象は同時に記憶に取り込まれるが、別々に蓄えられて取り出されることが研究によって明らかになっている。逐語的表象能力は早い段階から発達し、問題や状況の表層の形式を事実に忠実に細かく捉えようとする（例：言葉の一語一句や正確な数字）。一方、要旨的表象能力は時間をかけてゆっくりと発達し、問題や状況の本質を捉えようとする。要するに、逐語的表象は量的で、要旨的表象は質的な特徴を持っているということだ。

さらに重要な点は、ヴァレリー・レイナとチャールズ・ブレイナードが定義した「要旨」は、経験だけでできているものではないということだ。あるものの根底をなす「要旨」とは、我々の経験だけではなく、感情、文化、教育、アイデンティティ、数や統計学に対する理解、世界観によってつくられた、本質的な「意味」なのだ。ベテランの消防士やパイロットも、ジョンやナンシーのような成熟した大人も、より多くの消火活動にあたったり、より多くの飛行時間を達成したり、より多くデートしたりするだけではなく、上述のすべての要因が合わさって初めて、質的な要旨的思考を身につけることができる。もちろん経験も大事だが、経験だけでは「要旨」のすべてを語ることはできない。自分の経験、感情をどう解釈するか、比率をどれくらい正確に理解するか（例：避妊をしないセックスで妊娠する可能性は五パーセントである）、そうした理解を日常生活での出来事にどう活かせるか。それに加えて、自身が所属する文化で求められていること、倫理や道徳といった、ありとあらゆる要素が組み合わさって、我々が経験したことを正確に反映した「要旨」がつくられるのだ。

危険に関する判断を下す場合、大人はほぼ必ず即座に「要旨」を活用する。ファジートレース理論によると、危ない行動に関する大人の判断は質的なもので、逐語的記憶（例：具体的な手がかり、文字どおりの解釈、プラス面とマイナス面の量的な比較検討）ではなく、「要旨」（例：経験、パターン認識、感情、文化、教育、アイデンティティ、統計学、世界観）に基づいて下される。そうすることによって消防士やパイロットといった熟練したプロたちは、差し迫った判断をしなければならない場面において、獲得した直感に従えるのだとファジートレース理論は結論づけている。そもそも彼らには迫りくる潜在的な問題が見えるので、危険な状態にあえて飛び込んでいくような真似はしない。中年のジョンとナンシーには別れの前に一杯だけいっしょに飲むのは問題ないと、ただ「わかる」ように。

我々はたしかに、大人はどんな状況でも危険性と有益性、プラス面とマイナス面を青年期の若者よりも深く考えながら比較検討すると思いがちだ。大人は危険を伴う判断をするとき時間をかけて熟考するものだと。そのため、大人の判断は十分に考え抜かれ、慎重に比較検討されたものだと思われやすい。我々はピアジェからも経済学の理論からもそう教わってきた。人は年をとるにつれて、判断をする際は意識的な思考にますます頼るようになり、自動的、無意識な思考からは遠ざかっていくのだと。だが実際には、人間の思考過程の発達はそれほど直線的ではない。**人は年とともに問題をより論理的に考えられるようになるにもかかわらず、実際に判断を下すときは質的な「要旨」により頼るようになる**ことが、数々の研究で示されている。

大半の人の考えとは逆に、我々は青年期の若者のように決断するまでに熟考すればするほど、避妊なしでセックスするといったどんな危険な行動も正当化してしまう可能性が高くなる。大人はより単純であるが、短絡的ではない考え方をする。青年期の若者が危険を相対的なものと捉えるのに対して、大人は危険を絶対的なものと考えている。断定的、つまり絶対的に考えた場合（例：「一度だけでも怪我をする」「危険は小さいよりもゼロのほうがいい」）は危険を冒す可能性は低くなり、自分の身を守ることにつながる。一方、若者は危険を量的な方法、つまり相対的に捉える（例：「危険は大きいよりも小さいほうがいい」）ことで、プラス面とマイナス面を比較検討する可能性が高くなり、最終的にたどり着いた誤った判断を正当化するのだ。

心理学者のアビゲイル・ベアード、ジョナサン・フュージェルザン、クレイグ・ベネットが二〇〇五年に行った一見単純そうで実は奥深い研究は、量的な方法で危険度を測ろうとする青年期の若者たちの特徴を見事に浮き彫りにしてみせた。「あなたは何を考えていたの？」実験では、若者と大人はまず「サラダを食べるのはいい考えだと思う？」といった、明らかに自分のためになることについて質問される。そして次に「サメと泳ぐのは？」「自分の髪に火をつけるのは？」「缶入りのドレイノ〔パイプ詰まり用洗剤〕を飲むのは？」といった、明らかに不愉快な目に遭うことになりそうな考えについて尋ねられる。被験者は全員、いい考えについては同意し、そうではないものには「悪い考えだと思う」と答えた。「いい考え」と答える質問では、若者も大人も回答までにかかる時間は同じだった。ところが、危険を伴う「悪い考え」の質問では、若者は大人に比べて統計的に有意なほど答えるのに長い時間がかかった。

試しに私が妻に「サメと泳ぐのはいい考えだと思う？」と尋ねたところ、妻は間髪をいれずに「ありえない」と答えた。質問の内容について、何も確認しなかった。彼女の答えは絶対的で、状況に対する質的な評価に基づいていた。つまり、サメと泳ぐのは決していい考えではなく、それはみなわかっていることだと。だが、次に一六歳の娘に同じ質問をしたところ、こんな答えが返ってきたのだ。「そうね、場合にもよるかな……私は銛を持っているの？　私は檻に入ってる？　サメの種類は？」。娘の答えは想定されるプラス面とマイナス面を比較検討するという、量的な評価に基づいていた。私が教えている大学の学部生にこうした質問をしても、やはり同様の答え方をする。

自分の髪に火をつけるのは決してよい考えではないことは誰だって認めるが、青年期の若者はこうした危険にまつわる質問について、より細かいことまで考える。危険性と有益性を検討する。その経験がどんなものになるかを思い浮かべようとするし、「すぐそばに消火器はあるのか？」「髪はどれくらいの時間、燃やさなければならないのか？」「火をつけるのは髪全体か、それとも何房かだけでいいのか？」といった補足的な質問まで、慌てていくつも考える。

同様に興味深いのは、こうした質問をされたときの大人と若者の脳の動きをｆＭＲＩで観察したときの違いである。ｆＭＲＩは脳内の血流を検知することで、ある作業中での代謝的に最も活性度が高い脳領域や低い脳領域を正確に測定できる。例の質問を受けている最中の大人の脳をｆＭＲＩで見たところ、島皮質や扁桃体といった、嫌悪や恐怖を感じたときと同じ領域が活性化されていることが判明した。要するに、この観察では大人が問題を検討する様子はまったく見られなかったのだ。こうした経験豊かで自信に満ちた「判断のプロ」たちは、深く考えない。行動するのみだ。一方、青年期の若者の場合、この実験によって活性化された脳の領域は実際に起こった問題について熟考した判断を行うときと同じもので、とりわけ右背外側前頭前野が最も活発にはたらいていた。つまり、大人たちが深く考えることなく直感的に答えているのに対して、若者たちの脳は判断をするためにデータを量的に検討しながら、プラス面とマイナス面を実際に熟考していることが明らかになった。

発達上の逆転

この「あなたは何を考えていたの？」実験は、「発達上の逆転」の例を明確に示したものだ。一般的には若ければ若いほどこうした質問により素早く答えるだろうと思われていたにもかかわらず、この実験では逆のことが起こった。大人は素早く答え、青年期の若者はゆっくりと答えた。これが発達上の逆転である。若者のほうが時間をかけて答えるという説は、広く知られている小児発達学理論や意思決定の経済学理論とは異なる。だが、この実験による観察と見解は、脳のｆＭＲＩスキャンのデータによって裏づけされているのだ。大人は自動的で素早い無意識の思考過程を用いて、質的に答えている。それに対して、青年期の若者は熟考を要するゆっくりとした意識的な思考過程によって、量的に答えている。

この実験の筆頭研究者であるアビゲイル・ベアードは、青年期の若者がこうした危険に関する質問に時間をかけて答える理由を、次のように説明している。「彼らは表面的には自己本位に見えるかもしれませんが、実際は自分の状況を把握しながら必要以上に用心深くなっているのです。それは社会を知るうえでとても大事なことです。彼らは与えられた選択肢を、比較検討しなければならないのです」。つまり、青年期を迎えて大人への地図に道を描きはじめたばかりの子どもたちは、手に入れられるあらゆるデータを考慮しなければならないのだ。彼らはわずか数年後には自力で方向を決めて進まなければならない社会について学ぶために、少ない情報ですませられる大人よりも多くの情報を検討する。よい結果につながる行動を起こす方法を身につけられるよう、彼らは判断が必要なほぼすべての場面において、どんな決断をするか深く考えることをいとわない。そして新たなことに挑戦して、何がうまくいって何がうまくいかないかを調べるのである。年をとるにつれて、危険な状況における彼らの判断はより自動的、合理的になり、一〇年後にはこの実験の質問に対して現在の両親と同じような答え方をするはずだ。当然ながら、彼らのなかには社会を知ろうとする途中で命を落としてしまい、子孫を残せない者が出てくる恐れがある。だが第4章で触れたように、進化はそうした危険をあえて冒そうとする。母なる自然は何百万もの人を救うためなら、何千もの人を喜んで犠牲にするのだ。

通常の「システム1とシステム2」二分法では、こうした発達上の逆転は説明できない。「直感は認識以上でも以下でもない」とはノーベル経済学賞を受賞した多才な学者の故ハーバート・サイモン（一九一六-二〇〇一）の言葉だが、彼が言わんとしたのは直感は訓練で身につくということだ。サイモンの考えは、ベテランの直感が発達しているのは彼らが特定の状況に何度も何度も立ち会うことでそれを「認識」するようになり、その結果素早く反応できるすべを身につけられるというものだ。この説は一部の状況においてはまさに当然と思われるが、過去に「自分の髪に火をつけるのはいい考えだと思う？」といった質問をされたことがある大人はそう多くないはずだ。そうした状況を、いったい、いつどこで認識できたというのだろう？　こういった質問に素早く答えるためには日常の訓練をはるかに超えた先にある、物事の仕組みを把握する内面の領域に通じている本能的反応という一種の直感がなければならない。言い換えれば、**若者たちは指を動かすだけであらゆる事実を手に入れられるにもかかわらず、その意味を正しく捉えられない**ということだ。ヴァレリー・レイナが「危険を冒す若者は、あらゆるものの値段を知っているのに、本当の価値はひとつもわかっていないようなものです」と私に語ったように。

量的な考えvs質的な考え

我々は「大人は多くの情報を用いて量的な分析を行うことで、危険に関する堅実な判断を行うものだ」と誤解してきたため、誤って我が子に細かいことを注意しすぎてきた。「お酒を飲んで運転するのは危ない」「セックスは危険が大きい」といったことを延々と挙げて、徹底的に教え込んできた。だが我が子をはじめ、青年期の若者たちはこうしたことはすでに知っている。しかも悪い結末を迎える確率が実際よりも何倍も高いと信じ込んでいることが多い（第1章を参照のこと）。若者たちが実際にどのようにして危険に近づくのかを正しく理解する。青年期の若者の脳、進化、仲間の影響についての最新の知識を、彼らへの介入方針に取り入れる。若者の危険に対する我々の考え方を変える。こうしたことができなければ、我々は効果のない活動や政策にこの先もずっと資金を注ぎ込んでしまうはめになる。そして、子どもたちは傷つきつづけるのだ。

私の患者でもある一九歳のカルロが、車に放火してやると若い女性を脅して裁判沙汰になった。事件の少し前に、彼はこの女性とセックスしていた。コンドームを使っていたが、セックスの途中ではずすことに二人とも同意した。一週間後、妊娠しているかもしれないと、カルロは女性から告げられた。その後何日ものあいだ、カルロは女性が本当に妊娠しているのか、何度も確認をとろうとし、中絶費用を払うと申し出た。「妊娠していると言ってくる日があるかと思うと、翌日になると妊娠していないと言うのです」と彼は私に言った。「彼女に振り回されているうちにものすごく頭にきて、『本当のことを教えないと、車に火をつけてやる』というメールを送ってしまったのです。馬鹿な真似だとわかっていましたし、実際にそんなことをする気はまったくありませんでした。ただの馬鹿げた脅しだったのです」。カルロはそのメールによって接近禁止命令を受け、罰金と五〇〇〇ドルの弁護士費用を支払うはめになった。

カルロはこの件について私に詳しく語るなかで、相手がほかの方法による避妊を何もしていなかったことや、セックスの途中でコンドームをはずす行為がいかに危険であるかを自分ははっきりとわかっていたことを告白した。私は「カルロ、じゃあなぜきみはコンドームをはずしたんだ?」と、彼が六万四〇〇〇ドルも支払わなければならなくなった根本的な原因を尋ねた。「すごく悩んだんですけど……」と彼は答えた。「緊急避妊薬（プランB）を使うか、もし妊娠したら中絶してもらえばいいと思って」。カルロはコンドームをはずす前に、「プランB」と中絶の選択肢を検討していたのだ。この二人のティーンエイジャーは体に害を与えない安全な判断をするためのありとあらゆる情報がそろっていたにもかかわらず、危ない道を進むことに決めたのだった。

カルロの話は、「発達上の逆転」のもうひとつの例だ。我々はコンドームのプラス面とマイナス面を比較検討するのは大人だと思うが、実際にそうしていたのは若者たちだったのだ。あなたならコンドームをはずしただろうか?　もっと端的に言うと、あなたにとってその場面はコンドームをはずすかどうか判断をしたり、心のなかで自分に問いかけたりすべき事態だろうか？　私はそうは思わない。大人だったら深く考えるまでもない状況だ。妊娠を希望しない大人はコンドームを使用するか、あるいはセックスをしない。この判断は「やるかやらないか」という単純で二元的なものだ。一方、典型的な一〇代から二〇代前半の若者は、より多くの情報を比較検討して、非常に多くの選択肢から選ぼうと熟考する。そうすることで彼らは、試験ではよい成績をとれるようになるかもしれないが、危険な状況で的確な判断ができるようになるわけではないのだ。

大人は質的に考えることで、危険を回避できる。危険な行為を一、二回試すことと、もう少し多く試すことを厳密に区別するようなことはしない。自分にとって有害なことを一度だけ行うのも一〇回するのも、自身の健康が脅かされることに変わりはないと考える。大人は要旨的思考によって、コンドームを使用しないセックスを一度でもすれば危険につながることがわかっているので、子どもをつくるつもりがないときは、避妊なしのセックスは絶対にしない。大人にとってはまったく手に入れられないくらいなら多少なりとも手にするほうがましなので、まったくセックスできないよりは、コンドームをつけてセックスするほうがまだいいのだ。だが、カルロはプラス面とマイナス面を比較検討して量的に考え、太古から受け継がれてきた報酬への欲求に反応して得るものを最大にしようとした。この年頃の典型的な若者のように、彼は具体的な逐語的分析を行った。つまり、妊娠させる危険性を承知しながらもコンドームをつけないセックスのよさを優先させたのだ。

この実例としてふさわしい、ある実験を紹介しよう。被験者の大人と若者は、黒色を背景にして動いている白い点の大群を見つめるよう指示される。初めは点がそれぞればらばらに動いているように見えるが、全体的に一定の方向に進んでいるのがわかってくる。この実験では被験者に対して、その方向を当てることで点数がもらえるという「動機づけ」が行われ、彼らはできるだけ多くの点数を集めるよう促された。本書をここまで読んできたあなたなら、この実験で多くの報酬（大量の得点）がかかった状況ではほとんどの大人が素早い決断を下したと聞いても、もう驚かないはずだ。大人たちは、少なくともある程度の報酬を手に入れようとした。それに対して若者たちは、最大限の点数を稼ごうとしてより多くの手がかりを集めようとしたため、決断までに時間がかかった。「あなたは何を考えていたの？」実験と同じく、この実験でも大人よりも若者の被験者の脳のほうが、データ収集や意思決定に関連している領域（頭頂間溝や背外側前頭前野）がより活性化されることが、ｆＭＲＩの画像で判明した。つまり、「要旨」という質的な評価に基づいて判断する大人に比べて、若者は量的な判断を下すということである。大人はまったく報酬がないのに比べれば、多少でも報酬があるほうがましだと思う。つまり、大人の思考は絶対的だ。一方、青年期の若者たちは報酬を最大にしようとする欲求に駆られる。彼らは報酬が少ないよりも、多いほうがいいと思うのだ。このように若者は相対的に考えるため、危険な状況において判断に時間がかかり、誤った選択肢を選んでしまうことになる。

『ハリー・ポッターと賢者の石』で、ダドリー・ダーズリーは一一歳の誕生日プレゼントが三六個しかないのに気づくと、「去年より二つも少ない」とかんしゃくを起こしかけた。このときダドリーが行っているのは逐語的記憶を利用した、量的な論理的思考である。彼は今年のプレゼントが最新のコンピュータ、ロードバイク、二台目のテレビといった昨年より豪華なものであるかどうかという点、つまりプレゼントの質である「要旨」についてはまったく考慮せずに、昨年もらったプレゼントの数だけを気にしているのだ。そうしてダドリーは「要旨」を検討する代わりに、危険性を高めること（かんしゃくを爆発させること）によってより多くの報酬（さらにたくさんのプレゼント）を手に入れようとした。子どもや青年期の若者は総じて、クレヨンの数、クッキーの数、招待されたパーティーの件数、友人の数、インスタグラムへの投稿件数といった量的なことにこだわる。だが、ただ量的に分析するだけでは、「木を見て森を見ず」の状態になってしまう。

年とともに白質が増えると脳のはたらきはより効率化する反面、固定化される。たとえば、新しい言語を覚えたり、あらゆる可能性をらくらくと素早く比較検討したりするのが難しくなる。大人という「判断のプロ」たちが型にはまった思考からなかなか抜け出せなかったり、若者がこれほど多くの選択肢を思いついたりするのはそのためかもしれない。とはいえ「判断のプロ」たちは、逐語的な詳細や余計な手がかりには目をくれずに本質的なパターンに的を絞ることで、「より少ない情報」でより的確な判断を実際に下している。一方、一〇代から二〇代前半の若者たちは経験が少ないし、危険を伴う差し迫った判断を行わなければならないときに、あまりに多くの情報を比較検討しようとすることが多い。しかも彼らの大半は、感情を調節すること、現実の世界である出来事が起こる確率をつかむこと、仲間の前で自分自身と自分の価値観に自信を持つことに苦労している。そして、量的に考え、自分が想像しうるあらゆる角度から検討しようとする。我々が我が子の身を守るために教えてきたことや努力してきたことの大半が、逐語的思考やプラス面とマイナス面の比較検討に基づいた、危険性と有益性に対する量的な評価能力の向上を重視したものだったとは、当然ながら皮肉としかいいようがない。そうして若者は、危険性と有益性、プラス面とマイナス面を比較検討すればするほど、自身が危険に陥るような判断を正当化してその根拠を示そうとするのだ。

デヴィッド・ボウイの有名な曲のひとつである『チェンジス』の二番に、若者たちは自身が経験している変化を百も承知していると、低い声でささやきかけるように歌う箇所がある。やはり、ボウイは鋭かった。一〇代から二〇代前半の若者たちは、とりわけ危険なことについては我々大人が思っているよりも、たいていずっとよく理解している。彼らは親や教師に言われたことを聞きながら、自分の身の回りで何が起こっているのかを観察してきたのだ。だからＨＩＶが現実のものであることも、実際に妊娠する可能性があることもわかっている。しかも、そうしたことが起こる確率が実際よりも高いとさえ思っているのだ。とはいえ、危険な状況でどんな行動をとるかについては、若者たちはかなりの経験を積んで成熟するまでは、事実に即した逐語的思考に基づいた、非常に理性的かつ量的な評価を行うだろう。青年期の若者に危険について教える際に我々が犯した最大の間違いは、「要旨」よりも具体的な内容を細かく教えようとしたことだ。同じ話や事実を何度も何度も詳しく教え込もうとするため、大半の若者は話を聞かなくなってくる。我々は危ない行動に関する知識を青年期の若者の頭にただひたすら詰め込むことを目標にしてはならない。目標は、彼らが我々の教えをかみ砕いて、すべての基準となるものさしをつくりだせるように指導するということであるべきだ。その包括的なものさしは、彼らが自分の身を守るために役立つはずだ。

我々にとっての吉報は、たとえ青年期の若者のシステム2を活性化させたり、彼らにより多くの経験を植えつけたりできなくても、彼らのパターン認識能力、感情を調節する能力、危険に関する統計データを理解して正しく活用する能力、そして自己効力感を高めるのは可能だということだ。つまり、こうした能力を強化すれば、若者は青年期を終えるずっと前に「要旨」をつかめるようになるはずだ。若者が早い段階で「要旨」をつかむことは、何年も努力して経験を積み重ねるより早く、危険な状況下での判断能力を向上させるために役立つだろう。さらに、我々は神経発達、進化生物学、仲間の影響について学んだことのすべてを、我が子が自分の身を守れるようにするための対策に取り入れることもできる。このあとの三つの章では、その方法について取り上げていく。

Zzz
LEAVE
ME
ALONE
#ootd
CONTINUE?
Beer
#ootd
#ootd
CONTINUE?
Beer
Zzz

8

「ちょうどよい」親業

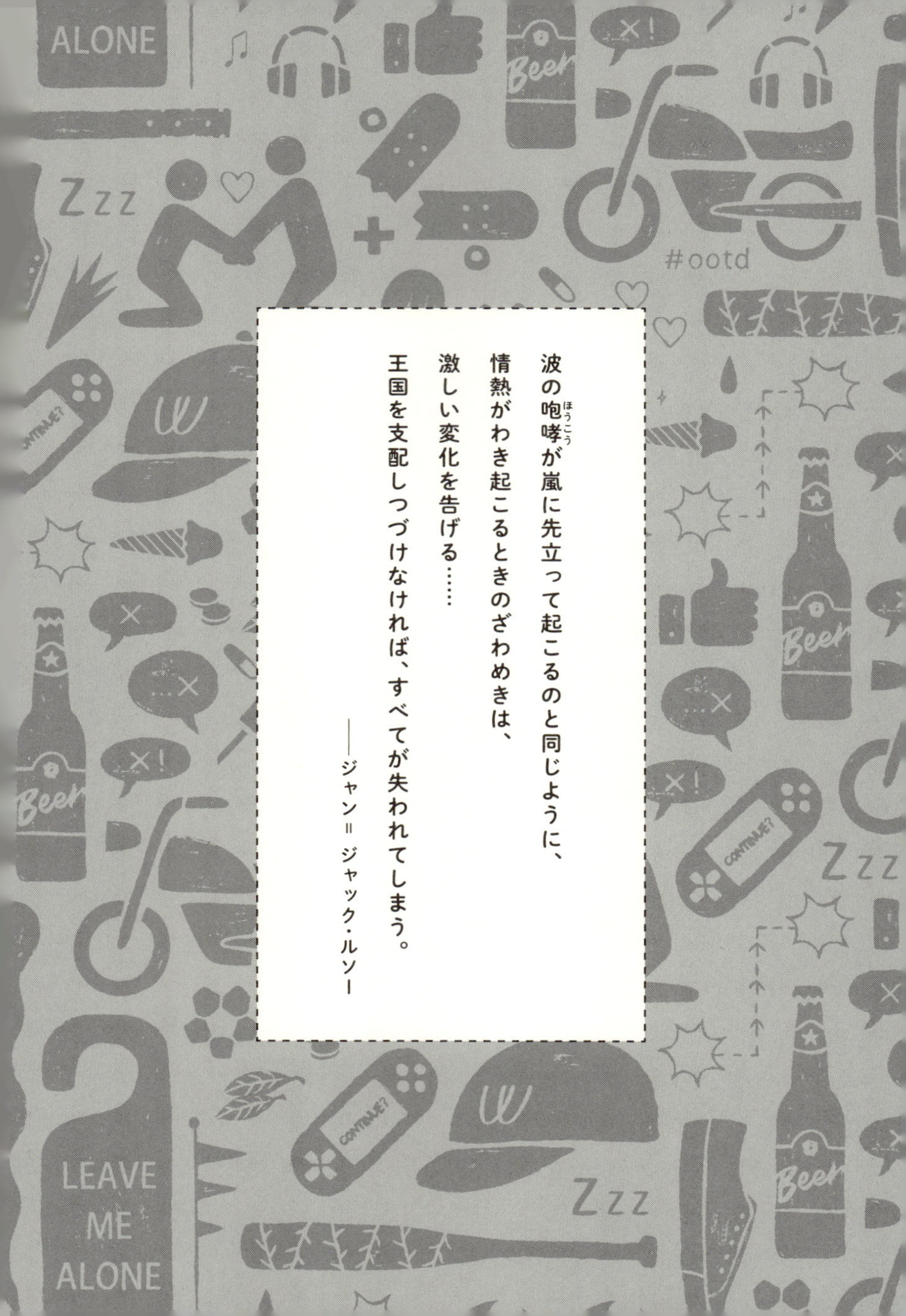

波の咆哮（ほうこう）が嵐に先立って起こるのと同じように、
情熱がわき起こるときのざわめきは、
激しい変化を告げる……
王国を支配しつづけなければ、すべてが失われてしまう。

——ジャン＝ジャック・ルソー

著名な精神分析家エリク・エリクソンの最も広く知られた業績は、八段階に区分された心理社会的発達理論である。エリクソンは、人は青年期に深刻な「アイデンティティ危機」に直面することを発見した。この用語は、子どもから大人への移り変わりを示すためにエリクソンがつくりだしたものだ。自分の過去、そして自分に対する親や社会の期待を理解し、それらを基にして大人になったときに自分がなりたい人物を鋳造するための心の葛藤は、自己不信や混乱にも満ちているため、決して穏やかなものではない。我々は青年期のあいだに、専門分野別の教育、将来の職業、性同一性、性別による役割、支持する政党といったものについての方向性を決めることになる。エリクソンによると、青年期の初めにアイデンティティの混乱が起こるのは、こうしたものを選ぶ方法がよくわからないからだ。この混乱は、自分がどんな人物で、将来何になりたいかが本当にわかるようになるまで続く。エリクソンも、アンナ・フロイトといった彼の指導者たちも、この時期には親との衝突も起こり、しかもそれは逃れられないどころか親からの健全なひとり立ちには必要なものだと指摘している。こうした説はたしかに興味深いが、エリクソンの研究は彼より前に世に出た多くの精神分析家たちと同じく、「神経症と青年期精神障害の境界線」と表現していた自分自身と自身のアイデンティティ危機についての分析が主だったように思われる。

青年期に多くの人がアイデンティティの問題で悩むことについては個人的には同意するが、エリクソンの見解やそれに続く理論は、主に精神障害を抱えていたり非行に走ったりした子どもや青年期の若者を対象にした研究に基づいていた。一九六〇年代、七〇年代に入って、精神障害患者以外の青年期の若者を被験者集団とする研究がようやくできるようになると、エリクソンの考えに反して、一〇代の若者の大半は親との関係について満足しているだけでなく、とてもうまくいっているとさえ思っていることが判明した。もちろん、若者は親からひとり立ちしなければならないが、だからといって初期の精神分析家たちが指摘したような親との長期にわたる激しい対立が必ずしも起こるとは限らない。実は、一〇代の子どもが親と激しく衝突する家庭では、子どもが青年期を迎える以前からさまざまな家庭問題を抱えてきた場合がほとんどである。

子どもが小さいときは、親は多くのことを決めてやらなければならない。そして、子どもたちが一〇代に向けて成長していくにつれて、親は彼らの選択を入念に検討することが必要になってくる。青年期は成長するうえでの大きなチャンスに満ちている。親はこの時期の子どもたちに対して、将来大人になってひとり立ちするときに必要になるさまざまなことに取り組ませなければならないが、その一方で彼らに注意深く目を向けつづけなければならない。自己効力感、自分の行動や感情を自力で抑えたり調節したりする能力を子どもたちが身につけられるよう指導するのは、親としての極めて重要な役割である。それはつまり、子どもから決して目を離してはならないが、それと同時に子どもに自力で探し求める余地を与えて、自己発見を促さなければならないということだ。それは多くの親にとって、思うようにはいかないだろう。逆説的に聞こえるかもしれないが、親は子どもから大人へと移行していく青年期の若者本人よりも、ストレスを受けていることが多いのだ。幸いにも、親が自身の感情や子どもの行動に対処するために役立つ方法が、今日では確立されている。

「ちょうどよい」親業とは

親が子どもに対して、唯一にして最大の影響を与える存在であることに、疑いの余地はない。小さい子どもがいる親は、食事内容、運動量、就寝時間といった、我が子に影響をもたらすさまざまな選択をする。配偶者とともに暮らし、両親がいる家庭で子どもを育てることを選ぶ親もいる。あるいは配偶者と別々に暮らすことを選び、そのため子どもたちが二つの家を行ったり来たりするようになる場合もあるかもしれない。感情的な対立や喧嘩が絶えない家庭で子どもを育てる親もいれば、比較的穏やかで仲のよい家庭環境で育てる親もいる。だが、子育てで最も大事な選択は、子どもに対してどういったタイプの親になるかだ。

一九六六年、カリフォルニア大学バークレー校の発達心理学者ダイアナ・バウムリンドは、親を子育ての方法によって「寛容型」「独裁型」「民主型」という三つのタイプに分類した。寛容型は子どもに対して多くを求めない、いわば「甘すぎる親」だ。このタイプの親は子どもをたまにしかしつけず、何事も大目に見て、甘やかすことが多く、しばしば親というよりも友人のように振る舞う。寛容型の親は自分の子どもに対する期待値が低く、我が子にはしっかりした判断能力や自制心がないと思い込んでいる。あるいは、ひとりで子どもを育てていて、仕事やそれ以外の用事で倒れそうになるほど忙しかったり、自分の親業に自信がなかったりするために、子どもに何かを求めることに罪悪感を抱いていることもあれば、どうしてもほかのことに気を取られて子どもに注意が向けられない場合もある。また、寛容型の親のなかには恵まれた教育を受けて経済的に豊かな人も少なくなく、彼らは共感力、好奇心、珍しい経験といった自分が人生を歩んできたなかで役に立ったものだけを、明確な指針がないまま手当たり次第に我が子にも身につけさせようとしている場合もある。

一方、独裁型の親は子どもを支配し、多くを求める「厳しすぎる親」だ。このタイプの親は子どもに厳格な決まりに従うことを求め、さもなければ罰を与える。彼らは子どもたちに有無を言わさず、自分の考えを説明しないことが多い。我が子に従順であることを求め、自分が出した指示について質問されるのをよしとしない。独裁型の親には低い社会経済階層出身の人もいて、彼らは規律や厳しい指導方針といった自分の人生で役に立ってきたすべを、子育てにも取り入れようとする傾向が強い。

それに対して、民主型の親は子どもに温かく対応しながらも、いったんルールや制限を決めたら一貫して子どもに守らせようとする「ちょうどよい親」だ。我が子の発達段階をきちんと理解していて、年齢に応じた目標を与える。ダイアナ・バウムリンドはこの三種類の親業のタイプを初めて提唱したときから、民主型の家庭で育てられた子どもは寛容型や独裁型の家庭の子どもよりも素行がよいと断言していた。そして、その同じ民主型の家庭の子どもたちが青年期を迎えても、心の健康に関するどんな指標に対しても高い健全性を示したことが、五〇年後の現在ではわかっている。民主型の親に育てられた子どもはほかと比べて、青年期に入っても学業優秀で、不安症やうつ病を患うことが少なく、自信に満ちていて、社会性が高く、自立心が強く、しかも喧嘩、騙し、窃盗、器物破損、薬物やアルコールの乱用といった反社会的な行動に関わる可能性がはるかに低い。それにもしアルコールや薬物が問題になったとしても、民主型の親は寛容型や独裁型の親に比べて、青年期の子どものアルコールや薬物の乱用をよりうまく抑えることができる。

さらに民主型の親には、ある決定的に重要な能力も身についている。彼らは「子どもの人生に積極的に関わる」「子どもの行動に目を配る」「子どもが成長するにつれて、本人の自主性にまかせることを徐々に認めながらも、行動の基準を明確に決めておく」の三つのバランスを、うまくとることができるのだ。このバランス感覚は誰もが容易に身につけられるものではないが、身につければ苦労に見合うだけの利点がある。こうした家庭で育つ子どもや若者は、自分をより肯定的に捉え、自分の人生を自分で切り開いているという自覚がより強くなり、自分の努力をもっと誇りに思えるようになる。

親は自分の両親や友人のやり方を真似て、無意識にこのどれかのタイプになっているのかもしれないし、あるいは我が子にとって最善の策だという信念に基づいて意識的にタイプを選んでいるかもしれない。理由はどうあれ、寛容型と独裁型の親はとりわけ子どもが青年期に入ると、彼らを危ない行動に走らせないようにするのにより苦労するだろう。寛容型の親は子どもを指導しなければならなくなった場合、子どもに簡単に操られることが多い。独裁型の親はあまりにも厳しくて子どもへの要求も大きいため、子どもは親と顔を合わせるたびに手厳しくやられるのを避けるようにして裏でこそこそ何かをやるといった、親を欺くような行動をとるようになりがちだ。

たとえ子どもと過ごす時間がどれほど長くとも、温かさと厳しさを両立できる「民主的な親」になれなければ、子どもを危険にさらすことになるだろう。この見解については、アメリカ国内のさまざまな民族やすべての社会経済階層を対象にした親についての数多くの研究だけではなく、中国、パキスタン、スコットランド、オーストラリア、アルゼンチンでの親に関する研究でも、それを裏づける結果が得られている。こうした民主型の方法は、教師、コーチ、学校長、教科主任が採用しても効果を挙げられるだろう。では、親が子どもに民主的に対応するためにはどうすればいいのだろうか？　幸いにも、この質問についても答えはすでに用意されている。

親のための対処法訓練

私はフランス、プロバンス地方の田舎道を運転していた。助手席には妊娠中の妻アリスが、運転席のすぐ後ろには二歳の娘パーカーが座っている。二〇〇〇年の秋、私は世界保健機関（WHO）での実務研修で世界各国における児童青年メンタルヘルス政策をまとめた報告書を作成するために、家族といっしょにスイスのジュネーブに滞在していた。そして、週末にはヨーロッパをあちこち訪ねようとして、車を借りて田舎へとドライブした。この日のドライブは予想以上に時間がかかり、娘は退屈のあまりそわそわしはじめた。私は歌を何曲も歌い、そらで覚えていた『マドレーヌ』など娘のお気に入りの絵本をいくつも話して聞かせ、さらには右手をハンドルから放して、後ろに座っている娘のお腹をくすぐってなだめようとまでした。しばらくすると、娘もふざけだして私の指をくわえた。それは別にかまわなかったのだが、娘は次に私の指をかじりはじめた。痛くはなかったが、それでもやめるよう諭した。運転に集中できなくなってきたので、私は右手をハンドルに戻した。少しすると、娘がねだったので再び指を差し出した。すると、またかじられた。今度はさっきよりも強く。私が再び手を元に戻すと、娘は今度はかじらないからと言って、またねだってきた。私が愚かにも三度指を差し出すと、娘はほんの数分でそれを思い切り強く嚙んだ。

私はすぐさま、曲がりくねった道の土の路肩に車を止めた。不愛想にパーカーをつかんで座席から降ろすと、「絶対に人を嚙んだらだめだ」などと怒鳴りながら、道路脇の花が咲き乱れた一画に彼女を放り出した。そして、その場をうろうろしながら口汚い言葉をつぶやき、今や血だらけになった指をなめ、娘におまえを「タイムアウト」（悪さをした子どもを離れた場所でひとりにして落ち着かせ、反省させるしつけの一種）にすると叫んだ。娘はタイムアウトをやらされたことがなかったし、私もタイムアウトを命じた経験は一度もなかったので、お互い何をするのかよくわからずにとまどってしまった。アリスは、「人を嚙むなんて！」とか「タイムアウトにしてやるからな！」とわめきつづける私を落ち着かせようと必死だった。

一方、パーカーはほとんど動じていなかった。こんなに奇妙に振る舞う父親を見るのは初めてだったはずだが、たいして怖くなかったようだ。アリスは娘に微笑みかけながら、興奮して怒鳴りたてる私を静かにさせようとした。パーカーは、いくつもの丘が続くフランスの田舎の風景が一望できる、世界で最も美しい土地のひとつと呼ばれているこの場所で、すばらしい香りがする花々に守られて居心地よさそうに座っていた。娘は野の花を摘んで匂いをかぎ、「車の外に出たい」というもともとの希望がかなったことを喜んだ。

親はさまざまな理由で、我が子を怒鳴りつけることがある。怒鳴ることについて、ぜひ知っておいたほうがいい事実がいくつも明らかになっている。親に怒鳴られた子どもには言われたことが必ずしも「聞こえて」いるわけではない。もちろん、投げつけられた感情はつかめるが、その感情とともに発せられた言葉は子どもの耳にはたいていごちゃ混ぜで意味をなしていないように響く。大人も似たような経験をすることがある。友人、同僚、あるいは配偶者と言い争ったときのことを思い返してみてほしい。おそらく終始「あのときこう言った」という話ばかりが続いて、互いに同意するのが難しかったはずだ。それは、人は感情が高まると恐怖に対して敏感になり、生き残りをかけた状態に入るからだ。そういう状態のときは、正確な言葉よりも、言葉が発せられたときの感情の強さのほうに意識が集中してしまう。残念なことに、子どもに対して頻繁に怒鳴る、罵りの言葉を浴びせるといった辛辣な言葉によるしつけは、子どもが非行に走るようになったり何年もあとにうつ病で苦しむようになったりする可能性を高めることが、研究で明らかになっている。

我々一家は一月にアメリカに戻り、私は診療を再開した。私には今後の課題がたくさんあったが、まず取り組まなければならないのは子どもをしつける方法を学ぶことだと気づいた。私の「初めてのタイムアウト」は、まったくの失敗だった。当時の私は医学大学院を卒業して五年経っていた。成人精神科での研修を終えて、児童青年精神科での研修も半ばを過ぎたところだったにもかかわらず、私は聞きわけのない子どもに対処する方法がまったくわからなかったのだ。うつ病、ADHD、統合失調症の診断を下す方法はもちろんわかっていたし、効果のある薬の処方や心理療法についても理解していた。だが、温もり、栄養のある食事、安全をたくさんの愛情とともに与える以外の、娘の反抗的な態度に対処するといったことについては全然見当がつかなかったのだ。当然ながら、それは私だけではなかった。どんな子どもも取扱説明書つきで生まれてくるわけではないので、どんな親も大変な思いをすることはある。スーパー、学校の送迎用の車寄せ、公園といったあらゆる場所で、そういった光景を日々目にするではないか。幸運にも、私が児童青年精神科での研修を再開したときは、ちょうど「親のための対処法訓練」について学ぶ直前だったのだ。

通常「親のための対処法訓練（PMT）」と呼ばれる親向けの行動訓練は、親業の能力を向上させるための根拠に基づく手法として、数多くの研究で著しい効果が実証されている。親はPMTを受けることで、民主的な親になる方法や我が子の問題行動を大幅にまたは持続的に減らすために必要なすべを身につけることができる。PMTは問題行動が深刻な子どもと、発達に遅れや障害のない定型発達の子どものどちらにも効果がある、行動修正の基本原理に基づいている。こうした手法を学ぶために役立つ本やビデオがたくさん出ているし、わずか数週間でPMTの中心的な理論や手法を習得できるコースで指導するための訓練を受けた療法士も現在では数多くいる。だが、正しく実践できるようになるためには、時間をかけて練習しなければならない。PMTは特に青年期の若者向けに開発されたものではないが、小さい子どもへの対処法として効果のある手法は青年期の若者に対して用いても同等の効果が見込めるし、さらには配偶者、上司、部下に対しても有効である。親は子どもが小さいうちからこうした行動修正手法を活用できるようになれば、子どもがティーンエイジャーになる頃にはずっと楽に対処できるようになるはずだ。

PMTの手法には原始人の時代から親が子どもに対して行ってきた効果的な対処法が数多く含まれているため、手法自体は古くからおなじみのわかりやすいものだ。ただし、私も含めた多くの親にとって、必ずしも直感的に理解できないところもあるので注意が必要だ。とりわけ重要な手法を、次に紹介しよう。

・正の強化（肯定的な注目）

子どもたちのよい行動（とてもうまくいった、うまくいった、さらには一部うまくいった場合も認める）に着目してうまく褒めることで、同じ行動をもっととるように促す。たとえば、ある青年期の女子が試験でAをとった場合、彼女は誇りと新たな力が湧くのを感じながら、翌日の試験に向けてさらに勉強しようとするだろう。しかし、もし悪い点をとってしまった場合は自分には能力がないと自信をなくし、授業への興味を失ってしまうだろう。誰だって大事な人から褒めてもらいたいし、青年期の若者も例外ではない。我々は親として子どもの好ましくない行動ばかりに目が向いてしまうことが多いが、それはそうした行動が目立つからだ。すでに説明したとおり人は進化のうえで、周囲の脅威や危険に注意するようできている。それは親にとってはすなわち、我が子の悪い行いに気づくことだ。そのため、親は子どもが毎日のようによい行いをたくさんしているにもかかわらず、彼らを褒めようと思わないことが多い。親がよい行いをした我が子を褒めることで、子どもは自分が行った正しいことが「肯定的な注目」を浴びて正当に評価してもらえたと感じる。つまり、**子どもは褒められることによって、何が正しくない行動かを教え込まれるのではなく、何が正しい振る舞いであるのかを学ぶ**のだ。

「肯定的な注目」は、褒めるだけではない。ほかにも、励ます、認める、感謝する、子どもの趣味、考え、友人、学校の勉強に興味を示すといった、さまざまなかたちがある。正の強化は罰するよりもずっと効果的な手法だ。なぜなら、子どもを罰する方法よりも、励まして肯定的に注目する方法のほうがずっと多いからだ。子どもを効果的に罰する方法はいくつあるだろうか？　何かを取り上げる、与えていた特別な許可を制限する、タイムアウトを命じる。その程度しかない。一方、親は次のような日常のあらゆる機会に、子どもを褒めて肯定的に強化することができる。

・子どもが「友人と遊びに行く前に宿題を終わらせる」といった、親から見て望ましい選択をしたとき。

・子どもが何か面白いこと、鋭いこと、思いやりに満ちたこと、思慮深いことを言ったとき。

・子どもが「友人や兄弟に寛大に振る舞う」といった、親から見て望ましい価値観に基づいて行動したとき。

・子どもが問題のある行動を慎んだり、手を出さずに言葉で解決しようとしたりしたとき。

・子どもが「宿題をぎりぎりまで放置せずに、早めに手をつける」といった分別のある行動をとったとき。

・子どもが「皿を上手に洗い、台所もきれいにした」というように、作業をうまくこなせたとき。

褒めることについて、さらに二つの助言をしておこう。ひとつ目は、褒めるのは子どもの行動についてであって、子どもの資質についてではないこと。「あなたが妹の宿題を見てくれてとても嬉しいわ」のほうが、「あなたはいいお兄ちゃんね」よりも具体的でわかりやすい。子どもの性格をおおまかに褒めるのではなく、親として何が嬉しいかをはっきり伝えて褒めるほうが、子どもは親から見て望ましい行動をこの先もとろうとする。あなたの息子はたとえ妹の宿題を見ようが見まいが、「いいお兄ちゃん」に変わりはないのだから。二つ目は、やり終えた行動だけでなく過程も褒めるほうが、子どもは親から見て望ましい行動をとる気が強くなる。私が息子に「机の上の本やコンピュータの並べ方がすごくいいね。まるで図書館みたいだ」と言うことで、息子の行動を見守っていることを示し、今後も彼がそうした行動をとりつづけるよう促しているのだ。

・効果的な指示

子どもに明確な指示を出すことで、子どもは褒められる（そして特別な許可を与えてもらう）には親から何を望まれていて、何をしなければならないか理解する。効果的に指示するためには、次の二つの点が極めて重要だ。ひとつ目は「お願いする」のではなく、「指示する」こと。そして二つ目は、具体的であること。たとえば「一〇時までに帰ってきなさい」「門限は一〇時」と言えば、要点だけを短く伝えられて議論の余地もない。ところが、「一〇時頃までに帰ってくるというのはどう？」はまったく意味が違う。交渉の余地があるように思えるし、しかも親が子どもに許可を得ようとしている雰囲気さえ漂っている。効果的な指示（例：「脱いだ服は洗濯かごに入れなさい」「宿題を終えたら、ジョンの家に行ってもいいわ」）とは、親がどんな行動を望んでいるかを我が子にはっきり示すことであり、それは彼らがうまく行動するための最大のチャンスを与えることに等しい。なぜなら、それによって彼らは自分が何を求められているかを明確に理解できるからだ。そして子どもが求められた行動をとったり、あるいはやりはじめたりしたときは、正の強化として彼らを褒めるのは当然のことだ。

・**選択的な無視**

親をわざと怒らせようとする子どもの振る舞いや、親に歯向かうような行動を積極的、選択的に無視する技は、会得するのがとても難しい。親が無視したいのは我が子が行っている親の望まない行動であって、子ども本人ではないからだ。無視は単独で用いてもさほど効果はないが、親が望む行動に対する正の強化があとに続くかたちで使うと、行動に制約を加えるための有効な手法となる。親は無視を自身が本当に望む行動が行われるのを待つためのものだと考えるようにして、その行動が現れたら褒めるようにする。褒めることが起こるまでかなり待ちつづけなければならないというように、最初はうまくいくまで時間がかかるかもしれないので、状況に応じた計画を立てるほうがいいだろう。重要なのは、危険な行動、暴力行為、攻撃的な行動は無視してはならないということだ。あくまで無視しても問題がないものだけにすること。最後に、無視しているときは怒りといった特別な感情を極力見せないようにする。この手法は自分がとっている行動から親が完全に注意を背けていると子どもに信じさせることで、初めて効果が表れるのだ。

・予定を把握する

青年期の子どもが何をしているかを把握しようとするには、どこにいるのか、誰といっしょにいるのかということから推測しなければならない場合がほとんどだ。もし我が子があまりに当てもなくぶらぶらしているか問題のある仲間といっしょにいるとわかったら、危険な行動に走る可能性に早くから対処できるということだ。また、親は子どもが「宿題を終わらせる」「電子機器の画面を見る時間を制限する」「十分な睡眠をとる」ことを盛り込んだ計画を立ててそれを守れるよう、力になることができる。

・よい行動に褒美を与える

求められた行動を子どもがとったときに小さな褒美を与えることで、正しい選択を促す正の強化と効果的な指示を活用した、より細やかな指導や支援ができるようになる。たとえば青年期の子どもがこれから三週間毎日午後一〇時の門限前に帰宅できたら、家の決まりを守った褒美（例：「金曜の夜は門限を午後一〇時半まで延長する」）を与えるといったことだ。褒美はたとえ実際に有効なもの（例：小さい子どもならシール、青年期の若者なら何らかの特権）だとしても、自分のよい行動が親（あるいは仲間、社会）に認められることがより大きな褒美だと子どもが理解し、褒美なしによい行動がとれるようになるまでの一時的（数週間あるいは数カ月）な代替品にすぎない。小さい子どもや青年期の若者の一部に対しては、よい行いをするごとにポイントがもらえて、ポイントがたまったら小さな褒美の品か特権をもらえる「仮想通貨による経済（トークンエコノミー）」の仕組みを取り入れるのも効果があるかもしれない。

褒美について一言。褒美は限度を超えたものや値段の高いものは避けること。最も理想的な褒美は子どもとサイクリングに行く、いっしょに映画を見たりクッキーを焼いたりするといった、家族みんなが有意義に過ごせる活動をいっしょにすることだ。間違っても、褒美と「賄賂」を混同してはいけない。賄賂は行動する前に贈られるものであり、褒美は行動したあとに与えられるものだ。親は小さな褒美で我が子の気を引くことで、彼らに正しい振る舞い方を教えられる。そのうち、彼らはよい行いをしたときに自然に湧いてくる前向きな気持ちを行動そのものと結びつけられるようになるため、小さな褒美はもはや必要なくなるのだ。

・制限と当然の報い

小さい褒美を活用するのと同じ考え方で、青年期の若者が望ましい行動をとらなかった結果に対して、親は何かを制限することができる。たとえば、金曜日の夜の門限を破った場合、与えていた特権を制限する（例：「土曜の夜の門限を早めて午後九時にする」「外出禁止」）といったことだ。小さい子どもに対しては「タイムアウト」「テレビを見るなどの好きなことを制限する」といった罰が、悪い行いを減らすために効果的だ。

褒美と罰の使用に関する研究により、最もうまくいくのは「正の強化と褒美」と「制限と当然の報い」の割合が、少なくとも四対一以上で前者が後者を上回る場合であることが明らかになっている。我が子に罰を与えた親は、子どもが「親の信頼を取り戻したい」「特権を再び認めてもらいたい」と頑張ろうとするチャンスを、すぐにもう一度与えなければならない。同様に、テレビを見るなどの子どもが好きなことを禁じたり取り上げたりするといった、あまりにも厳しいまたは制約の大きい罰を二四時間以上続けて与えることは、一般的には効果がないことも判明している。

罰を与える目的は子どもに制約を課すことであって、彼らを打ちのめすことではない。私が仕事で関わってきた家族の多くは、「何もかも取り上げる」という罰を与えたにもかかわらず子どもの悪い行いはやまなかったと語っている。なかには、親からあらゆるものを取り上げられたために、寝室にはマットレスと毛布しかない子どもさえいた。こうした子どもたちは間違いなく、自分がどんな悪いことをしたかについてはこれっぽっちも記憶に留めようとはしないはずだ。彼らが思い出すのは、自分の親はとても厳しくて容赦なかったということだけだろう。彼らは自分が親の信頼を取り戻したり、自分がやりたいことに対する特別な許可を再度得られたりするとはもはや思っていないので、親が望む行動をとろうとするのをあきらめる。そうして、その後も悪い行いを繰り返す。何にせよ、彼らには失うものはもう何もないのだから。こうした状況を避けるためには、親は罰を与える回数をなるべく少なくして、しかも子どもが特権を再び手に入れられるようなチャンスも毎回ふんだんに与えなければならない。つまるところ親業の本来の目的は、懲罰を与えたり、力を見せつけるために権力をふるったりすることではなくて、我が子が前向きに行動できるようにすることなのだから。

「親のための対処法訓練（ＰＭＴ）」はたしかに最新の科学を駆使したものではないが、こうした単純な手法を何度も練習して身につけ、繰り返し使うことで、どんな親もさまざまな状況で幾度となく正気を保てるようになるはずだ。さらに大事な点は、こうした手法を子どもが小さいときから使いはじめると、青年期を迎える頃の彼らの行動は大幅に改善されていて、しかも彼らが危険な行為に走る可能性も低くなるということだ。彼らは親から与えられる正の強化（信じられないかもしれないが、青年期に入った子どもたちもまだそれを必要とする）や、もっと大きな自由や特権は、たとえ親に求められた結果を出せても出せなくても、自分の行動自体に対して与えられるものであることがわかっているため、親の指示に従う可能性が高いのだ。

また、ＰＭＴは親子関係の改善、家族間の対立の緩和、親の問題解決能力の向上、親の子どもへの接し方の改善にも効果があることが示されている。しかも、子どもにとっては自分の問題を解決しやすくなる自己効力感、それに社会性が向上していることや、学校に対する愛着までもが大きくなっていることに気づくといった利点がある。さらに、ＰＭＴを受けた親の子どもはいじめられる可能性が低いこともわかっている。ＰＭＴにこうした数多くの効果がある理由はわかっていない。だが、あえて推測すると、小さい子どもや青年期の若者に明確な指針やルールを与えることは、彼らが家族の一員、友人、学生としてうまくやっていくためのチャンスを数多く与えることに等しく、そしてそれは彼らの自信を高め、前述のような利点につながっていくのではないかと思われる。

この研究では子どもが一〇歳になるまでに彼らの行動にうまく対処できない親は、子どもを反社会的な非行へ走らせる可能性がより高くなることが実証されている。だが、ＰＭＴの手法を身につけようとするのに遅すぎることはない。正しくできるようになるまで練習する覚悟とやる気さえあればいい。我々専門家はＰＭＴでの指導と実習を通じて、親業の実践能力を向上させて、親が子どもにより細やかに目を配れるようにする。そうすることで、親は子どものの危険度の高い性的行動、落ちこぼれ、薬物乱用といった反社会的な行動を未然に防ぐか、深刻化を止められるようになる。一方、反社会的行動に関するこのモデルは、親の監督不行き届きと社会から逸脱した仲間集団との関わりが、青年期中期の若者による非行を予測する二大要因であることを正確に示している（次ページの図８－１を参照）。

そこにいること

我が子と話すのは、必ずしも容易ではない。子どもが小さいときは、誰かのことや起こったことについて親のほうが嫌になるほど何でも細かく教えてくれた。だが大きくなるとともに、彼らから何かを聞きだそうとするのは歯を抜こうとするくらい大変なものになっていく。親が質問すればするほど、彼らは情報を出し惜しみする。しばらくすると、親は子どもと会話をしているというよりも、彼らを尋問しているような気分になってくる。

［図8-1］青少年が反社会的行動を起こすまでの過程モデル

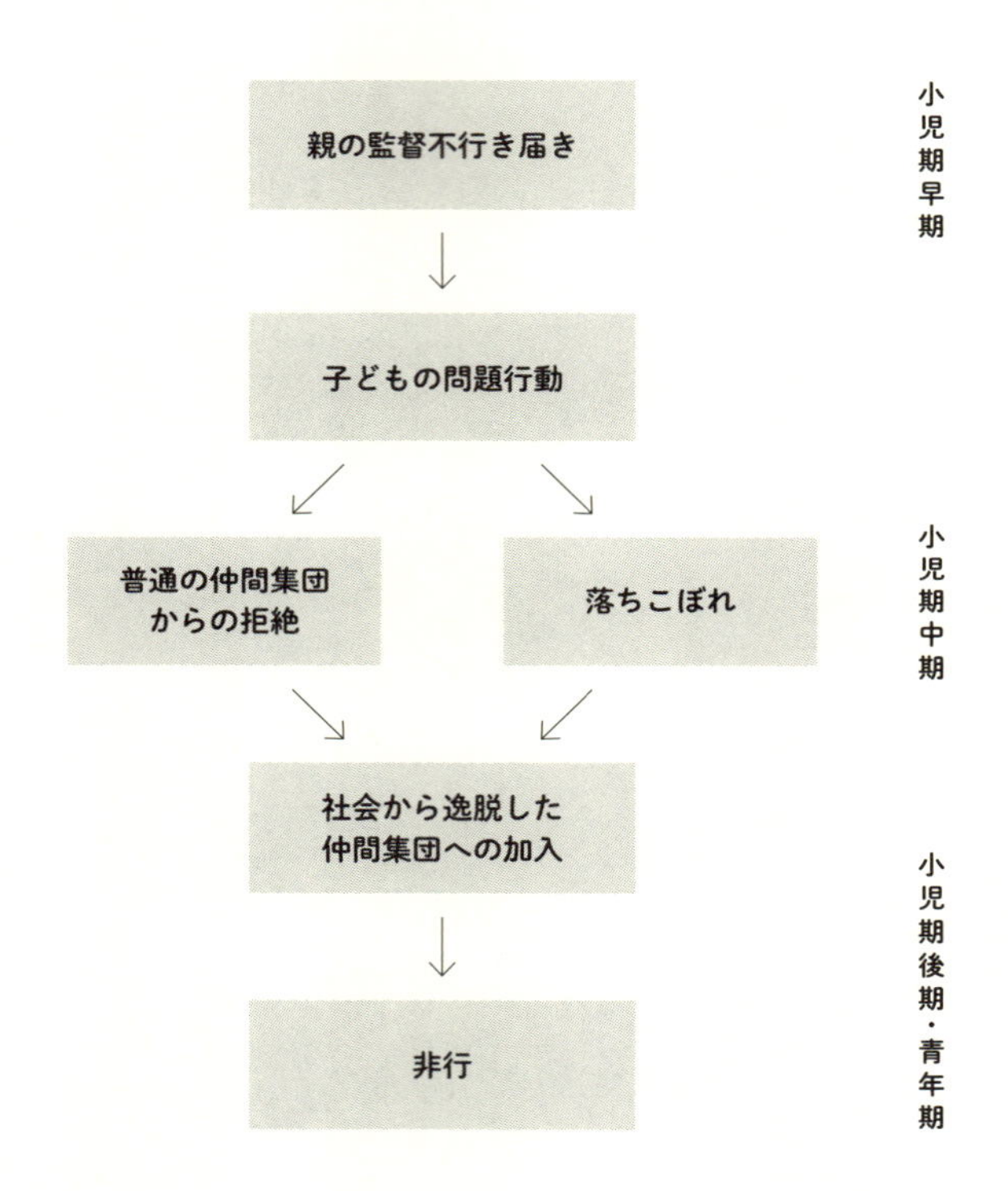

当然ながら、このモデルは青少年が反社会的行動を起こす過程に影響を及ぼすあらゆる要因をすべてそのまま取り入れているわけではない。たとえば遺伝的脆弱性、荒れ果てた居住地区、暴力、貧困、心的外傷（トラウマ）といった要因は、このモデルに含まれていない。だが、こうした遺伝的、環境的な要因は、非行に走る子どもや青年期の若者の親に見られる監督不行き届きの一因になっている。

——パターソン、デュバルシュ、ラムジー（1989年）より引用上の世代の児童心理療法士たちは、「牛乳とクッキーの時間」についてよく語っていた。当時の療法士は、カウンセリング中の子どもの患者のために自ら牛乳とクッキーを用意するときもあったのだという。それは、子どもの患者に心理療法に嫌がらずに来てもらうためであり、次回を楽しみに思ってもらえるようになればという配慮からだった。私は今も「何も話すことはない」と言う子どもや青年期の患者と、近所を散歩したり、ちょっと何かを食べに行ったりする。彼らといっしょに焦らずじっくり過ごすと、たいてい会話につながっていく。たとえ話のきっかけが天気であろうとクッキーの味であろうと、しばらくすると「いじめられているときの気持ち」や「学校の勉強についていけなくていらいらする」といったことについて話し合っていたりするのだ。

私は話をしたがらない子どもや青年期の患者に対して、「最近何かあった?」「今日、学校はどうだった?」といった大まかな質問で会話を始めようとする。もし彼らがただ肩をすくめたり短く答えたりするだけで会話の主導権を私に戻してきた場合は、次に「歴史の授業では今どんなことを習っているの?」や「今日の昼は何を食べた?」といったもっと具体的な質問に移る。あるいは、彼らが好きなものや大切にしている人について聞きだそうと思い、「飼っている犬について教えて」「お兄さんはどんな人?」といった質問で誘導することもある。話の糸口が何であろうと、こうした青年期の患者にとって何が大事で何が気に障るのか、こちらがつかめるような会話にいずれつながっていくことが、長年かけて私にもわかってきた。昼に何を食べたかを聞くだけでも、誰と食べたのか、どこで食べたのか、昼食中に周りであったことについてへと会話が広がっていく。直接質問を投げかけても答えが返ってこない場合は、いっしょにチェスをしたり、散歩に出て何か食べたりする。どんなやり方がうまくいくにせよ、私の役割は彼らに関心があり、彼らを思いやっていて、喜んで彼らの役に立ちたいと思っているひとりの大人として、ただそこにいることだ。この方法は親が使っても効果がある。

我が子のためにそこにいることは、さまざまなかたちで実現できる。おしゃべりをする、バスケットボールやテレビゲームで対戦する、本を読む、晩御飯をつくる、散歩に行く。こうしたいっしょに行うどんな活動も、我が子について知り、親としての役割をきちんと果たすための機会を与えてくれる。子どもが小学生のとき、私と妻は毎晩三〇分間の「家族で本を読む会」を始めた。家族全員が本を持ってリビングルームに集まり、愛犬もいっしょにみんなでソファに座って本を読むのだ。私と妻は読書の大切さを子どもたちに身をもって教えられたし、子どもたちは学校の読書の宿題をこの時間にすませることができた。だがさらによかったのは、読書の時間のあとにそれぞれが読んだ本について語ったり、それをきっかけにして学校での出来事や子どもの友人について話し合えたりするようになったことだ。子どもとただ「いっしょにいる」時間をつくることの大切さは、計り知れないほど大きい。

当然かもしれないが、**親が子どもについて知れば知るほど、子どもが危ない行動をとる可能性は低くなっていく**。逆に、親が子どもの普段の居場所、行動、友人について知らなければ知らないほど、子どもがアルコール、薬物、反社会的な行動に関わる可能性が高くなる傾向が強い。子どもが青年期に入っても親が注意深く目を配りつづけることで彼らが非行に走るのをさらに防げるが、もちろん、それまでの手法を何らかのかたちで変えていかなければならないだろう。子どもは小さいとき、親が決まりをつくりほぼすべての選択を行うという「愛情豊かな独裁」のもと、家のなかで過ごすことが多い。年とともに成長し自分で判断できるようになると親は手綱を緩めるが、それでも親は決して子どもから目を離してはならないのだ。

数年前、当時一四歳だった息子は、映画を見終わったあと夜の九時半になってもまだ友人たちと外にいた。門限は午後一〇時だった。我々はニューヨーク市の中心部に住んでいて、数ブロック先には都市公園がある。その公園は昼間はとても美しく、しかも目の前で繰り広げられるさまざまな人間模様の観察に絶好の場所だ。だが多くの都市公園と同様に夜になると様子は一変し、ドラッグディーラーなど怪しげなビジネスを行う者たちがあちこちに姿を現す。保護者なしにうろついていると反社会的な行動に巻き込まれる恐れがある。息子が「まだ公園にいたいから門限を午後一一時まで延長してほしい」と電話をかけてきたときに、息子によれば私が「過剰な反応をした」のはそういうわけだった。たしかに大げさに騒ぎすぎたかもしれないが、自身の経験や手元にある情報からすると、深夜に保護者なしでうろついている若者の集団に悪いことが起こらないはずがないのだ。

当然ながら、子どもたちを過剰と思えるほど監視することと、彼らに判断をまかせられると信じることの二つのあいだで、折り合いをつけなければならない。親が子どもに目を配ることを練習しなければならないのと同じように、子どもも危険な状況で判断を下す練習が必要だからだ。私は青年期の子どもを持つ方々に、自分の考えを子どもに説明するよう助言している。

親は子どもに議論を持ちかけて自分の論理の根拠を説明する（たとえ彼らが異議を唱えるかもしれなくとも）ことで、子どもと協力して取り組む意思、彼らの意見を聞こうとする気持ち、そして自分の考えを筋道を立てて説明したいという思いを示すことができる。それでも結局は、依然として頭ごなしに命令しなければならないかもしれないし、子どもはそれを嫌がるかもしれない。だが、子どもが六歳だった頃とは違い、一四歳の子どもに対して独断的になるべきではない。親は自分の考えを子どもに説明することで、彼らを尊重していていつでも話し合えると知らせることができる。

実際、青年期の若者は自分の親は知識が豊富で信頼のできる話しやすい人だと気づけば、親と話し合おうとする。親子のコミュニケーションが円滑であれば助言や目配りがしやすくなるため、子どもの危険な行動を減らせる。たとえば、セックスとコンドームについて率直に話し合えば、子どもは親がセックスと妊娠に関する正確かつ信頼できる情報源だと思うようになる。こうした会話が親となされない場合、たいていの子どもは仲間の方を向いて彼らの行動を真似ようとするため、無防備な性的行動を起こす可能性が高くなる。

薬物や無防備なセックスといった健康を脅かす危険について子どもと話し合うのはとても難しいため、次の点を参考にすることを強く勧める。ある研究によると、子どもと話し合うとき、彼らが以前誰かに親切にしたときの話にまず触れると子どもに自信がみなぎり、そのあとも親の話を熱心に聞いて助言を忘れないことが判明している。つまり、こうした難しい会話を子どもとするときは、彼らの最近のよい振る舞いや思いやりのある行動に触れるなど、「最初に前向きな話題を持ち出す」と話し合いがうまく進むだろう。

子どもを温かく支える「肯定的な」親業は、子どもの認知能力、行動、心理面の発達だけではなく、彼らの脳にもよい影響を与えることが明らかになっている。幼年期の子どもに対する前向きな子育ては、小児時代を通じて子どもに有益な効果を与えつづけることは以前から知られていた。だが最近の研究によると、すでにティーンエイジャーになった子どもに対しても、そうした効果の少なくとも一部を与えられることが判明した。この研究は一〇歳から一二歳までの子ども二〇〇名を対象にして、その後四年間にわたって彼らの脳の発達を調べたものだ。この間ティーンエイジャーとなった彼らがたとえ母親と衝突しても、四年間いつも温かく前向きに支えられた子どもの脳の恐怖や感情反応に関連した領域（扁桃体）は、ほかの被験者のものと比べて発達が緩やかだった。扁桃体がゆっくり発達する子どもは年をとっても不安症やうつ病になる可能性が低く、年齢とともに自制心が強くなるとされている。

同様の長期的な研究では、家庭内の対立が少ない家で肯定的な手法で育てられている一〇代の子どもの脳の報酬系（腹側線条体）は、欲求の度合いが低いことが判明している。この研究結果から、こうした若者は危険がもたらす報酬への欲求に敏感ではないため、危険な行動をとる可能性が低いと考えられる。彼らはおそらく家族をはじめとする他者との関係で十分な報酬が得られているため、危険による報酬をたいして必要としないのだろう。一方、問題のある家庭で育ち、親から十分な支援を与えられなかったと思われる一〇代の若者の場合、脳の報酬中枢がより活性化しているため、危険な行動をとる可能性が高い。

また、仲間からの支援が大きいと感じている青年期の若者は危険を冒す可能性が低く、仲間といつも衝突している若者は危険な行動をとる可能性が高くなることが多い。家族の場合と同様に、仲間との対立が大きければ大きいほど脳の報酬系の活性化が進み、危険な行動が増加するのだ。だが仲間から手を差し伸べられれば、この傾向は緩和される。

最後に紹介するのは、支えてくれる家族には、青年期の若者を学校や仲間といった一般的なストレス因子だけではなく、戦争といった一般的ではないストレス因子からさえも守る緩衝効果があることを示した研究例だ。パレスチナのガザ地区に住む平均年齢一四歳のイスラエル人の若者三五〇人を対象に行われたこの調査では、家族がしっかりと支えてくれていると感じている被験者は、一年後の調査で「うつ病」「攻撃性が高い」「暴力的な行動をとる」に当てはまる割合がほかの被験者よりも低いことが判明している。

電子機器の使用についての基本方針

二〇一三年に国連が発表したある統計値に、驚かされると同時に考えさせられた。世界人口推計七〇億人のうち六〇億人が携帯電話を利用している一方、まともなトイレを利用している人は約四五億人しかいないそうだ。また、インターネット、テレビゲーム、携帯電話が普及する前の一九九八年でさえも、アメリカの子どもは中学に入る前に八〇〇〇件の殺人と一〇万件のその他の暴力行為（襲撃や性的暴行も含む）をテレビで目にすることが、当時行われた研究で報告されている。一〇年以上前に行われた四〇〇件を超える研究結果の分析によって、メディアの暴力表現（テレビ、映画、テレビゲーム、音楽、漫画）にさらされてきたことと、攻撃的な行為、攻撃的な思想、怒りの気持ち、生理的覚醒には有意な相関関係があることも明らかになっている。子どもへの影響の大きさは軽度から中等度の範囲とされているが、それでも受動喫煙と肺癌の関連性よりも強かったのだ。

最新技術を用いた製品やサービスはどんな場所にもすっかり浸透しているが、その影響力が決して小さくないことに我々は次第に気づきつつある。最近の研究によると、インターネットやオンラインゲームに依存している青年期の若者の脳スキャン画像では、望ましくない変化が明らかに認められていて、しかもそうした症状は急速に広まっている。こうした変化は、灰白質（ニューロン）の減少、前頭葉の皮質（脳のＣＥＯが座る椅子にあたる）の厚さの減少、認知能力と情報処理能力の低下、報酬に対する感度の増強、損失に対する感度の低下、渇望の兆候といったもので、これらは薬物依存症の患者の脳に見られる特徴と同じものだ。テレビゲームのヘビーユーザーの脳内では、感情の調節や意思決定をつかさどる前頭葉領域が小さくなっている。

だが、希望を失うのは早すぎる。ある研究では、子どもをメディアの利用から一時的に遠ざけるだけでも、社会的にも情緒面でも目に見える改善が見られたという。その研究では一〇歳から一二歳までの五一名の子どもを、自然のなかでの五日間のキャンプに連れていった。キャンプ中は、電子機器の画面を見るのは禁じられた。そして、同じ期間に電子機器の画面を見ることも含めて普段どおりの生活をしていた同年齢の五四名との比較が行われた。キャンプを終えて週末を迎える頃には、電子機器の画面を見ることを禁じられた子どもたちは、他人の非言語的な感情シグナルをより的確に読み取れるようになっていた。これはつまり、相手に共感する能力が向上したということだ。同様の研究では、電子機器の画面を見ている時間を制限することで小児肥満が改善されたという報告がある。子どもたちは画面に釘づけにさえなっていなければ、もっと長いあいだ体を動かすし、睡眠時間も長くなる。それに、郊外で一日過ごしたり、スポーツをしたりといった、とにかくひとりで何時間もテレビゲームやテレビばかりで過ごす以外のことをした直後の子どもはたいてい「態度がよくなった」と、どんな親でも認めるはずだ。幸いにも、**子どもが電子機器の画面を過度に見つづけることで受ける悪影響は、定期的な休憩を強制的にとらせることで改善できる**。

当然子どもからは文句を言われるが、それでも親は我が子のスマートフォン、テレビゲーム、テレビの使用を何らかの方法で制限しなければならない。私が勧めているのは、子どもが帰ってきたらすぐに携帯電話を食卓の果物かご（または同じくらい便利な場所）に入れさせて、少なくとも宿題を終わらせるまでそのままにしておく方法だ。ただし、これがいかに難しいかは私自身もよくわかっている。私も妻もこの決まりを守らせるのに悪戦苦闘したが、効果は抜群だった。脳スキャンをしなくても、長いあいだ電子機器の画面を見ていた直後の子どもたちがいらついていたのは明らかだったし、休憩時間をとったあとの彼らの態度がとてもよくなったのもわかった。子どもが自分に何らかの制約を課せられるようになるには、親の助けが必要なのだ。

子どもや青年期の若者に対するメディアの決してなくならない強い影響力を制限するために、ぜひ参考にしてもらいたい基本方針を次に挙げておく。

1 宿題やお手伝いがすべて終わるまで電子機器の画面を見せない。

2 少なくとも高校生になるまでは、子どもが電子機器の画面を見る時間を金曜の午後から土曜の午後までにできないかを検討してみる。ただし、平日に家族でテレビを見たり映画を見に行ったりするのはかまわない。多くの家族にとって、この方針は子どもが一〇代半ばになるまではわりと楽に続けられるし、しかも子どもたちは空いた時間を友達との創造的な遊び、運動、読書に充てざるをえなくなる。

3 子どもにスマートフォンを持たせるのを、とにかくできる限り先延ばしにする。彼らがそうしたものを使う「必要性」はまったくないのだ（もし私が一二歳や一三歳のときに自由にインターネットが使えたとしたら、自分の部屋から一歩も出なくなっていたはずだ）。

4 子どもにスマートフォンを持たせるときは、「これはあくまで私の電話で、それを使わせてあげているだけ」とはっきり伝える。彼らがそれを「自分の電話」と呼ぶのはかまわないが、誤った使い方をしたり、いい加減に扱ったり、あるいは宿題やお手伝いといった学校や家庭での義務を果たす妨げになっていると思われるときは、いつでも親が取り上げることができることも明確にしておく。

5 テレビはすべて家族共有の部屋に置き、子ども部屋には絶対に置かないこと。テレビの誘惑はあまりにも大きいため、自由に見ることを許された子どもは適切な時間を大幅に超えて見てしまう。

6 子どもにコンピュータを使わせるときは、監視を怠らないこと。テレビと同様に、子どもに寝室という私的な空間でインターネットに接続させないよう、コンピュータを使うどんな作業も家族がいっしょに過ごす場所で行われなければならない。もし寝室でコンピュータを使わせる場合（例：学年が上がって宿題をラップトップパソコンでやるようになる）は、親が思いついたらいつでも部屋のなかを確認できるよう、寝室のドアを常に開けさせておく。この決まりは子どもが高校を卒業するまで続けることを勧める。

7 フェイスブック、インスタグラム、スナップチャットといったソーシャルメディアのサイトには、早くても一三歳になるまでは子どもに登録させない。この年齢でも早すぎる場合もある。登録後は、利用状況や投稿内容を見張れるよう親を「友達」に追加させること。

8 興奮を鎮めるために、少なくとも就寝の一時間前には電子機器の画面から子どもを遠ざける。代わりに、夜の「本を読む会」を行う、絵を描く、パズルをする、家族でゲームをする、会話をする、音楽を聴くといった時間を大事にする。

9 もしどうしても子どもが就寝直前に電子機器の画面を見なければならないときは、テレビの場合は少なくとも一・五メートル離れて座らせること。コンピュータやスマートフォンの場合は、ブルーライトを抑えるソフトウェア（例：パソコン用の「f．lux」や、iPhoneの「ナイトシフト」機能）を使っているか確認すること。電子機器の画面から出るブルーライトはメラトニンの分泌を抑えるため、睡眠を妨げる可能性がある。ブルーライトを抑えるソフトウェアは、子どもの体内のメラトニン分泌を正常化して睡眠を促す。

この方針が厳しすぎると思う親もいるのは承知しているが、電子機器の画面を過度に見つづけることが子どもに悪影響を及ぼす点に関する一連のデータは、あまりにも説得力があるため見すごすことはできない。実際、アメリカ小児科学会は子どもが電子機器の画面を見ることについて、二歳未満の子どもには絶対に見せない、二歳から六歳まではひとりで見せないことを推奨している。また、六歳未満の子どもにはたとえアニメであっても本物に近い暴力シーンは見せない、そしてどんな年齢の子どももメディアを使う時間は一日二時間を超えてはならないとしている。参考までに具体的な数字を挙げると、二〇一三年に行われたある全国調査によれば、一歳未満の子どもが電子機器の画面を見る時間が一日五八分であるのに対して、毎日の読み聞かせの時間はたった一九分だった。二歳の子どもの場合、画面を見る時間は一日一一八分だが、本を読む時間は一日二九分にすぎなかった。

アリストテレスが唱えた「何事も中庸が肝心」という言葉ほど、子どもが電子機器の画面を見る時間を自ら管理できるようにするために親が教えなければならないことを、的確に表しているものはない。親は子どものアルコールや薬物の使用、睡眠、学校と宿題、門限、運動、栄養、友人関係に目を配るのと同じように、メディアの利用についても積極的に見張らなければならない。あらゆる新しい技術と同じく、電子機器の画面は我々の役に立つさまざまな可能性につながっている。私だって、この本はコンピュータで書いたのだ。だが、**一日のうち何時間も電子機器の画面に向かい、すでに九回見た映画をまた見たり、怪獣や人を撃ったり、迷路から抜け出す方法を考えたりする「必要性」は、我が子にはない**のだ。親はその点を勘違いしてはならない。学校や仕事の用途以外で電子機器の画面を見ることは、子どもに適度な量の飴を与えるのと同じように、親が所有権を握りながら子どもにお裾分けする褒美の一種とみなすことが適切だろう。

報酬のかたちを変える

数年前、私はある大学病院の小児科で、青年期の若者の危険な行動を題材にした講演を行った。質疑応答に入ると、ひとりの腫瘍専門医が彼女の患者について尋ねてきた。その一五歳の患者は急性リンパ性白血病の最先端の治療を受け、寛解期に入っていた。だが、腫瘍専門医は、この少年の患者が毎日の薬をもう飲んでいないことを心配していた。「維持療法をやめてしまうと、白血病が再発するかもしれません」と彼女は言った。「そうなると、手の施しようがない場合もあります。私は彼や同じ症状のほかの患者にも、『この薬を毎日飲まないと死んでしまうかもしれないのよ。それがわからないの？』と言い聞かせます。でも、あの年頃の患者は、言うことを聞きません」

急性リンパ性白血病は白血球の癌で、患者の大半は子どもだが高齢者が発症することもある。数十年前までは、ほぼ間違いなく命に関わる病気だった。だが現在では、治療を受けた青年期の若者の治癒率はおよそ九割だ。維持療法を最後まで受ければ、この癌が再発する可能性はわずか一割しかない。だが、平均して約一〇日間に一度以上維持療法を怠ると、再発する可能性は倍、それどころか三倍になる恐れがある。もし維持療法をまったく受けなかった場合の再発率は約八割だ。

大人はたとえ感染症治療用の経口抗生物質を飲み切ったり、抗高血圧剤を処方されたとおりに毎日飲んだりすることは苦手でも、化学療法薬や、移植後の拒絶反応を抑える免疫抑制剤を飲むことについては青年期の若者よりもきちんと指示に従う。以上をふまえて、善意ある腫瘍専門医が悩んでいる話に戻ろう。彼女はあらゆることを試みた。毎日薬を飲まないと癌が再発して死んでしまうかもしれないと、「耳にたこができるほど」話して聞かせたという。「こうした若者に対して、私はどうすればいいのでしょうか？」と彼女は私に尋ねた。

私はまず、青年期の若者は発達上どの段階にいるのかを考える必要があると助言した。次に、青年期の若者は脳の感情を支配する領域と前頭前野のあいだの神経発達上の不均衡のせいで報酬への欲求に激しく駆られること、若者の脳内には生涯で最も多くのドーパミンが循環していることを再認識してもらった。そして、青年期の若者に薬を飲ませるために彼らを怖がらせようとするやり方は効果がなかったと聞いても私が意外に思わなかったことも告げ、代わりに**すぐ手に入れられる報酬に注目して青年期の若者の脳に訴える**のはどうかと提案した。

「若者がやりたいことは何でしょう?」と私は尋ねた。「車を運転する、友人たちと過ごす、遊園地に行く、スケートボードで遊ぶ、デートをする、学校でよい成績をとる、といったことではないでしょうか? だから、それらを利用すればいいのです」

私は腫瘍専門医にこの患者が求めている「即時報酬」が何であるかを調べ、次に、そうした報酬のなかで両親が認めたものを少年が薬を飲んだときに与えられる協力体制を、両親と治療チーム全員でつくるよう助言した。青年期の若者に死の恐怖を与える方法は、どんな場合でもさほど効果はない。すでに取り上げたとおり、彼らは自分が不死身ではないことを十分にわかっているからだ。一方、彼らの神経の巨大な報酬中枢である腹側線条体に訴えることは、たいてい有用なやり方だ。この方法は家庭でも役に立つはずだ。また、子どもたちに間違った判断による不利益を示すよりも、「正しい判断による利益を見せる」ほうが、彼らの判断力をより高めることができる。こうした「前向きな言い換え」と呼ばれる例を、次に紹介しよう。

・「ちゃんと勉強しないと、いい大学に行けないよ」と言わずに、「希望するどんな大学にも行けるよう、学校でしっかり勉強しなさい」と言い換える。
・「安全運転しないと、怪我をするかもしれないよ」と言わずに、「来週も車を使えるよう、今夜は気をつけて運転しなさい」と言い換える。
・「アレルギーの薬を飲まないと、ますますひどくなるよ」と言わずに、「明日野球ができるように、アレルギーの薬を飲んでおきなさい」と言い換える。

前向きな言い換えは子どもに「何をしたらいけないか」ではなくて「何をするか」を伝えている。それは親と青年期の子どもが抱いている、仲のよい友人同士のような共通の価値観を利用することで、子どもに安全な行動を促すものだ。たとえば、あなたの一〇代の子どもが仲間と遊びにいくときやパーティーに参加する際に、酒を飲むのを我慢させようとするのはあまり効果的ではない。「飲んだらだめ」という言葉は聞き流されてしまう。だが、子どもが友情や忠誠心をとても大事にしていることを利用すれば、酒を飲まない(あるいは控える)気にさせられるかもしれない。たとえば、「あなたがしらふでいたら、飲みすぎて問題を起こしてしまう友達を助けて守ってあげられるじゃない」というように。

ティーンエイジャーにとって、仲間という社会でうまくやっていくことは何よりも大事なため、酔っぱらうと周りにひどい醜態をさらすということを指摘して飲酒を控えさせるという手もある。実際、私の二〇歳の患者はこれ以上「人前で恥をさらす」のはどうしても耐えられないという理由で、パーティーで酒を飲むのをやめた。とはいえ、彼女がそう判断できるようになるには二〇歳までかかったし、しかも何度も心理療法を受けなければならなかった。もし彼女が一〇代のうちにこの問題について家庭で対処できていれば、もっと早く決断できていたかもしれない。

癌と戦う青年期の若者に関する研究では、維持療法の薬を飲もうとしない患者は、決められたとおりに服用している患者よりも自分の病気について詳しく知らないのではないかと指摘されている。そうした薬を飲まない若者のなかには未来に向けた目標がうまく描けなかったり、自身の本当の病状を否定したりしている者もいるかもしれない。こうした若者や家族に対して、病気についての正しい知識を与えることが極めて重要なのは間違いない。とはいえ、発達神経生物学の理論に基づいて考えられた、報酬への欲求に駆られる青年期の脳に訴える方法は理にかなっている。この方法を出発点として試す価値は大いにあるが、我々にできることはそれだけではない。

僕があなたに嘘をつくとでも？

私は青年期の若者と危険について話すとき、ある重要な事実をいつも念頭に置いている。それは、青年期の若者の大半は両親に嘘をつきたくないと思っている、ということだ。もちろん、ときには嘘をつかざるをえないと思うこともあるだろうし、真実の一部しか言わないこともあるはずだ。だが事情が許す限り、彼らは自分の両親にはできれば正直でいたいと思っている。たいていの子どもにとって、親に誠実であることはとても大きな意味があるので、折に触れてその点を改めて自覚させることは有用だ。私は患者に「きみがもし危ない行動をしなければ両親に嘘をつかなくてもいいから、後ろめたい思いをせずにすむ」と話している。そしてさらに、「きみが本当のことを言えば言うほど、両親のきみへの信頼がますます厚くなるから、さらに大きな特権も与えてもらえるはずだ」とつけ加えることも忘れない。

逆に、我が子から真実を打ち明けられたときは、たとえどんなに難しくてもその勇気を認めて褒めるのが、我々親の義務だ。子どもは親に嘘をつきたくないのだから、親はできる限り彼らが誠実でいられるように気を配らなければならない。だが、子どもから聞かされた真実は親には受け入れがたいものも多く、ときにはかなり衝撃的であったりもする。しかも、自分は親としての役目をきちんと果たしてこなかったのだろうかと心配になるあまり、悲しみや不安に襲われ、子どもへの怒りが湧いてくることさえある。子どもが真実を告げたら彼らをもはや罰することはできない、というわけではない。だが、正直になることがどれほど難しいか、そうした行動がとれるほど我が子がいかに立派に成長したかを理解していることを、まず子どもに示すことが大事なのだ。こうした高い評価は子どもたちの自信を大幅に高め、考えられるどんな結果も受け入れやすくする。

チャンスをつかめる危険な場

親の役目は、子どもが柔軟な姿勢を保ち、何事にも熱心に取り組み、危険から身を守れるように導くことだ。だが、どんなに手を尽くしても、青年期の子どもは危険を冒すことを選ぶときもある。だとすれば親がやらなければならないのは、子どもを「身を滅ぼしかねない危険な場」から「チャンスをつかめる危険な場」へと移してやることだ。それはたとえば、子どもに無防備なセックスや飲酒運転につながるようなところで好き勝手させる代わりに、適切な安全装備を身につけて大人の監視下で行われる、岩登り、急流を下るラフティング、スケートボードといった、危険だがしっかりと管理された活動への参加を勧めることだ。あるいは子どもの友人も誘って遊園地に連れていき、自分は怖くて近づけそうもない乗り物で彼らがぐるぐる回って興奮するほど遊ばせる。遠くから見守れるコンサートやＤＪパーティーに同行する。よく整備されたコースを走れるゴーカート場に連れていく。青年期のまだ不均衡で危うい脳をしっかりはたらかせられるこうした有意義な挑戦に子どもを参加させることは、彼らの「スピードへの欲求」を満たしながら、新たな能力を開花させたりニューロンのつながりを増やしたりすることにつながる。これらはみな、子どもの問題解決能力、感情の調節、自己効力感の向上に役立つ。

「要旨」の観点を教えるための七つの方法

何千年も続いてきた自然選択の流れに逆らうように見えるかもしれないが、親は子どもに「要旨」の観点で考えられるよう教えることができる。この教育の目的は青年期の子どもの考え方を慎重な計算から遠ざけて絶対的な思考へと向けさせることだ。つまり、量的に考える（例：「やりすぎないように」「運転前に何杯か飲んでも平気だろう」「そのうちやめればいいだろう」）のではなく、質的に考えられる（例：「一度だけでも怪我をする」「飲酒運転は悪いことだ」）ように我が子を導くということだ。子どもたちが直面する危険の「要旨」を捉えられるようになるために役立つ、ヴァレリー・レイナとチャールズ・ブレイナードのファジートレース理論に基づいた七つの方法を次に紹介する。

1 たとえ話

ひとつ目は、青年期の子どもがより広い視野に立つ「要旨」の観点で意思決定を行えるようになるのに役立つ「たとえ話」を聞かせる方法だ。よく用いられる例は、「ロシアンルーレットに参加すれば一〇〇万ドルもらえるとしたら、あなたはどうする？」といった質問だ。大半の大人は、ロシアンルーレットの危険性を考えるといくらもらっても割に合わないと思うが、すでに述べたとおり青年期の若者はプラス面とマイナス面を比較検討する。同様の例として、「避妊なしでセックスする?」「大学進学適性試験(SAT)で満点をとるためなら、答えを盗む?」といったものもある。先ほどと同様に、大人は避妊なしのセックスが妊娠や性感染症の危険を冒してまでやる価値のないものだとわかっているし、答えを盗んでまでいい点をとりたいとは思わないため、こうした問題にはすぐに答えられるし適切に対処できる。だが、青年期の若者はさまざまな選択肢を思いついて、比較検討しようとしがちだ。この場合の親としての役目は、子どもが安全な対応をとれるように、彼らが似たような状況に実際に直面する前にこうした例を使って練習させることだ。子どもがなぜそうした答えを出したのか分析するのもいいが、最も重要なのは答えの分析ではなく、「『ロシアンルーレットは死に至る』『避妊なしのセックスは妊娠や性感染症の恐れがある』『窃盗は罪の意識に悩まされ、しかも罰を受けるため、とにかくどれもそんな危険を冒してまでやる価値はない』と判断するために必要な要旨的理解という直感を、彼らが身につけられるよう導くことだ。すると、「でも、毎回そうなるとは限らないかもしれない」と青年期の子どもは反論するだろう。その場合、親は「そうね。でも何度もやらなくても、一度だけでも十分に危ない目に遭うの」と答えればいい。こうした大局的視点を身につけさせることで、子どもは人生におけるどんな疑わしい状況でも危険の度合いを計算しようとして生じる、葛藤、悩み、不安の大半から解放されるだろう。しかもさらに重要なことに、彼らはそれを身につけることで、大人と同じやり方で危険な状況から立ち去れるようになるはずだ。

2 統計的要旨

私の最も頭がいい知り合いのなかにも、レストランで割り勘やチップの計算がうまくできない人がいる。もしあなたがそういった人であっても、あるいはそうした知り合いがいても、決して珍しいことではない。「数学」という言葉を聞くだけですぐに不安になる人は、じつに多い。人々が数学で最も困るのは比の考え方が理解できないことだ。それはいわゆる「分母の無視」が原因だと思われる。たとえば、あなたが宝くじを一枚選ぶとしたら「一〇枚のうち一枚が当たり」と「一〇〇枚のうち九枚が当たり」のどちらの山からとるだろうか？　実際は最初の山の当選率のほうが一パーセント高いにもかかわらず、二番目の山を選ぼうとする人は想像以上に多い。こうした現象は、分母を考慮せずに分子だけで考えようとすると起こる。

第1章で、避妊なしの一度の性交渉で妊娠する可能性は平均五パーセント、つまり二〇分の一だと述べた。青年期の若者の大半はその可能性をずっと高く推測していて、なかには九〇パーセントだと思っている者もいるが、それでも彼らの多くにとってはその高い確率さえも避妊なしのセックスをやめる理由にはならない。その原因のひとつは、彼らが分母を無視していることだ。彼らは「二〇分の一」の分子しか見ていないので、可能性がかなり低く見える。それに「五パーセント」だって、十分小さい数字に思えるではないか。この分母の無視による影響を払拭するためには、親は子どもが「要旨」をつかめる方法で危険について説明しなければならない。たとえば、ある患者が「無防備なセックスをしている」と打ち明けたとしたら、私なら次のように対応するだろう。「仮にきみが避妊なしのセックスを週に一回しているとしよう。すると、二〇週目が終わる頃にはきみは確実に妊娠しているはずだ。妊娠したのは一回目のときかもしれないし、あるいは一〇回目、二〇回目のときかもしれないが、いずれにせよきみが妊娠していることには変わりはない」。統計学についてこのように説明すれば、「避妊なしのセックスはたとえ一度でも妊娠する可能性があり、とにかくそんな危険を冒してまでする価値はない」という大人ならすでにわかっている「要旨」を、青年期の若者もつかめるようになるだろう。

3 いざというときに対処できる力

青年期の若者は何が起こっているのか立ち止まって考えるより先に、感情が優位に立って理性を失ってしまうことがあまりにも多い。そのため、感情に流されずに対処する力を彼らに身につけさせなければならない。たとえば、青年期の患者が「ボーイフレンドとセックスしている」と私に打ち明けた場合、彼女とさまざまなことについて話し合うなかで、私は避妊についても必ず尋ねることにしている。たいていの場合、避妊したりしなかったりと徹底していないことが多い。そのため、私は分母の無視の話をする流れで「妊娠したらどうする?」と尋ねる。最も多い答えは「わからない」だ。だから私は「じゃあ、このことについて話し合ってみよう」

と提案する。青年期の若者はこの話題を避けたがるが、私は容赦しない。次に何が起こるかを、二人で辛抱強く入念に一段階ずつ確認していくと（例：「両親にはどのように伝える？」「産むか中絶するか、どちらを選ぶ？」「友人たちにはどのように話す？」「予定どおりに卒業できると思う？」「体操チームはどうなる？」）、間違いなく彼女の頭に何かがひらめいていく。自分が本当に妊娠したときのことを漠然と考えるだけではなく、まるでそれが事実であるかのように鋭く感じられるようになっていくのだ。この方法を使うと、危ない行動によって起こりうる結果に対する捉え方の曖昧さや不安を拭い去ることができる。こうした会話を経験した若者は、前よりもずっと現実的でしっかりとした判断を行えるようだ。

分別のある判断を行うために最も重要な意味を持つ「いざというときに対処できる力」は、経験によって強くなっていく。そのため、青年期の若者と飲酒運転について話し合うときは、彼らが実際に危険を体験しているかのように感じさせなければならない（例：「警察官に車を止められたらどうする？」「再び運転できるようになるまで、どれくらいかかると思う？」「それは翌週の学校劇でのあなたの演技や、学校のダンスパーティーに参加することに、どんな影響を及ぼすだろうか？」）。ある研究によると、人はある結果に自分が影響されるかもしれない理由をすべて考えるよう求められたり、そうした結果が起こりうる過程を段階ごとに詳しく説明するよう指示されたりすると、その結果が実際に自分に起こっているような気になる傾向があるという。こうした気持ちは、彼らが抱いているかもしれないどんな楽観バイアスも打ち破ることに役立つ。

4 判断の道筋をつくる

我々親は常に危険性と有益性の分析を重視してきたので、子どもに対しても大事な判断をするときはプラス面とマイナス面を比べるべきだと教えてきた。心理療法においてでさえも、我々は青年期の若者に対して、与えられた選択肢を選ぶ前にそれぞれの長所と短所を考えるようにと指導する。だがすでに取り上げたとおり、「酔っぱらっている状態で家まで運転して帰るかどうか考える」といった危険な状況でのプラス面とマイナス面の比較を青年期の若者に促すと、残念ながら彼らは間違った判断を正当化しようとする恐れがある。ただし、子どもが危険な状況に直面するよりも前、つまり彼らが「冷たい認知」で状況判断をしているときであれば、危険性と有益性の比較検討をうまく活用できる場合もある。

青年期の子どもに対して、迷いや同調圧力で身動きが取れない状態を想定した対応策を事前に考えておくよう親が指導すれば、子どもたちは避けることができない危険な状況に備えることができる。たとえば、世の中に出回っているアルコールや薬物の多さを考えれば、青年期の我が子が参加したパーティーなどの集まりでそうしたものが出てくることは、頻繁にとまではいかなくても十分に可能性があると見てまず間違いないだろう。大半の親はそういったパーティーへの参加自体を認めないだろうが、万が一我が子がそんな状況に直面した場合に身を守るための対策も必要だ。つまりこの場合の親の役目は、そういった状況になったときすぐに対応できる「判断の道筋」を、子どもに事前に用意させることだ。「酔っているときは絶対に運転しない」「酔っている、あるいは薬物でハイになった人が運転する車には絶対に乗らない」といったことは、大半の親が子どもに何度も言い聞かせているだろう。だがそこからさらに進んで、酔っている友人が運転する車に乗るよう誘われたときに断る方法を、ロールプレイング形式で行うのもひとつの手だ。たしかに親子でロールプレイングをするのは決まりが悪いものだが、車に乗るよう誘ってもらったのを断るのには強い意志が必要なので、事前に何度も練習しなければならない。親がとれる対策はほかにもある。たとえば、「酔っぱらってしまったり、薬物を使用してしまったりしたときは、『絶対に怒らない』と約束するから、迎えを頼む電話をしてきなさい」と、子どもに言い聞かせておくことだ。ただし、その翌朝には前夜の行動について話し合い、場合によっては当然の報いである罰を与えることも話しておく。

数年前、当時一七歳だった娘が、郊外の一軒家で行われた友人同士の少人数の集まりに参加した。私はその集まりのどこかの時点でアルコールが出てくるだろうと読んでいた。娘が出発する前に、彼女が一口でも酒に手をつけたらどうすべきかを話し合い、その場合は絶対にその家から出ないことにした。火事などが起こったとき以外は、何があっても絶対に家から離れないと約束させたのだ。さらに、彼女が身の危険を感じたらいつでも（本来なら受けるはずの罰を気にせず）私に電話をすること、そうすれば私が何もかも放り出してすぐに迎えに行くことを互いに約束した。そのうえ、私は出発前の娘にこの取り決めを絶対に翻さないことを誓わせた。私は現実主義者で、しかも娘のことをよくわかっている。彼女は学業優秀だし、友人からの信頼も厚いし、責任感も強い。それでも、同年代の友人の集まりでアルコールが出されたら口にしてしまうかもしれない。それはまだ我慢できるとしても、娘が酔っぱらって運転することには耐えられない。娘の命がかかっているのだから。

事前に判断の道筋をつくれるように親が青年期の子どもを導けば、彼らは不安を抑えて自分の意志をもっと強くすることができるようになるだろう。一〇歳や一一歳といった早い段階でより的確な判断力を身につけることと、青年期に仲間とうまくつきあえ、より分別のある振舞いができ、情緒がよりいっそう安定していることには関連性があるとされている。それはもっともだ。大人だって、たとえば上司に昇給を要求するといった感情面での大きなストレスになりかねない状況では、どのような態度で話を進めればいいかを事前に練習しておくほうがずっと楽な気持ちになり、落ち着いて交渉に臨めるはずだ。同様に、子どもにも難しい状況を乗り越えるために練習する機会を与えよう。

5 緊急非常事態

危険に直面する状況を察知して回避するすべを、青年期の若者に教えることは可能だ。たとえば、ニューヨークのティーンエイジャーは「『フリー』に行く」という言葉をよく口にする。それは親が留守中の仲間の家に集まって、パーティーをすることだ。フリーは、いわば「緊急非常事態」だ。青年期の子どもがそこに行けば、酒を飲まされたりマリファナや、もっと別の薬物を勧められたりする可能性が極めて高くなるという警報である。もし子どもがそういった状況にまだうまく対応できないのであれば、彼らの行動に目を配って、そうした集まりへの参加を制限しなければならない。同様に、もし娘にボーイフレンドがいて、でも彼女がまだセックスは早すぎると思っている場合（そして親も、あるいは親がそう思っている場合も含む）は、「お互いの家、あるいはどんな場所でも完全に彼と二人きりになったとき、それは緊急非常事態なのだ」と娘に教えなければならない。完全に二人きりになる機会が多ければ多いほど、避妊なしのセックスをする可能性も高くなるからだ。私は子どもを持つ人々に対して、自分の子どもが直面する可能性が高い緊急非常事態を特定して、何としてでも事態が進むのを避けなければならないと助言している。緊急非常事態は、危険や恐怖が迫ってきていて子どもが今にも危ないことに巻き込まれそうな状況であり、絶対に容認できないものだ。つまり、「慎重に行動しなさい」という類のものではないので、親は早急に対処しなければならない。子どもとのロールプレイングがこうした危険な状況を避けるために効果があることを、ここでも改めて述べておきたい。何度も練習を繰り返すことは、自己効力感の向上につながるのだ。

6 手本になる

子どもは常に親を見てそこから学ぼうとしていることを、親はいつも念頭に置いておかなければならない。親の話し方、汚い言葉を使う頻度、怒りをあらわにする程度、電子機器の画面を見ている時間の長さ、怒鳴る頻度、配偶者や周囲の人への態度といったさまざまな要因は、子どもが成長するにつれて、彼らにより大きな影響を及ぼすようになる。また、親は我が子に影響を与えるのは当然自分たちだけではないということも忘れてはならない。子どもたちがメディアやインターネットで何か見ているとき、彼らは知らず知らずのうちに何らかの影響を受けている。ただし、メディアには健全な行動のお手本となるよい内容もあり、そうした映画やテレビ番組をいっしょに見たり、本をいっしょに読んだりすることは、子どもに物事を教えるよい機会となる。しかも、親のやり方次第では、子どもに悪影響を与えそうな内容さえも有効活用できるだろう。たとえば、私は子どもといっしょに見ている映画で屈強な登場人物がたばこを吸っている場面が出てくると、「あんなにたばこを吸う人があれほど健康そうに見えて、あれほど速く走れるわけがない」と短く批評してみせる。子どもの実生活、あるいはメディアのなかでの経験について親子で話し合うことは、彼らが世間を理解し、自分の身を守る、「要旨」に基づいた瞬時の対応力を身につけるために役立つはずだ。

7 常に言い聞かせる

親は子どもが直面している危険を認識し、そうした危険にどう対処すればいいか教えられると、何度も伝えることが大事だ。大人でさえ、自分のなかの知識や安全対策を思い出す手がかりがなかったり、思い出させてくれる人がいなかったりすれば、そうした役に立つものを活用するのを忘れてしまうのだから、「私たちはあなたがどんな大変な思いをしているのかわかっているし、自分の身を守る方法を教えてあげられる」と子どもに伝えるのをためらってはならない。聞き流されないように、言葉や言い回しをたまに変えてみるのもいい案だが、言い聞かすのをやめてはいけない。彼らには、頻繁に思い出してもらうことが必要なのだ。

出かける間際の子どもに「自分でちゃんと判断してね」や「冷静でいるのよ」といった簡潔な声かけをするのも効果がある。あるいは、「安全のためにシートベルトを締めよう」「安全運転は事故を防ごうという気持ちから」「森林火災を防げるのはあなただけ」といった、よくある標語を子どもたちと探して真似するのも面白いかもしれない。だが忘れてはならないのは、大事なのはうまい言い方ではなく、子どもが危険を回避しようとするために役立つ情報を提供すること、という点だ。たとえば土曜の夜に友達の家に行こうとしている子どもに、「ねえ、お酒を飲んだ人や薬を使った人が運転する車に乗ったらだめよ。そんな危険を冒す意味はまったくないから。運転手のたった一度の過ちで、いっしょに乗っている人も怪我をしたり、一生障害を抱えることになってしまったり、死んでしまったりするの。それを忘れないで。今夜、誰かが少しでもお酒を飲んだり薬をやりはじめたりしたら、電話して。迎えに行く。安全のためよ。あなたを叱るようなことはしない」と長々と言い聞かせてもかまわない。

私は二〇〇八年から、シリウスＸＭラジオのドクターラジオチャンネルで、毎週金曜の朝に『子どもたちについて』という電話相談番組に出演している。番組のなかで「私は子どもを持つまでは、ほぼ完璧な親だったんです」というジョークをよく語っている。だがこの章で私が行った助言は、数多くの裏づけがあるので安心してほしい。本章で紹介したさまざまな方法を実践すれば、親、小さい子ども、青年期の若者の人生はよい方向に大きく変わるはずだ。とはいえ、こうした指針に実際に従うのは大変で、しかもたいてい子どもたちの不評を買うことになるのは、私も医師またはひとりの親としての経験からよくわかっている。ただ、これだけは言っておきたい。あなたの子どもたちが「熱い認知」の状態（たとえばあなたがテレビを無理やり消したときや、彼らの友人はもっと遅くまで外出を許されているのにもかかわらず、「門限までに帰ってくること」と告げたとき）から覚めて冷静になったとき、たとえあなたに告げようが告げまいが、指針、支援、そして安全を与えてもらっていることを改めて感謝しているはずだ。

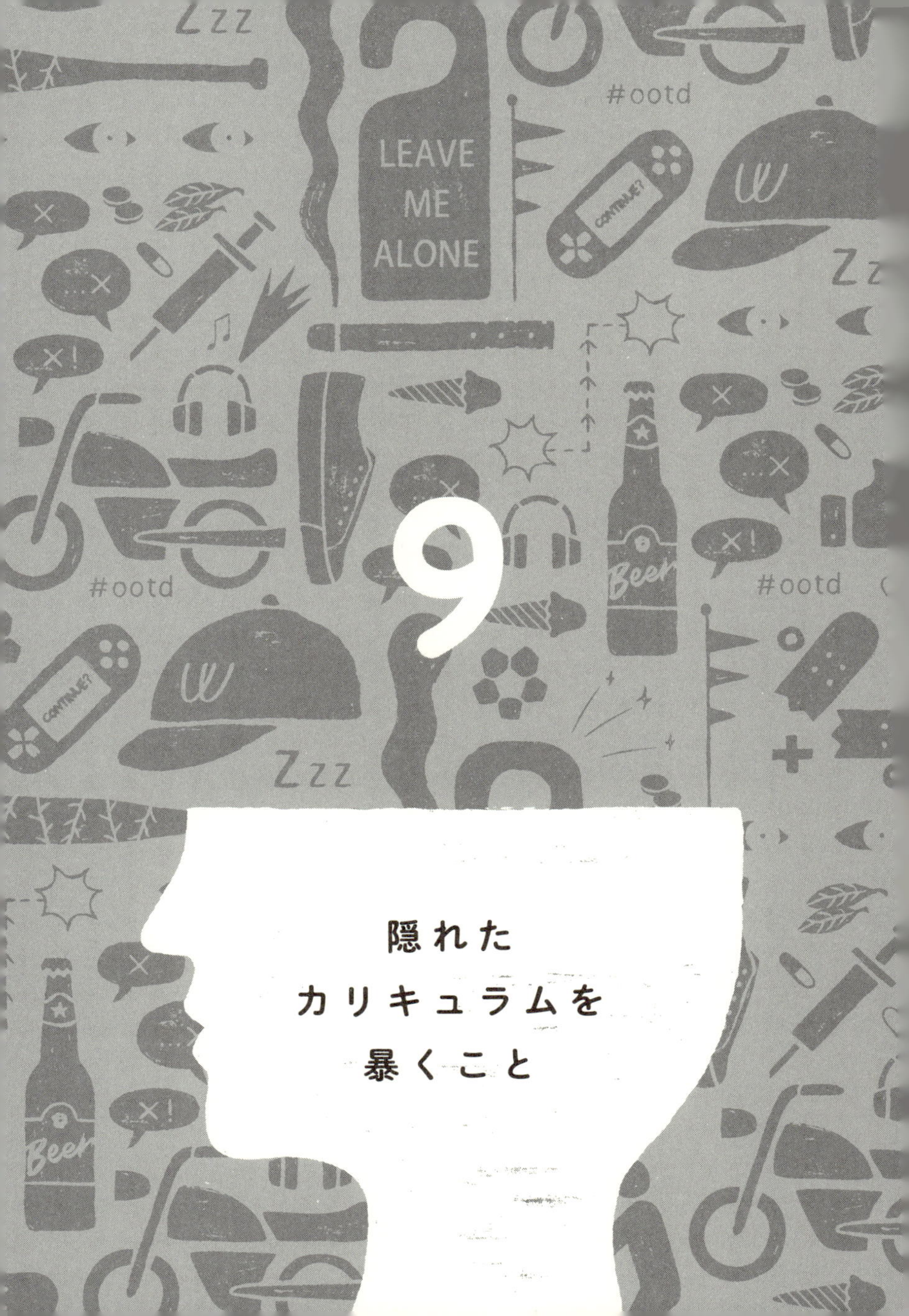

9

隠れた
カリキュラムを
暴くこと

教育とは、学校で習ったことを忘れたときに
まだ残っているもののことだ。

――アルベルト・アインシュタイン

お子さんにどんな高校生になってもらいたいですか、と私が尋ねたなかで、「幾何学が得意になってもらいたい」とか「シェイクスピアを深く理解できるようになってほしい」と答えた人はひとりもいない。代わりに返ってくるのは「自分に自信を持てるようになってほしい」とか「公正で、思いやりのある子になってほしい」といった答えだ。ギャラップの世論調査によると、アメリカの成人の九割以上が、「異なる人種や文化的背景の人を受け入れること」「誠実さ」「家族や友人の大切さ」「民主主義」「道徳的勇気」を公立学校で教えるべきだという意見に賛成している。あなたは自分の子どもにどんな人になってもらいたいのだろうか？　子どもはそれを学校で学んでいるだろうか？

私が医師または個人として親や学校と関わった経験によると、親が子どものために求めていることと、大半の学校が提供しているものには、非常に大きなずれがある。もちろんどんな親も、この先必要な読み書きと計算を子どもに習得してほしいと思っている。だがそれと同時に、社会の一員として生きていくための能力、チームワーク、共感力も身につけてほしいのだ。学力は子どもの将来にとって大事だが、自己効力感、感情を調整する能力、よい仕事に就いて家族を養う能力も、それと同じくらい（もしかしたらもっと）重要だ。学問を修めることは子どもにとって間違いなく大きな財産になるが、どんな子どもも生まれつき勉強ができるわけではないので、多くの落ちこぼれた子どもが脇に追いやられることになる。同様に、親が子どもに身につけてもらいたい能力の一部は、スポーツ、芸術、放課後のクラブを通じて育むことができるが、課外活動に参加する子どもはごく少数だ。もし、子どもの自信、健康、将来の可能性をさらに高めたいと真剣に願っているのであれば、立ち直る力（レジリエンス）を学校で意図的に教えなければならない。

第1章で取り上げたとおり、立ち直る力は多面的な概念であり、一般的には人生の試練に直面したときに自制心を保って耐え抜く能力とされている。幸いにも、**立ち直る力は授業の一環として教えられる**ことが最近わかってきていて、現場では「人格教育」と呼ばれていることが多い。現在では子どもの統率力、実行機能、衝動を抑える能力、共感力、目的意識、コミュニケーション能力、自己効力感の向上や、不安を和らげてやる気を高めるためにこの授業を採用している学校がますます増えていて、教え方もじつにさまざまだ。広く取り入れられていて効果も実証済みの授業内容の例には、瞑想、エアロビクス、ストレス対処法、健康的な食事法、アンガーマネジメント、目標設定といったものがある。

過去数百年の心理学は、悪いもの、負の影響を及ぼすもの、我々の具合を悪くしているものは何かといった、「不具合を科学する」研究に費やされてきた。これにはもっともなわけがある。人間は種として、最悪の事態に備えるようにできているからだ。進化により、我々は頻繁に危険に襲われる環境で生き延びるために、ストレスの原因を探し当て、脅威を特定するようにできている。人間は、よいものを探すようにはできていないのだ。こうした本能は太古の昔から役に立ってきたが、今日においてはあまり意味がない。欠陥モデルは子どもの「悪いところ」を見つけるためのものであり、子どもの長所を見つけて、その強みを活かして立ち直る力を高めるにはどうすればいいかを探るためのものではないのだ。

高校を訪れて最初に目にするのは、学校のスポーツチーム関連のものであることが多い。私が通っていた高校のロビーの大きなガラスケースには、アメフトチームのトロフィーがあふれんばかりに飾られていた。それは今もなお、多くの学校で見られる光景だ。これは各学校が定める教育の優先順位のうえで、何を意味しているのだろうか？　それはスポーツがとても重要で、ときには学業よりも優先されるということだ。

では、始業時間が早いことは、何を意味しているのだろうか？　アメリカの高校の四割以上が午前八時前から授業を開始する。だが、始業時間を三〇分から一時間程度遅らせるだけで、成績向上、うつ病患者の減少、判断力の強化、交通事故の減少といった大きな効果を一〇代の生徒にもたらすことが、数多くの研究で指摘されている。始業時間が早い理由として最も多く挙げられているのは交通費（スクールバスの出発時間を早めれば早めるほど渋滞に遭わず、一台につきより多くの生徒を送迎できるので交通費が削減できる）と、またしてもスポーツ（学校の始業時間が遅くなると練習時間や試合の時間も遅くなり、親も夜遅くまで関わらなければならなくなる）だ。交通費の削減やスポーツクラブのスケジュールも考慮しなければならない大事な事項だが、こうしたものが最優先されることで「隠れたカリキュラム」の存在が見えてくる。学校では読み書きと計算の習得を優先しているとされている（たいていの親は人格教育のほうを優先してほしいと思っているが）。これはいわば「公のカリキュラム」だ。だが、実際には経費を抑えることと強いスポーツチームにトップの座を守らせるという「隠れたカリキュラム」のほうが重視されているのだ。

健康の三本柱

我々はあらゆる病気や障害を防げるわけではないが、体と心の健康を高めて長生きするためにできる簡単なことがいくつかある。それは、「適度な運動」「バランスのとれた食事」「十分な睡眠」だ。私はこれを「健康の三本柱」と呼んでいて、私を訪ねてくるすべての患者にその話をする。現在のアメリカの学校は残念なことに、この大事な三本柱を子どもたちに習慣づけるという本来の役割を果たしていないことが多い。

私が小学生だったときは午前中に休み時間があったし、昼休みも長かったので昼食を食べたあとに遊ぶことができた。あなたの子どもは、学校でどのくらい休憩できるのだろうか？　現在のニューヨーク市の公立学校には、休み時間がない（ただし、実際には昼食後に少し遊べるそうだ）。しかも、私の子どもが通っていたニューヨーク市の公立小学校では、遊べる時間があってもジャングルジムに登ることは禁じられていた。子どもが怪我をして、学校が訴えられるのを恐れてのことだ。あなたの子どもは学校に歩いて通っているだろうか？　私は徒歩通学だったし、おそらくあなたもそうだっただろう。だが今日では、スクールバスや親の車で通っている子どもがますます増えている。私が通っていた中学と高校では、ほぼ毎日四五分間の体育の授業があった。現在のニューヨーク市の公立学校では四〇分間の体育の授業が通常週二、三回行われるだけだ。あなたの子どもの運動量は、はたしてどのくらいだろうか？

休み時間の遊びや毎日の体育の授業は子どもの体にとてもよいうえに、認知能力や学力の向上、社会機能や感情機能の発達にも効果があることが示されている。さらに、最新の研究では、重度の成人うつ病患者の一部に運動による改善が見られた。アメリカでは圧倒的多数の親は休み時間と体育の授業の大切さを理解しているが、学校が子どもたちに日々十分な運動をさせないことに異を唱えようとはしない。

この問題の始まりは、たいてい幼稚園時代にさかのぼる。我が子の「就学前の準備学習」に寄せる親の熱意と、体を使った遊びでの怪我に対する先生と親の不安によって、幼年期の子どもたちが体を使って行う活動は著しく減った。発達学の専門家たちは、幼稚園はごっこ遊び、お話をつくって聞かせ合う、おしゃべり、運動、自然を探索するといった場であるべきだと主張している。

「動物界をくまなく観察すれば、柔軟性が高い成体ほど幼年時代が長かったに違いないことが見てとれます」とカリフォルニア大学バークレー校心理学教授のアリソン・ゴピックは語っている。

ゴピック博士の考察は、第3章で取り上げた説と同じだ。すなわち、小さい子どもや青年期の若者たちに、探究する、遊ぶ、疑問を抱く、周囲のことを知るといった時間を与えれば与えるほど、彼らの脳で刈り込みが完了して灰白質の柔軟性が完全に失われてしまうまでにかかる時間をより長くすることができるため、彼らは大人になっても脳の可塑性、つまり柔軟性がより保たれ、その結果順応性が高くなるというわけだ。**もし子どもたちに探究する、遊ぶ、体を使うといった時間を与えなければ、彼らに大きな問題を背負わせてしまうことになる。**

第4章でも指摘したとおり、現在アメリカの子どもと若者の三分の一以上が「太り気味」または「肥満」と診断されている。体重の適正範囲は、ボディマス指数（BMI）と呼ばれる計算に基づいている。アメリカ疾病予防管理センターは子どもと若者の肥満度について、各年齢のBMIパーセンタイル値が八五から九五を「太り気味」、九五より上を「肥満」と定義している。だが、これはアメリカだけの現象ではない。今日では肥満は世界中でまん延していて、世界の人口の三割以上にあたる二一億人が「太り気味」または「肥満」であると推定されている。先進国では平均して女子の二三パーセント以上、男子の二四パーセント以上が「太り気味」または「肥満」と診断されており（とはいえ、アメリカがずば抜けて肥満度が高いと思われる）、ときには食料が不足することもある発展途上国でさえも、男女いずれも約一三パーセントが「太り気味」または「肥満」である。

肥満が増えた原因は、運動不足だけではない。我々は栄養について多くの知識があるにもかかわらず、残念ながら自身が理想とする食事を子どもたちに与えられていないようだ。それは、両親ともに忙しいとか、ひとり親で子どもを育てていて、どうしても食事をつくる時間がないからかもしれないが、理由はどうあれ子どもたちがファストフード、加工食品、添加物の入った食品をかつてないほど大量に食べているのが実情だ。しかも困ったことに、この事態は家庭でも学校でも起こっている。

二〇一四年にアメリカの公立学校で出された給食数は五〇億食を超えるが、そのうちの四分の三近くは無償あるいは減額で提供されていた。二〇一四年、アメリカではほぼ二〇〇〇万人の子どもたちが、学校で毎日給食を無償で食べている。アメリカ農務省は連邦予算の〇・五パーセントをわずかに下回る一六〇億ドルを、子どもたちに無償で提供する朝と昼の給食費として支出した。人件費を考慮すると、アメリカの学校は農務省から一食あたり一・五ドルの給食費を支給されていることになるが、一・五ドルで健康的な食事を提供するのは無理がある。貧困率が上昇するにつれて、学校で無償の朝食や昼食を食べる子どもや若者は急速に増えている。我々はいったいどういったものを子どもたちに食べさせているのだろうか？

脂肪や塩分といった特定の栄養素には摂取上限が設けられているが、それでも誰もが知っているとおり、今日の学校給食は子どもたちに提供できる最も栄養価に優れた食事ではない。その一番の原因は、学校が節約のために出来合いの品を使っていることだ。そうした食品は通常、大半の親が子どもにはどうかと思うほど大量の保存料、乳化剤、人工調味料や着色料を使用している大手食品製造会社から供給されている。すべての食品添加物が子どもに害を与えるものではないかもしれないが、それでも子どもに必要なものでもなければ、彼らの体にいいものでもないのは明らかだ。しかも、こうした食品のほぼどれもが、学校で提供される直前に電子レンジで温められるようにプラスティック容器に入れられていて、そうした容器には温められるとよけいに速く食品に染み込む、内分泌かく乱物質（環境ホルモン）が含まれている可能性がある（第4章参照）。地元でとれた食材、農産物の直売所、「農場から食卓へ」に対する関心がこれほど大きく高まっている時代なのだから、優れた栄養を最も必要とする子どもたちもその恩恵を受けているはずだと、あなたは思うかもしれない。だが実際には、学校の食堂は我々の子どもの頃とたいして変わっておらず、メニューに載っているのはピザ、ハンバーガー、フライドチキン、サンドイッチ、マカロニ&チーズといった、昔とほぼ同じものばかりだ。あなたも子どもの学校の給食メニューを見たら、思わず目をそむけてしまうかもしれない。

現在、一部の学校区では食育に取り組みはじめていて、カリフォルニア州バークレーの「学校給食イニシアティブ」はその好例だ。これは小学生が野菜づくりや料理も習いながら、栄養や食事について学ぶためのカリキュラムである。この課程を修了した児童たちは栄養についての知識が豊富になり、彼らのなかで食生活の改善が見られた児童の割合は、課程を履修しなかった児童たちの倍以上になった。

子どもの健やかな成長にとって運動や栄養と同じくらい、あるいはそれ以上に重要なのが、良質な睡眠を十分とることだ。だが、第3章ですでに取り上げたとおり、青年期の若者は必要な睡眠がとれないことが多々あり、それは彼らが危うい決断をする可能性を高めるだけではなく、さまざまな神経認知に関する問題や問題行動の原因にもなる。実際、アメリカ疾病予防管理センターは現在では高校に対して午前八時半より前に始業しないよう勧告しているが、これを支持したのはアメリカの高校の五分の一にも満たなかった。神経心理学上の問題や問題行動でさえ、子どもたちが睡眠をもっと必要としていることの証拠として不十分だというのであれば、睡眠不足は人間の体でつくられるグレリン(空腹を知らせるホルモン)を増やし、レプチン（満腹を知らせるホルモン）を減少させることも挙げておこう。つまり、子どもたちの睡眠時間が少なくなれば少なくなるほど彼らが摂取するカロリーが増え、それはいうまでもなく肥満のさらなるまん延につながるというわけだ。

つまるところ、「適度な運動」「バランスのとれた食事」「十分な睡眠」の三つを満たせなければ、無気力、不注意、記憶障害、発話流暢性障害、計算障害、創造力の低下、難解な問題を解決する能力の低下、衝動性、判断力の低下、肥満とそれに伴う自信喪失といった、危ない行動につながりかねない一連の深刻な機能障害が起こる恐れがある。だが幸いなことに、こうした問題に対処するために学校ができることはじつにたくさんある。

運動の授業やスポーツ活動は子どもたちを活発にするため、強いスポーツチームの部員だけではなく、すべての子どもに毎日行わせなければならない。また、高校の始業時間を午前九時や一〇時に遅らせれば、一〇代の若者に備わっている概日リズムに合わせることができる。すると彼らの大半は、リズムに逆らって登校していたときよりも毎日一時間以上多く睡眠がとれるようになるため、誤った判断や危ない行動を減らすことができるだろう。始業時間を遅らせると、高校生は午後遅くまで教室にいることになるので、彼らが危ない行動をとる可能性が高くなる監督の行き届かない時間を減らすこともできる。給食の一食あたりの量を制限して、地元の農家や生産者と協力しながら加工食品の代わりに新鮮な材料でつくられた給食を提供すれば、肥満を減らして子どもの自信を高められるだろう。さらに、食生活を改善すれば大人になっても肥満、高血圧をはじめとする心臓病、糖尿病といった病にかかりにくくなり、医療費も大幅に減らすことができる。最も重要な点は、こうした一連の対策は子どもの集中力、気分、学業成績、全般的な体の健康、あきらめずに対処する能力、ストレス対処能力、家族や仲間との関係の向上につながることだ。そうした要因はすべて、自信を高めることや、不安症、うつ病、アルコールや薬物の乱用から立ち直る力を強化することと関連している。

「青年期」という根本の問題

私は生徒の深刻な悩みについて、中学や高校からよく電話で相談を受ける。そうした問題で通常最も多いのはうつ病、不安症、興奮による攻撃的な行動、薬物やアルコールの摂取だ。教師、親、生徒本人の話を聞くと、ストレスの大きさ、宿題や課題の多さ、よく眠れないことが多いという悩みが次々と出てくる。

私の児童青年精神科医および成人を対象とした精神科医としての訓練や経験、そして二人のティーンエイジャーの親としての経験によれば、私のような五〇代のおじさんが中学生や高校生に薬物やアルコールについて語ったところで、たとえその話がいくら面白くても彼らの行動を変えることはまずできない。だが教師や親は、私の話をいつも熱心に聞いてくれる。つまるところ、たいていの親、教師、一〇代の生徒本人も、悩んでいる本当の問題はじつはマリファナでもアルコールでも、または一〇代の若者が試そうとするほかのどんな薬物でもないことがわかっている。同様に、本当の問題がセックスでも性感染症でもないこともわかっている。そう、彼らはこうした問題の根本に何が潜んでいるのか、それが何という名であるのかをはっきりとわかっている。それは我々が「青年期」と呼ぶものだ。

薬物乱用の怖さについて全校生徒に講演をしてほしいと学校が私に依頼するのは、私の話のなかの何らかの言葉が生徒の行動を変えるだろうと確信しているからではない。正しくは、生徒がもっと有意義な方法でストレスに対処できるよう、とにかく何とかして彼らの役に立ちたいという学校の切実な願いからなのだ。

「ただ『ノー』と言え」や「これが薬物を使ったあなたの脳だ」といった薬物やアルコールに対する昔からの警告は、もはや役に立たないのは明らかだ。本当に必要なものは、薬物やアルコールとはあまり関係がない。一〇代から二〇代半ばの若者たちに必要なのは、ストレスに対処するための方法、自身の変わりやすい気分を受け入れやすくする能力、両親や仲間とのコミュニケーションをより円滑にするための方法、そしてもっとよく寝ることだ。こうした点について、我々はさらに深く探らなければならない。

「立ち直る力」を教える

二〇〇五年、素晴らしいチャンスが私に訪れた。ニューヨーク大学（NYU）の人文科学部から、学部生向けのまったく新しいメンタルヘルス教育講座を開講するために招かれたのだ。大学の心理学科の多くは、学部生向けに知覚、記憶、認知、人格に関する非常に優れた講義を行っていて、NYUも例外ではない。だが、学部生に対して診療についてや、うつ病や統合失調症といった精神疾患を診断する方法を教える心理学科はほとんどない。二〇〇六年、NYU医学大学院に籍を置く私の研究チームは、同大学の人文科学部に児童青年メンタルヘルス研究科を設置した。大学内ではCAMSと呼ばれているこの学科は、今では四六の独自の講座に毎年四〇〇〇人を超える学部生が登録するといった、この大学で最大規模の学科のひとつとなっている。CAMS学科では児童発達学や精神病理学といった多くの臨床心理学課程で教えられているものだけではなく、睡眠、幸福、性同一性、道徳、児童文学、離婚、愛をはじめとするさまざまなテーマの講座も開かれている。

　学部生を毎日のように直接指導しはじめた直後から、私には彼らがいかに不安、同調圧力、悲しみ、睡眠の改善、薬物やアルコールの摂取、時間の管理で悩んでいるのかがはっきりと見てとれた。そのため、立ち直る力を強化するための講座を開講しようと思いつくまでに、そう時間はかからなかった。私は医師として、自分の行動を変えたいという若者の願いを実現させる最良の方法は、まずその行動について教え、次に病院あるいは教室の外に出て実生活の場面で何度も練習を繰り返させることだとわかっている。医学大学院の廊下では、「見て、やって、教える」というせりふをよく耳にする。それは、採血や動脈血液ガスを採取する、腰椎穿刺（せんし）を行う、経鼻胃チューブを挿入する、傷口を縫合するといった医学大学院生や研修医が授業や研修を通じて学ぶ、何百もの技術に対する合い言葉だ。医師たちは、こうした技術を身につける最善の策は練習とほかの人に教えることだという事実に気づかされてきたのだ。

エドガー・デールは二〇世紀の教育専門家で、次ページの図9-1の「学習の円錐」（「経験の円錐」ともいう）の考案者だ。デールの円錐が主に表現しているのは、人は受け身になって座って観察するよりも能動的に取り組んで実践するほうがより多くを学ぶということだ。デールは円錐内のさまざまな学習方法ごとに示されているパーセントの数値が完全に正確であるとは考えていなかったようだ。それどころか、彼はこの学習の円錐は、次の孔子の言葉のように、実際には何千年も前から受け継がれてきた人の一般的な教えを図式化したものであることも認めている。孔子曰く、「見ると忘れ、聞くと覚え、体験して理解する」。

私はNYUの学部生に、立ち直る力を強化する方法を教えられると思った。しかも、**立ち直る力が強い青年期の若者は危険によりうまく対処できる**ため、我々の取り組みはこれ以上ないほど役に立つと考えたのだ。感情の調節能力が優れている、衝動をうまく抑えられる、他人に共感を示せる、人生の目的意識を持っている、自己効力感を抱いている、自分の人生をいくらかは自分で切り開いているという自覚、といった特徴は、若者の立ち直る力をより一層高めることが多くの研究で明らかになっている。だが、学部生にこういった能力を、はたして授業中に身につけさせられるのだろうか？

私はデールの円錐図と自身の医師としての経験から、大学生に立ち直る力を身につけさせる最善の方法は、学んだ知識を実践的に応用させることだという仮説を立てた。それを受けて、

［図9-1］**エドガー・デールの「学習の円錐」**

「学習記憶ピラミッド」とも呼ばれるこの学習の円錐は、学習過程への関わり方に基づいた記憶の割合を図式化したものだ。各学習方法の割合については広く議論されているが、全体的な傾向は正しいとされている。我々は何かを学ぶときに積極的に取り組んで実際に行えば行うほど、学習内容をよりしっかりと身につけられる可能性が高い。

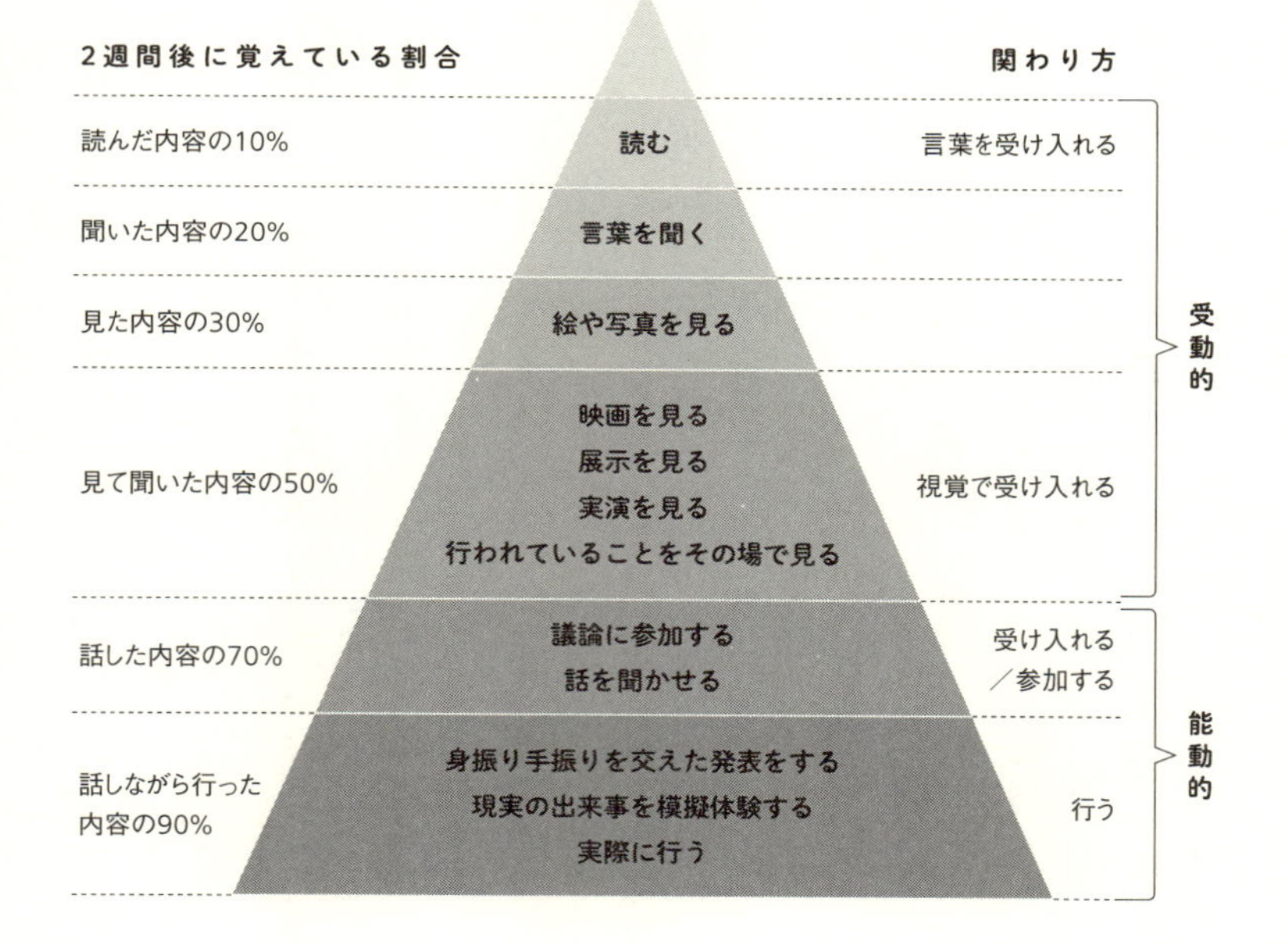

私と同僚のウルスラ・ダイヤモンドは「危険と都会のティーンエイジャーの立ち直る力――メンタルヘルス教育の促進と実践」という、前期と後期の一年間にわたる新たな講座を、二〇一一年の秋にＣＡＭＳで開講した。秋からの前期では、学部生に対して青年期の若者の立ち直る力と危険な行動についての講義を行った。そして春の後期には、我々が開発した、認知の歪み、ストレスへの対処と軽減方法、薬物とアルコールの摂取、睡眠衛生、対人コミュニケーション、青年期の若者の意思決定といった内容からなるカリキュラムを導入した。その後、この一〇回にわたるカリキュラムに基づき、講座の学生たちに地元の高校で教えさせた。

我々は初年度の講座の問題点を修正したあと、翌年度の講座では前年の「危険と立ち直る力」講座が大学生に与えた影響を調べた。それは被験者の学部生（ＣＡＭＳの「危険と立ち直る力」講座履修者）と、それ以外の学部生（ただし、ＣＡＭＳのほかの講座は履修していた）を比較するという方法で行われた。

この研究から、とても重要なことがわかった。半年間にわたる前期の講義の履修者に、あきらめずに対処する能力の向上、抑うつの改善、自覚症状のあるストレスの緩和がどれも大幅に見られた。こうした効果は「統計的に有意」どころか、行動療法で使われる基準では「中等度から大」のレベルだった。つまり、この講座を履修した学生は、ＮＹＵの平均的な学生よりも立ち直る力がずっと強くなったのだ。この結果は前期末時点のものだが、その後学生たちが高校で教えたあとの後期末の時点でも、効果は維持されていた。学生たちの変化は、ただ大きいだけではなかった。それは長続きするものだったのだ。

この講座をすべて修了した時点でNYUの学生たちに身についていた能力が、五年後も維持されているかどうかという真の問題については、まだ答えが得られていない。この講座を履修した学生たちの卒業率は履修しなかった学生より高いだろうか？　必ず訪れる別れによりうまく対処できるだろうか？　第一希望、第二希望の大学院に入れなかったとき、楽観的になれるだろうか？　適度な運動を行い、十分な睡眠やバランスのいい食事を大事にするだろうか？　病気にかかりにくくなっただろうか？　ほかの大卒者と比べて薬物やアルコールの摂取は少ないだろうか？　人生の難題にぶつかったとき、うつ病や不安症になる可能性は低いだろうか？　こうした質問の答えは、より長期的かつ費用がかかる追跡調査でしか得られない。だが我々には、非機能的態度をよりうまく抑える方法、自覚しているストレスを軽減する方法、あきらめずに対処する能力を活かす方法を学生に教えることで、将来必ず訪れる困難に対処する力を彼らに身につけさせていると信じるだけの根拠は十分にある。

幸福を科学的に考える

学校は危ない行動の減少につながる、立ち直る力を身につけさせ、健康を増進する出発点として最適の場だ。子どもたちを実際に「囚われの身」にして、無理にでも話を聞かせられるのは教室のなかだけだからだ。危険な行動をとる可能性が高い高校生に、身につけてほしい能力について簡単にまとめたものを教えるだけでも、うつ病、不安症、問題行動が起こる可能性が大幅に下がったことが、その後二年間にわたる追跡調査によって明らかになっている。問題行動の減少に加えて後ろ向きな気分や不安症が軽減されることは、すなわち危険な行動に走る可能性が低くなるという意味だ。私は健康推進活動や疾病予防活動の効果についてのデータを集めれば集めるほど、こうした内容を学校で教えないのは教育として間違っているのではないかとますます思うようになった。

次ページの表9－2は、私が学校で子どもたちに話すときにまず使うものだ。この表をざっと見て、次に今日これまでに感じたものすべてに○をつけてみてほしい。

あなたは自分の感情をいくつ捉えられただろうか？ そして、結果を見て驚いているのではないだろうか？ 我々の大半は一日、あるいはほんの数時間のなかで、想像以上に多くのことを感じている。しかも、青年期の若者の気分や感情は大人よりずっと範囲が広く種類も多くて、これまでの最高や最低レベルを簡単に超えることもある。さらに一日の気分の変化は大人よりもずっと激しい。一〇代の我が子が、まるで気分というピンボールゲームで翻弄されつづけるボールのように多くの感情の変化を一日中経験して、学校や仕事から家に帰ってきたときの気持ちを想像してみてほしい。

だが幸いにも、子どもたちが自分の気分を理解して調節できるようになるために、学校が力になれることはたくさんある。小さい頃から子どもたちに脳のはたらきについて教えれば、自分自身やほかの人を思いやる気持ちがより大きく育ち、それはたいてい責める気持ちや否定的

[表9-2] **感情を捉える**

今日の気持ち

このなかで今日感じた気持ちはいくつありますか?

怖い	がっかり	無関心	真面目
疎外された	不信	不安定	恥ずかしい
驚き	困惑	屈辱	愚かさ
面白い	夢中	興味深い	賢い
怒り	興奮	嫉妬	間抜け
むっとする	怯える	孤独	びっくり
決まりが悪い	いらいら	愛しい	思いやり
苦痛	罪深い	貪欲	疲れた
退屈	幸せ	緊張	信じる
穏やか	ためらい	誇り	気まずい
自信がある	希望	後悔	動揺
混乱	傷ついた	悲しい	復讐
好奇心がある	せっかち	満足	心配

な感情を抑えることへとつながっていく。さらに、自分の脳のはたらきとそれに伴う気分も、鍛えれば改善できることも理解できるようになる。この「成長型マインドセット」と呼ばれる考え方は、持続的な影響を与える強力な効果になりうることが多くの研究で指摘されている（第10章で詳しく取り上げる）。それに加えて、うつ病や不安症を患っている子どもや青年期の若者への心理療法でも使われている認知行動療法の技法も取り入れて教えれば、子どもたちにより幸せに生きるための秘訣を授けることができるはずだ。

第5章で紹介した「認知トライアングル」を、あなたは覚えているだろうか？ それは人の思考、感情、行動が互いに影響し合っていることを、目に見えるかたちにしたものだ。もしあなたの子どもが落ち込んでいたら、ただ慰めるだけではたいした効果はない。だが、思考、感情、行動は互いに結びついて影響し合っているので、そのうちのどれかひとつにはたらきかければ、ほかにも影響を与えることができる。つまり、認知トライアングルは**行動や思考を変えれば気分も変えられる**ことを、我々に教えてくれているのだ。

行動を変えることは必ずしも簡単ではないが、実現可能で、学校で子どもたちにも教えられる。たとえば、我々は悲しいときはひとりになろうとしがちだが、友人たちと出かけたり家族と過ごしたりすると気分が晴れてくる。ひとりきりになろうとする代わりに人と交流するという簡単な行動の変化は、じつは療法士が「オポジット・アクション（気分と逆の行動をとる）」と呼ぶ技法で、我々が後ろ向きな気分のときにやろうとしがちなことと反対のことをする、というものだ。学校や職場以外の活動や趣味を充実させるようにして、自分が楽しめるものに戻れるようにすれば、我々は当然より幸せで充実した人生を送ることができる。だがたいていの場合、我々は後ろ向きな気分になるとそういった活動をやめてしまうため、さらに後ろ向きになってしまう。ストレスの緩和や気分の向上に役立つその他の行動活性化の技法には、すでに出てきた定期的な運動や十分な睡眠などがある。驚くほど簡単だが、効果は高い。

同様に、思考を変えることも必ずしも容易ではないが、そうした試みは不安や後ろ向きな気分を小さくするためにとても有効な技法であることがわかっている。ジュリアは架空のティーンエイジャーだ。友人のフェイスブックのページに掲載されていたある写真で、ほかの一〇代の仲間はみな「タグ付け」されているにもかかわらず、ジュリアだけがされていなかった。この写真を見たジュリアは、自分はわざとタグ付けされなかったのだと思い込んで、ひどく感情的になった。そうした反応はたいてい傷心や怒り、さらには復讐の妄想へとつながっていく。第5章に戻って考えてみると、ジュリアは次のようなさまざまな認知の歪みを経験していると思われる。（1）よい点は除外して悪い点を大げさに捉える「心のフィルター」がかかっているかもしれない。たとえ彼女はタグ付けされていなくても、友人が投稿した写真に自分が写っていることには変わらない。（2）友人が写真で自分をタグ付けしなかった理由が自分にはお見通しだと思い込み、わざとやったに違いないと強く疑う「心の読みすぎ」かもしれない。（3）あるいは、自分が最近やったことや言ったことのせいで、友人はタグ付けしなかったと思い込む「個人化」をしているかもしれない。行動と同様に、我々の思考は自身の感情に直接影響する。そのため、もしジュリアがそうした歪んだ思考から強い影響を受けているなら、彼

［表9-3］**トリプルカラム法**

自動思考に認知の歪みの兆候がないかを探して、次に「自分への言い返し」を行うこの手法は、不安を減らして気分を向上させるために役立つ強力なツールになる。

自動思考	認知の歪み	自分への言い返し（または友人への助言）
彼に携帯メールを無視された。何かの理由で私にすごく腹を立てているはずだ。	心のフィルター 心の読みすぎ 非難	「もしかしたらただ忙しかっただけか、自分自身の問題にかかりきりになっているのかもしれない」
パーティーに呼ばれなかった。何かまずいことをしてしまったのかもしれない。彼女にすごく嫌われてしまったのだろう。	心のフィルター 心の読みすぎ 個人化	「もしかしたら単なる手違いかも。彼女はうっかりしてしまうことがよくあるから」

女はこのあと何時間も、それどころか何日もひたすら惨めな気持ちでいることになるかもしれない。

だが、もしジュリアが認知の歪みを自覚するよう教えられていたら、この出来事をまったく違うように捉えて、これほど落ち込むことはなかったかもしれない。ジュリアに「心のフィルター」「心の読みすぎ」「個人化」といった認知の歪みについて教えれば、彼女は自分の思考に疑問を抱けるようになる。否定的な思考が少なくなれば、後ろ向きの気分や不安も解消に向かい、危険な行動をとる可能性も低くなる。

「トリプルカラム法」（表9−3参照）は、厄介な思考を変えるための手っ取り早い方法のひとつだ。この方法ではまず悩みの種になっている思考を特定して、次にそれが認知の歪みに当てはまるか検討する。最後に思考を変えようとするために「自分への言い返し」を行って、歪みに対処する。この「自分への言い返し」は友人への助言と考えてもいい。我々はたいてい自分自身に対してよりも友人に対してはるかに優しくできるため、この方法は一部の子どもたちに熱く支持されている。

幸福を科学的に考えることは、感情の特定や認知行動療法だけには留まらない。友人関係で悩んでいる子どもには、社会性を教えることで立ち直る力を強化できる。子どものＡＤＨＤ、うつ病、不安症といった情緒面や行動面での問題や学習障害をできるだけ早期に発見できるよう徹底すれば、彼らが順調に成長するための特別支援教育、心理療法、投薬療法を十分に受けられるようケアすることができる。こうした問題を抱える青年期の若者は自信のなさに悩むことも多く、そのため危険な行動に走って学校をやめてしまう例が頻繁に見られる。要は、早期の発見と介入は、病を抱える子どもたちをよい方向に大きく変えられるということだ。

我々にできることは、まだたくさんある。性教育、いじめ防止活動といったひとつのテーマに特化した学校での保健教育は必ずしもいつも効果的ではないのに対して、より広い範囲を扱う危険を減らすための活動は、若者たちのセックス、薬物摂取、いじめといった行動の多くに対処できる。中学校や高校で危険性が高い行動がとられる場所（木工室の裏や運動場）の監視強化、破壊的な行為が起こったときに教師や職員が介入するための訓練の実施、いじめや危険な行動に介入するための学校による明確な対策の確立も、効果があるだろう。さらに、生徒を有意義な課外活動に参加させたり、高校生には必須科目として地域社会への奉仕活動を一定時間行わせたりすれば、青年期の若者特有の激しい感情を抑えて、そのエネルギーをより生産的な社会活動に向けさせることもできるだろう。

学校で教えられる、身につけておけばその後一生役に立つ実用的な技能は、ほかにも数えきれないほどある。考えてみれば、睡眠衛生、栄養と食事、目標設定、コミュニケーション能力の向上が、一般的に正式な教科として教えられていないのは驚くべきことだ。こうした内容については教えることも実習を行うこともできるし、それによって子どもたちの能力も向上していく。また、青年期の若者には、第8章で取り上げた親向けの行動訓練のような、行動修正指針を教えることもできるだろう。それはプライベートでも、職場でも、人間関係をより円滑化するために役立つはずだ。

学校や親は子どもの学力レベル向上を優先したいがために、そうした人格教育を学校の授業に取り入れることの価値が目に入らないこともある。しかも率直に言えば、こういった内容を中学や高校で生徒に効果的に教えて彼らの行動を着実に変化させられる、実証済みのカリキュラムがまだひとつもないことも事実だ。だがNYUの学部生を対象とした我々の研究のように、効果があった例もたしかにある。神経科学の知識に基づいた介入は青年期の若者の情緒を安定させる。そして心が健康な若者は危険性の高い行動に走ることが少ないことがわかっているため、学校での取り組みは決して無駄ではない。行動、思考、睡眠、さらに呼吸も変えれば、さまざまな危険を減らしてよりよい方向へ子どもたちを向かわせることができる。

マインドフルネスと呼吸法

体を楽にして、深く息を吸ってみよう。次にゆっくりと息を吐いて。それを三回繰り返そう。次に目をつぶって、もう三回繰り返す。今の気分はどうだろうか？

ゆったりとした呼吸も、立ち直る力を強化する実証済みの方法だ。始業時と終業時に一五分間の瞑想と深呼吸を取り入れたサンフランシスコの一部の中学校と高校では、とてもすばらしい効果が見られた。ビジタシオン・バレー中学校では、深呼吸の時間を始めてから数カ月後には停学件数が七九パーセント低下し、出席率は九八パーセント上昇し、成績平均値は〇・四点増加した。かつて「喧嘩好きの学校」として知られていたサンフランシスコのバートン高校では、停学件数が七五パーセント減少し、州内での学力レベルの順位が大きく上昇した。こうした結果はどれも、ゆっくりした時間のなかで数回深呼吸しただけで得られたものだ。急速に進む現代社会でいつも何かにせかされている子どもたちは、どうやら息をするのもやっとのようだ。

同様に、世界中の学校で取り入れられている「マインドフルネス瞑想」も大きな効果をもたらしている。「マインドフルネス」は通常「偏った判断をせずに、特定の方法でこの瞬間を意識すること」と説明されるもので、心理療法の「第三の波」の象徴とされることもある。第一の波はフロイト派の流れをくむ精神分析学と洞察志向の精神力動的(りきどう)心理療法だった。第二の波はオポジット・アクションやトリプルカラム法といった技法を用いた、認知行動療法だ。そして、第三の波がマインドフルネスだ。

人が不安になったり心配したりするのは、過去に起こったこと（例：「彼の気持ちを傷つけてしまっただろうか？」「先生に対して取り返しのつかないことをしてしまっただろうか？」）か、先のこと（例：「この試験に失敗したらどうしよう？」「大学の学費をいったいどうやって払えばいいのだろうか？」）についてのどちらかだ。このように不安が強いときは誰もが過去か未来に目を向けてしまうが、マインドフルネスではそれに対処するために、今の自分がいるこの場に目を向けてこの瞬間に存在している自分を意識するよう指導する。マインドフルネスの療法では、自分を悩ませている思考を再構築して変えようとするのではなく、ただ自分の思考を自覚すればいいと教えられ、そのための練習をする。そして「思考はあくまでただの思考であり、我々は思考によって存在しているわけではない。思考は頭のなかの一時的な思いつきにすぎない」と教えられる。さらに、心を穏やかにする方法や、否定的、固執的、妄想的な思考は一時的なもので「それもいずれ消え去っていく」ということも学ぶ。

マインドフルネスの療法は、サンフランシスコの学校の生徒たちのように通常は呼吸法を身につけることから始まる。私も不安症を抱えている患者には、常に呼吸法を指導している。ゆったりとした呼吸は、ストレスを感じたときに体を落ち着かせ、ペースを落としてリラックスするためにうってつけの方法だ。ゆっくりと深呼吸すると心拍数が減少するため、落ち着きを取り戻して不安を減らすことができる。心拍数や呼吸数は、ストレスの強さを知るための一種のバロメーターだ。皮肉なことに我々はストレスを感じると呼吸を速めてしまい、そのせいでさらなる不安やいらいらを感じるのだ。

ゆったりとした呼吸とはいわゆる腹式呼吸で、この呼吸をするときは横隔膜（肺の下にある大きな筋肉）を腹部へ押し込むように下げなければならない。この方法を使えば、最小限の体の動きで大量の空気が体内に取り込まれる。この呼吸法では一呼吸ごとにお腹がふくらんではしぼみ、胸は平らなままだ。呼吸中に胸が大きくふくらんでしぼむのは、激しい運動や精神的苦痛といった大量の空気を急いで体内に送らないといけない状態が起こったために、とても深く呼吸しているからだ。だが胸の筋肉を使った呼吸は大量のエネルギーが必要で、その割には体に送られてくる空気の量はたいして増えていない。つまり、余分な空気が本当に必要なとき以外は、エネルギーの無駄づかいになってしまうのだ。ゆったりとした呼吸は、体全体の神経系を落ち着かせる。しかもこの方法の非常に大きな利点のひとつは、何の道具も設備もいらないのでいつでもどこでも行えることだ。この呼吸法が本当に必要なときにうまくできるようになるためには、ストレスが少ないときに練習しておくといい。

〈ゆったりとした呼吸の練習法〉

神経系を静めて体や心へのストレスの影響を減らすために、この簡単な練習を一日数回行うことを勧める。

1 両足を床につけたまま、椅子にもたれる。
2 片方の手をお腹に、もう片方を胸に当てる。
3 鼻か口でゆっくりと深く息を吸い込み、お腹に当てた手にふくらんだ風船の心地よい感触がするまで、できるだけたくさんの空気をお腹に送る。そして、息を吐き出す。正しく呼吸している場合、胸に当てた手はほとんど動かず、一方お腹に当てた手は一呼吸ごとに上下する。正しい呼吸を、ゆっくりと規則正しく数回繰り返す。
4 呼吸しながら「私はここにいる」と自分に言い聞かせる。息を吸い込んだら五秒我慢する。吐き出すときは「私は落ち着いている」と自分に言い聞かせる。お腹がふくらんではしぼむ、深くゆっくりとした長い呼吸を繰り返す。心と体がリラックスするにつれ、今度は自分の呼吸の音や感覚に意識を集中させる。ほかのことに気を取られるたびに、自分の呼吸に緩やかに注意を向け直す。
5 さらに二、三分深呼吸を続ける。

マインドフルに食べる

もちろん、マインドフルネスは呼吸法だけには留まらない。子どもたちがより穏やかな気持ちで目の前の課題に集中できるようになるために、学校が取り入れられる手法はほかにもたくさんある。たとえば、食べることもマインドフルな活動だ。あなたもテレビを見ながら、本を読みながら、あるいは刺激的な会話に熱中しながらというように、自分が何を口にしているのか気づかないほど、ほかのことに気を取られながら食事をしていることがよくあるのではないだろうか？　次の食事のときに、この新たな方法を試してみてほしい。まず、自分がこれから食べるものをよく見る。時間をかけて、じっくりと見ること。かたちや硬さはどんな感じだろうか？　何色だろうか？　皿のなかでどれくらいの大きさを占めているのだろうか？　光を受けて反射しているのはどの部分だろうか？　次に食べものの声を聞こう。手で触れたり、ナイフ、フォーク、スプーンで触ったりするとどんな音がするだろうか？　第三段階は、時間をかけて匂いをかいでみることだ。前にもかいだことがある匂いだろうか？　いい匂いだろうか？　思わずつばが湧いてくるだろうか？　第四段階は一口を口に持っていき、唇に触れる感覚を味わいながら舌にのせる。口のなかで転がしてみる。塩辛い、甘いといったさまざまな味を、舌のそれぞれ異なる部分で感じられるだろうか？　時間をかけてかみしめ、食べものが口のなかで躍動するのを感じながら味わいつくそう。最後に飲み込み、食べものが食道を通っていくのを感じながら、自分の口と喉が一体となって食べものを体内に送りこんでいる様子を観察する。毎回こういうふうに食事を始めることで、生活のペースを緩められるだけではなく、我々が普段食べているものへの理解や感謝をより深めることができる。

感謝の気持ちがストレスを減らす

食べもの、友人、自然といった、自分にとって大切なものをありがたく思う感謝の気持ちを持つことも、ストレスを減らして気分を向上させるために役立つ重要な手法のひとつであることが、多くの研究で示されている。こうした研究で用いられる実験手順はとても簡単で、通常は被験者に「ありがとう日記」をつけてもらい、何かに対して感謝したことを毎日または数日おきに書き込んでもらうだけだ。すると被験者の肯定的感情や笑顔が増えて、怒りといった否定的感情が減ることが明らかになっている。そして第8章でも触れたとおり、肯定的感情が高まってストレスや怒りが減ると、脳の報酬中枢や恐怖を察知する領域のはたらきが低下するため、危険な行動をとる可能性が低くなる。

マインドフルネスで重要なのは、いつどんな瞬間も、そのときやっていることに意図的に意識を集中させるという点だ。とりわけ、頭の中にさまざまなことが浮かんでいる青年期の若者たちにとって、それを身につけるのは大変なことだ。だが、得られるものは非常に大きい。しかも、それを最も身につけたほうがいいのは、まさに彼らではないか。不安とストレスの減少、気分の向上、集中力と記憶力の向上、体重減少、怒りの緩和、情緒の安定。これらはどれも多くの研究で報告された、成人や青年期の若者がマインドフルネスの手法を実践したとき感じた効果である。こうした手法には意識的な呼吸法や食事法だけではなく、ヨガ、マインドフルウォーキング（歩行瞑想）、緊張の兆候がないか体を念入りに調べるといったものもある。さらには、手や足の裏など自分の体の一カ所に注目して、その部分がいつもどんなふうに感じているのかを知ることに数分間思いきり集中してみるのもいいだろう。マインドフルネスの手法は誰にとってもためになり、しかも年齢制限もない。始めるのが早ければ早いほど、効果が大きくなる。さらに、家庭でマインドフルネスの手法を取り入れれば、感情を調節する方法を親が見本になって子どもに教えるためのまたとない機会になる。

マインドフルネスの根底にある神経機構の詳細はまだ解明されていないが、マインドフルネスが脳を変化させることは間違いない事実だ。神経画像に基づいた研究によると、マインドフルネスの手法を実践することで前頭前野（脳のＣＥＯであり、注意、作業記憶、整理、意思決定の中枢）のはたらきがわずか数週間から数カ月で向上し、扁桃体（脳の危険察知中枢）のはたらきは抑制された。つまり、マインドフルネスを実践することで、実行機能や認知制御が安定し強化される一方で、否定的感情が注意、記憶、整理、意思決定に与える影響が限られたものになるというわけだ。これはすべて学業成績の向上や、危ない行動の減少につながる可能性が高い。

失敗に終わった保健体育の授業

あなたは保健体育の授業を覚えているだろうか？ 教師が体の部分、セックス、性感染症、酒や薬について話すのを聞くのは、本当に恥ずかしかった。私が高校一年のときのクラス全員が保健体育の授業は笑えない冗談だと思っていて、実際そうだった。担当の教師は、セックスや薬物の危険性について気まずそうに教えた。あれから四〇年ほど経った現在も、事情はたいして変わっていないようだ。ティナ・フェイの脚本による二〇〇四年の映画『ミーン・ガールズ』で、カー指導員が「セックスしたらだめだぞ。妊娠して死んじゃうんだから」と生徒たちに言った場面は、まさしく保健体育の授業を皮肉ったものだ。

学校の授業でセックスについて話すのは、正しい取り組みだ。これまでの研究で明らかになっていることを挙げておくと、ひとつ目は、自制させようとするだけの教育は効果がないということ。青年期の若者に「セックスをしてはいけない」とか「結婚するまで控えるように」と言っても何の役にも立たない。二つ目は、生徒たちに避妊について教えても、彼らがセックスをする可能性を高めてしまうことにはならない。そして、三つ目は学校でコンドームが手に入るようにしても、セックスを経験しようとする生徒を増やすことにはならないし、しかもすでにセックスをしている生徒たちのコンドームの使用率を高められる。こうした傾向は、アメリカ、カナダ、ヨーロッパのデータにはっきりと表れている。

同様に、薬物防止の取り組みにも改善の余地がある。すべての一〇代に対して一般的な薬物教育を行うという従来の薬物防止活動は、おおむね薬物の使用を減らす効果がなく、それどころかときには状況を悪化させた。より効果的な方法として考えられるのは、アルコールや薬物乱用の危険性が高い子どもを特定して、集中的な介入を行うことだろう。イエズス会には「七歳までに子どもを預けてくれれば、立派な男にしてお返しする」という古くからの言い習わしがある。過去の行動を見れば将来の行動を予測できるというのは、ほぼ真実だ。第8章でも触れたが、子どもが一〇代のときに大きな対立が起こっている家庭の大半では、それ以前から家族間でいくつもの問題が発生していた。

高校一年生のなかで依存症や心の病気になる可能性が高い若者を特定して、たとえわずかな期間でも集中的な介入を行うことで、その後の二年間で飲酒量や飲酒の頻度が大幅に減ったという研究結果も報告されている。依存症になる危険性の高い若者を特定して、アルコールや薬物を摂取しないようにさせるための完璧な手段はまだない。それでも、刺激を求める感覚、衝動性、不安、絶望感が強いといった、危ない行動を起こしかねない性格特徴を持つ若者を見つけられれば、これまでの予防活動の大半よりも大きな効果を挙げられることは間違いないだろう。また、依存症の危険性が高い若者を対象にする対処法には、「群れ効果」というさらなる利点もある。残念ながら、依存症の危険性が高い若者は、危険性が低い仲間たちが真似したがるあこがれの存在になっていることが多い。そのため、もし依存症の危険性が高い若者が飲酒を控えれば、ほかの仲間たち（群れ）も通常それに従う。

保健体育教育の現場で主に行われているのは、危険性が高い行動をする前にプラス面とマイナス面を比較検討することを教えて、子どもたちの判断力を高めようとする取り組みだ。だが前にも取り上げたとおり、危険性と有益性を量的に評価することは、危険を伴う判断に迫られた彼らが大きく誤った決断をしてしまう原因になりかねない。現在の保健体育教育のやり方では、子どもたちをさらに大きな危険にさらしてしまう恐れがあるが、改善策はある。

望ましい行動への感情的なつながりを築く

カレン・アドルフは、乳幼児がいかにして動く方法を学んでいるのかを解明する研究をしている。私のように危険な行動に走りがちな青年期の若者たちの力になろうとしている者にとっても、彼女の発見は非常にためになる。要は、どんなことでもうまくなろうとするには、たくさん練習を重ねなければならないということだ。アドルフ博士の調査によると、歩きはじめの幼児は、うまく歩けるようになるまで一時間に平均二三六八歩も歩いている。これは七〇一メートル、アメフトのフィールドの長辺の約八倍だ。しかも、その間に一七回も転んでいる。その時期の幼児が起きている時間の約半分である六時間で計算すると、彼らは一日に約一万四〇〇〇歩、つまりアメフトのフィールドの長辺の四六倍分を歩き、しかも一〇〇回以上転んでいることになる。驚くべき数字だ。毎日一〇〇回も転ぶのは相当不愉快で、いら立たしいはずだから、幼児たちはよっぽど歩けるようになりたいと思っているに違いない。それでも、きちんと歩けるようになるには、何度も繰り返し練習するしかないのだ。話せるようになるのも同じことだ。三歳になるまでに幼児が耳にする言葉は三〇〇〇万語を超える。そして目で見ることを習得するために、乳児は四カ月になるまでにおよそ三〇〇〇万回から六〇〇〇万回も目を動かしているそうだ。

大半の親は、我が子には学校生活を通じて誠実さ、寛容さ、思いやり、勇気を身につけてほしいと思っている。だが、化学や歴史の授業では、そういったことはある程度までしか教えられないはずだ。さほど遠くない昔には、小さい子どもも将来に備えて、早い時期から狩りや食事の準備を学んでいた。現代の子どもたちには、ほかの人を世話する気持ちや責任感を学べて、しかも大人になったときにうまくこなせなければならないそうした作業を練習する貴重な機会はほとんどない。私や姉たちは、いつも近所の子どもたちを預かって世話していた。だが一〇代の娘がベビーシッターをしたのは数えるほどで、同じく一〇代の息子にいたっては一度もしたことがない。私は一四歳のときには小さい子どもを対象にしたデイキャンプでカウンセラーの仕事をして、アルバイト代をもらった。その後の四年間、夏になるとこの仕事をした。だが現在、こうした仕事はどれも大人がやっていて、子どもたちの大半がやることと言えば、学校に行って、宿題をして、電子機器の画面を見て、もしかしたらひとつか二つの課外活動に参加するくらいだ。

今日では、「脂肪の多いものばかり食べて、運動をしないと太る」ということを知らない青年期の若者を見つけるのは至難の業だ。あるいは、「コンドームは妊娠を防ぐ」ということを知らないティーンエイジャーを見つけられるものなら、見つけてきてほしい。だが、それでも彼らは食べすぎるし、避妊しないでセックスする。いったい、なぜだろう？　それは、**知識はパズルのいくつかのピースにすぎない**からだ。「たばこを吸うと癌や肺気腫になる恐れがある」と知って、たばこを敬遠するようになった若者も少しはいるかもしれないが、前述のとおり、若者たちはもともと自分が不死身だとは思っていない。しかも、一五歳の彼らのほとんどは、五五歳で肺癌になったときの気持ちなどまるで想像がつかないはずだ。行動を変える、あるいは喫煙といった健康を害する行動をそもそもしないようにする。そういったことを若者ができるようにするためには、行動変化に対する感情的なつながりを抱かせなければならない。つまり、彼らは「〇〇をする」や「〇〇しない」がとても大事なことだと感じなければならないのだ。

私の患者であるオリビアは、まさにこの例に当てはまる。オリビアが小さい頃から両親はたばこを吸っていた。しかも二人はチェーンスモーカーだった。いっしょにキャッチボールをすると野球場ですぐにへばってしまう父親の姿を、彼女は今でも覚えているという。それに両親の体に染みついていたたばこの煙の臭いも。オリビアが一〇代のときに肺気腫を患った父親は、彼女が二〇代に入ってすぐに癌で亡くなった。オリビアは父親を尊敬していたが、子どものときに目にしてきた光景を思い出すと喫煙など考えたくもなかった。オリビアの場合たばこを吸うと病気になるという強い感情をずっと抱えていて、それと「たばこは死を招く」という知識が合わさることによって、たばこに手を出さずにいられる。だが、一部の若者が抱いている喫煙に対する感情のつながりはオリビアと正反対だ。彼らは「喫煙はかっこいい」「たばこを吸う人は、あとのことなど気にしなくていい」と思っているのだ。そうした理由で、たばこは一〇代半ばの若者たちにとって仲間内での地位を上げるための道具になる。

望ましい行動への感情のつながりを築けるように子どもや青年期の若者を導くことは、またしても「要旨」と関係がある。そのため、第8章の最終節（『「要旨」の観点を教えるための七つの方法』）で紹介した方法を、もう一度じっくり読んでほしい。家庭でも学校でも教えられるこれらの手法はどれも、危険かもしれない状況に対する感情的なつながりを彼らにしっかりと築かせ、次にこうした危ない状況で深く考えすぎる傾向を防ぐために、内面的な理解である「要旨」に頼れるようにするものだ。

すでに述べたとおり、青年期の若者はホルモンによって、仲間のなかで自分の地位を上げたいという欲求に駆られる。彼らは報酬に対してものすごく敏感で、仲間から排除されると肉体的な痛みまで感じる。そうした欲求を追い払い、子どもたちがより健全な行動を選べるよう導くための唯一の策は、強い感情のつながりを築けるような課題を与えて、その課題がうまくこなせるよう何度も練習させることだ。練習を繰り返すと脳が学習するが、それより先に、我々が達成させようとしている行動変化に対する心からのつながりを、子どもたちにまず感じさせなければならない。喫煙による肺癌の末期患者に学校で話してもらえば、何人かの生徒は影響を受けるかもしれない。だが、それよりも青年期の若者に介護施設でボランティアをする機会を与えて、その同じ患者と個人的なつながりを築かせるほうが、ずっと大きなものを学べるはずだ。

すべての若者が健康的な習慣を身につけるための学校での取り組みの改善を目指して、我々は早急に行動に出なければならない。情緒が安定していて、今の自分は自身の将来によい影響をもたらせると信じている子どもは、無用な危険を冒す可能性が低いことが研究ではっきりと示されている。まずは毎日の運動の時間を設ける、学校で提供する朝食や昼食を改善する、始業時間を遅らせることから始めるのがいいだろう。人格教育の一環として立ち直る力を向上させるための訓練（例：感情の特定、認知行動療法の技法、呼吸法、マインドフルネスの手法、目標設定、コミュニケーション能力や社会性の向上）を授業に取り入れることも危険な行動を減らすために役立つはずだが、そうした取り組みを決して一時的なものにしてはならない。子どもたちがこうした手法をうまく使えるよう何度も練習させて、さらには小学校、中学校、高校の通常授業として毎年学べるようにしなければならない。

アイスランドでは、この良識のある手法を放課後の課外活動に取り入れて、この一五年間で大きな成果を挙げている。この「アイスランドの若者」活動は、地域社会と協力して、さまざまなスポーツ、音楽、ダンス、美術を学べる課外活動を行っている。また、親たちに子どもといっしょに過ごす時間の大切さを教え、低所得の家庭には家族いっしょの余暇活動の支払いに使える「レジャーカード」を支給し、冬季は午後一〇時以降、夏季は午前〇時以降の一三歳から一六歳の外出を禁止する法律を成立させた。その結果、週末に両親と「よく」または「ほとんどいつも」いっしょに過ごす一五歳と一六歳の割合は、前回の二三パーセントから倍の四六パーセントにまで上昇し、「週に四回以上運動する」人の割合も二四パーセントから四二パーセントへと上昇した。さらに顕著なのは、「過去一カ月以内に酒に酔った」人の割合が一九九八年には四二パーセントだったのに対して、二〇一六年はわずか五パーセントだったことだ。同様に「マリファナを吸ったことがある」人は一七パーセントから七パーセントに、「毎日たばこを吸う」人は二三パーセントから三パーセントに減少した。

とはいえ、こうした人格教育を学校で取り入れ、放課後にさまざまな課外活動を行うことで、子どもたちに必要な勉強時間や宿題をする時間が大幅に減るのではないかと心配する親も多いだろう。ただ実際には、必要ならば学校の一日を長くすることは可能だし（子どもたちが毎日ショッピングモールでぶらぶらする時間を延長するのとはわけが違う）、人生に必要なすべをより深く学べる学校や課外活動での貴重な体験に参加する時間を増やすためなら、宿題を減らすことだってできるはずだ。小学校の低学年では、読む力と一般的な学習能力の向上と、よい習慣を身につけることを重視した宿題が最もためになる。小学校高学年、中学校、高校では、宿題は子どもが複雑な学習内容への理解を深めるためのとても重要な作業になる。ただし、これはある程度の量で収まる場合だ。私の子どもたちや患者たちの高校の宿題はどこもあまりにも多く、毎日三、四時間もかかるほど負担が大きい。しかも生徒がやってきた宿題を、教師が確認すらしないこともしばしばある。というのも、教師たちはあまりに大量の宿題を出しているため、生徒の宿題をすべて見る時間がとれないのだ！　つまり今の宿題は、生徒の理解をより深めるという本来の役割を果たしていない。宿題に関する第一級の研究によると、生徒がきちんと終わらせることができて、なおかつ教師がきちんと内容を確認できる分量に収められた、よく考えられた課題（例：新しい学習内容の導入、最近学習した内容の復習、生徒が興味を抱いた内容を探究させる）こそが、宿題として最もふさわしい。宿題の量についておおまかな目安が必要であれば、この分野の第一線の研究者たちが提唱している一日の宿題にかける時間はおよそ「子どもの学年×一〇分」であることを参考にしてほしい。つまり、高校の最終学年（一二年生）なら一日二時間、小学六年生なら一日一時間が適切だということだ。

私は医師として患者に「我々は自分自身をよりよいものへと変えられるが、そうした変化が一晩で起こることはめったにない」と話すことがよくある。こうした変化を起こすためにはそうしたいと真剣に願い、落ち込みや不安を少なくする、体重を減らす、学校の成績を上げる、両親ともっとよい関係を築く、たばこをやめる、アルコールを飲んだり薬物を使ったりするのをやめるといった望ましい結果に対して、強い感情的なつながりを抱かなければならないのだ。変化が起こるまでには時間がかかるし、しかも少しずつしか変わらない。新たな技術や手法を身につけるために練習する機会がある場所で、信頼できる人から教わらなければならない。やがて小さな変化が起こりはじめると、成果を手に入れられるようになる。そうした報酬によって、新しい方向へ進みつづける新たな意欲が湧いてくる。ここで最も重要な点は、行動の変化に対して感情のつながりを抱くことと、習慣になるまで何度も練習できる機会をたくさん見つけることだ。

我々は学校に対して、しっかりとした基礎学力を子どもに与えてくれることを求めるが、学校には常に「隠れたカリキュラム」が存在している。文化的信念、社会的期待、価値観、規範は、あらゆる課題図書、問題集、作文、スポーツ活動のすみずみまでひそかに入り込んでくる。たとえば、もしもあなたの子どもが白人の登場人物ばかり出てくる本を何冊も読んでいたら、我々が好もうと好むまいと彼らは白人はどういうわけかほかの人種よりも重要だと学ぶことになる。あるいは、毎年行われる州の標準学力テストに対して、多くの学校が過度に力を入れていることにも注意が必要だ。もしあなたがそのテストに向けて数カ月前から準備を行っている最中の学校の生徒になったとしたら、その学校にとってあなたの成功度を測る最も重要なものさしはテストの結果だと確信するに違いない。そう、学校にとって、あなたの行い、あなたの他人に対する思いやり、それどころかあなたの知性さえよりも、テストの結果のほうが重要だということを。さらに、作文を書くときに自分の考えではなく、先生が望んでいる「私の意見」や「私が書きたいこと」を書いた経験が、誰にでもあるはずだ。

一〇代の子どもを午前七時半に始まる学校に送り出すということは、彼らに備わっている概日リズムなどどうでもいいと、彼らにはっきりと伝えているようなものだ。彼らの学び、健康、幸福を最も重視した教育よりも、親、教師、社会にとって都合がいい教育のほうが大事だと伝えているようなものだ。同様に、人格教育の一環としての立ち直る力を向上させる訓練をカリキュラムに入れないということは、子どもの健康状態や感情の調整能力は我々の最大の関心事ではないと、彼らに伝えているようなものだ。それが「隠れたカリキュラム」なのだ。

青年期の若者の健康、幸せ、立ち直る力を育んで、彼らが危ない行動に走る可能性を低くするために、学校ができることはもっとたくさんある。我々の親としての重要な役割は、学校が学業、運動、栄養に富んだ食事、睡眠に関するよりバランスのとれた指導ができるよう協力することであり、しかも親は家庭では子どもたちに対してこのバランスをうまくとるためのお手本にならなければならない。学校は自己効力感に加えて、気分と不安を調節する手法、マインドフルネス、ゆったりとした呼吸法といった感情を自己調節する手法を、生徒に身につけさせるという目的意識を持って教えなければならない。学校は生徒に競争や丸暗記をさせる代わりに、協調性や共同責任を重視したグループで取り組む課題や創造的な意思決定を授業に取り入れなければならない。学校は大半の親が学校で教えてほしいと望んでいる価値観を実際に教えるため、課題図書や子どもたちが取り組む問題で取り上げる内容の範囲を広げなければならない。そして、学校は子どもたちが将来の成功に向けて必要なものを備えられるよう、そうした能力を身につけるための練習を何度もさせなければならない。

10

全体像を捉える

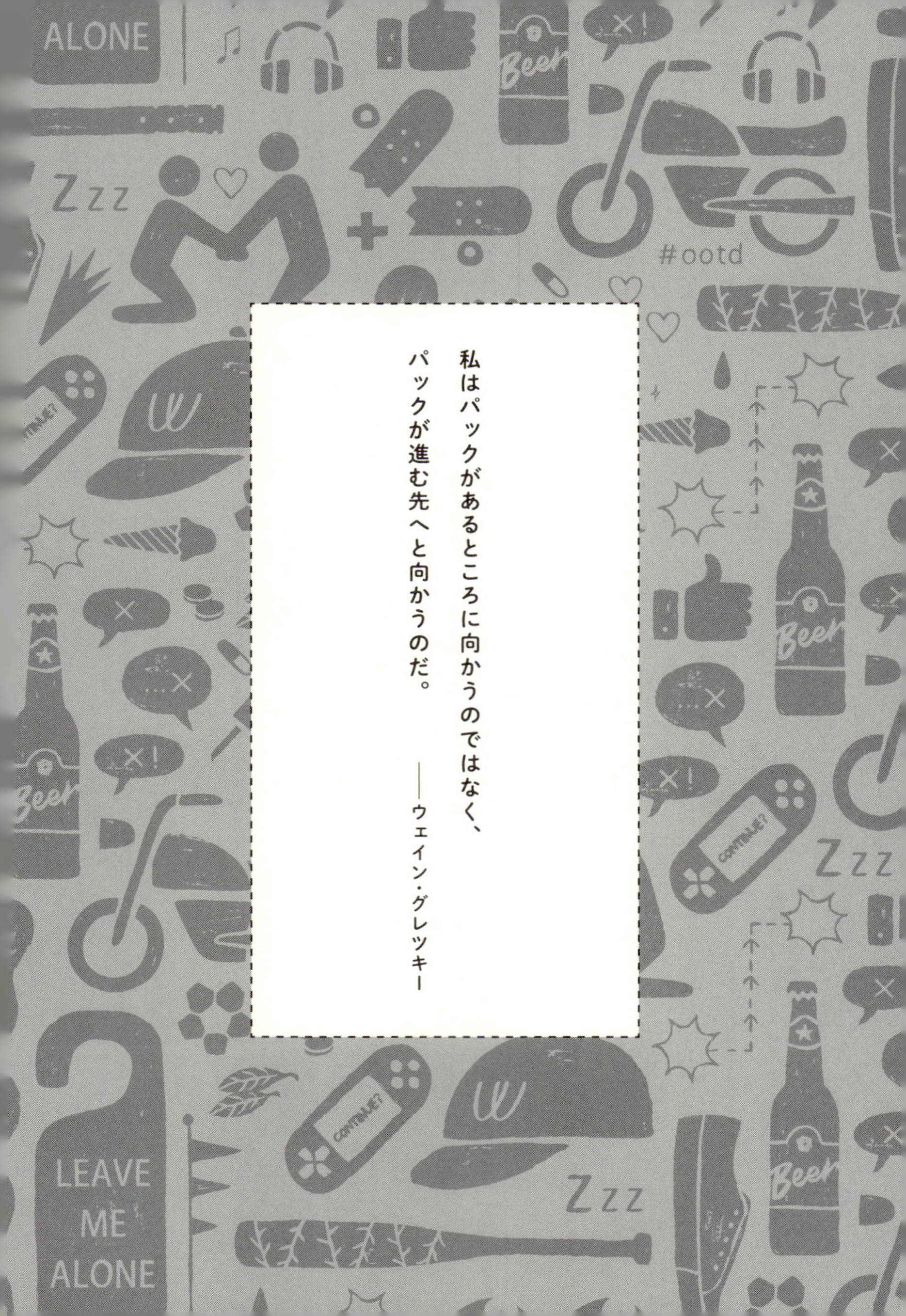

私はパックがあるところに向かうのではなく、
パックが進む先へと向かうのだ。

——ウェイン・グレツキー

娘のパーカーが一二歳を迎えた数カ月後、私は知りたくなかった現実を目の前に突きつけられる経験をした。あの真夏の暑い土曜の午後、私と娘はニューヨーク市の中心部にある自宅から ほんの数ブロック先の、狭い通りを歩いていた。立ち並ぶ地元の酒場からはテレビの野球放送の大音量が外まで流れていて、ビールを片手にした若者たちが通りにまであふれていた。私とパーカーが近づくにつれて、彼らは明らかに娘のタンクトップに短パン姿や、風になびく髪に気づいたようで、彼女をじろじろと眺めた。ますます距離が近づいて、彼女がまだ幼いことや、間抜け面で娘を眺める彼らを非難の目つきでにらんでいる私に気づくと、若者たちはようやくよそを向いた。その瞬間、たとえ私や娘の心の準備ができていようがいまいが、世間は娘をひとりの女として見つつあることに私は気づいたのだ。

我々は「青年期」を「一〇代後半の時期」と思ってしまいがちだが、実際には女子の大半は一三歳になる頃にはすでに思春期の真っただ中だ（ただし、男子の思春期は通常女子より二、三年遅い）。つまり、女子は一三歳、男子は一五、六歳になる頃には、すでに体も脳も大きく変化しようとしていて、そのため男女ともに体が大きく成長する。この時期の女子は（たいてい年上の）一〇代の男子に誘われるようになり、彼女たちの脳はホルモンであふれそうになる。思春期が本格的に始まるこうした一〇代初めの時期は、子どもたちが薬物、たばこ、アルコール、車の運転、セックスといった難題に対処するにはまだまだ幼すぎるにもかかわらず、そうした危険に初めてさらされるときだ。また、薬物乱用や、うつ病や不安症といった心の病が初めて起こるのもこの時期が多い。この一般的には青年期のなかでも最も危険な時期とされる、約一三歳から一九歳までの青年期中期まで介入を待つのはわざわざ不利な状況をつくりだしているようなものであり、彼らを危険から守るのが非常に難しくなる。

青年期の若者の危険な行動を減らすための最善の策は、彼らが一三歳になる前に予防対策を徹底的に行うことだ。若者たちの危険な行動は、「若い両親に親向けの行動対処法を教える」「我が子の行動に目を配り、充実した時間をいっしょに過ごす」「我が子が電子機器の画面を見る時間を管理する」「『要旨』に基づいたやり方で我が子に対処する」「『健康の三本柱』を重視する」「立ち直る力（レジリエンス）を学校で教える」といった、前の二章で取り上げた多くの方法で防止できる。こうした取り組みは早く始めれば始めるほど、子どもたちにもたらされる効果は大きくなる。また、青年期の若者の危険な行動を防ぐために、社会全体ができることもたくさんある。本章では、「情緒障害、行動障害、学習障害を抱える子どもたちの診断と治療」「とりわけ危険を冒しやすい子どもたちに、『成長型マインドセット』を身につけさせること」「根拠に基づいたメンタープログラムの導入」「子どもたちに『メディアリテラシー』を身につけさせること」「アルコール、たばこ、薬物に触れる機会をできる限り遅らせること」「段階的免許取得の義務化」の重要性について取り上げる。こうした社会的な取り組みにはすぐに実行できるものだけではなく、政策の大幅な変更や、長年続いてきた制度の大きな見直しが必要なものもある。

貧困を減らすことは、若者の危険な行動を防ぐためのおそらく最も重要な対策のひとつだ。貧困との戦いが非常に困難な課題であることは十分承知しているが、この三〇年間の貧困とそれが子どもたちや青年期の若者に与えた影響の大きさを調べた結果、子どもたちを守ろうとしている我々には対策が必要だとわかった。青年期の若者が危険を冒すことは、貧困の状態や、両親自身も貧困に苦しめられてきたかどうかと特に大きく関連している。さらに、放課後は自宅周辺の荒れ果てた危険な場所しか行き場がないことも、特に危険を冒しやすい若者たちが問題を起こしやすくなる要因となっている。実際、中年の大人が同様の貧困状態に置かれたら、彼らも犯罪、事故、殺人、自動車事故による死亡といった、まるで青年期の若者が起こすような危険性の高い問題行動を起こす。つまるところ、子どもたちが危険な行動に走る社会的な要因のなかで、おそらく貧困が最も大きなものだということだ。

毒性ストレス

一九九〇年代、ヴィンセント・J・フェリッティとロバート・F・アンダは、過去五〇年の公衆衛生学の研究で最も重要だと評価されることになる論文を発表した。この「逆境的小児体験（ACE）」研究は、子どものときに心的外傷（トラウマ）を受けた大人がどれくらいいて、その体験が彼らの成長にどんな影響を及ぼしたかを調べるために行われた。フェリッティとアンダは心的外傷体験を、虐待、育児放棄（ネグレクト）、極貧状態といった重度の機能不全の家庭で育ったこと、家庭内暴力や近隣での暴力事件の被害を受けたか目撃したこと、親の薬物乱用や精神的な問題、親の死、親が拘置所に入れられること、のように分類している。三〇年間にわたって何千人もの青年期の若者や大人を対象に調査が行われた結果、子どものときのＡＣＥの数が多ければ多いほど、成人後に高血圧、肥満、糖尿病といった、比較的よくみられる疾患を患う確率が高くなることが判明した。さらにＡＣＥの数が多い子どもほど後年になって、たばこに手を出す、自殺を試みる、アルコール依存症になる、薬物を街角で入手して注射する、性感染症にかかる、暴力を振るう、結婚と離婚を繰り返す、うつ病がひどくなる、仕事をよく休む、といった例が多いことも明らかになっている。

貧困状態で育つことはそれ自体が逆境的体験であるのにも加えて、ほかのＡＣＥを経験する可能性も高めることにもなる。言い換えれば、社会のなかで何も持たざる最も弱い者が、より多くの心的外傷を受けてその影響に苦しむ可能性が最も高いということだ。ＡＣＥを二つ以上経験した子どもは学校で留年する可能性が倍以上に、ほかの子どもをいじめる可能性は四倍以上に、問題行動を抱える可能性は八倍以上になる。

貧しい環境で育てられた子どもたちは、大きなストレスを抱えている。彼らの家庭環境は予測不可能だ。虐待や育児放棄の苦しみを味わうなか、次の食事がいつ与えられるのかわからないまま空腹を抱えていることも多い。これほどまでの逆境に常に置かれている子どもは、「毒性ストレス」というものを抱えるようになることが多い。朝車を出す前に、エンジンを温めるために数分程度ふかすことがある。人の体も、毎朝まったく同じことをしている。我々が目覚めると、ストレスホルモンが上昇して心拍数や血圧を急速に上げることで血行がよくなり、起き上がって一日頑張ろうとする気力が湧いてくる。だが、その気力がいつ必要になるかわからないために、一日中エンジンをふかしていたらどうなるだろうか。それが毒性ストレスを抱えている子どもたちの状態だ。彼らの幼い体は危険を警戒しながらすぐに行動がとれるよう、常に緊張している。短期的には、こうした警戒心は明らかに役立つ。なぜなら、それは子どもの闘争逃走反応に関わる神経が常に敏感になっていて、さらに大きな危険から自分の身を守れる準備ができているということだからだ。だが長期的に見れば、そうした高いレベルの警戒心を保ちつづけることは脳やその他の器官系の発達を阻害し、やがて行動、感情、身体面でのさまざまな問題へとつながっていく。

アメリカは世界で群を抜いて裕福な国だが、五人に一人以上の子どもが連邦政府の定めた貧困線を下回る生活をしている。そうした子どもたちが学校に上がると、どの標準学力テストでもほかの子どもより○・五段階から一段階低い等級の点数しかとれないことが多い。貧しい環境で育つ子どもはたいてい親やお手本となるほかの大人といっしょに過ごす時間が少なく、勉強したり安全に遊べたりする場所もなく、しかも電子機器の画面を見る時間を誰も管理してくれないため、残念ながらこうした結果は驚くには当たらない。

さらに不運なことに、貧困による毒性ストレスは脳の変化とも関連している。ある研究によると、子どもの扁桃体（脳の危険察知中枢）の大きさは親が教育を受けた年数と逆の相関関係があり、世帯収入の多さと子どもの海馬体積（海馬は長期記憶に関わる主要な脳領域で、とりわけストレスに強い）は正の相関関係がある。つまり、貧しい家庭で育てられた子どもの脳は、彼らが危険にさらされる方向へ変化してしまう恐れがある。一方、貧困によるストレスとは無縁の高い社会経済階層で育つことと、脳の灰白質の刈り込みが長期化すること（それにより、通常はより高い可塑性と成人後の順応性につながる）には関連性がある点が、同じ研究によって示されている。毒性ストレスは脳と体を蝕み、子どもの感情調節能力を損ねてしまう。だが幸いなことに、子どもの脳は可塑性に富んでいるため、貧困で育った人の将来は絶望的だと決めつけてはならない。

第9章で取り上げたとおり、立ち直る力にはACEの影響を和らげる効果があることが、研究によって示されている。困難に直面したときに冷静さを失わずに感情を制御する能力は、子どもたちの防火壁になる。それはどんな毒性ストレスも跳ね返すわけではないが、影響を最小限に抑えてくれる。さらに、子どもたちが親、教師、宗教指導者をはじめとする「メンター」と充実した時間を過ごせるようにすれば、彼らの立ち直る力を強化できるだろう。メンターとは子どもたちにさまざまな能力を身につけさせることで彼らの脳の前頭前野の質を高め、彼らが学校での活動や興味のあることに熱心に取り組めるよう指導してくれる人々だ。こうした活動は青年期の若者が自分の脳の感情系の領域を制御して、危ない行動を減らすために役立つはずだ。

貧困が近いうちに根絶されることはありそうにもないが、子どもたちが安全でいられるような社会をつくるためにこの瞬間から我々ができることはたくさんある。貧しい地区での放課後や週末の課外活動を増やせば、危ない行動をとる可能性が高い若者たちに、余暇を過ごし、家庭教師をしてもらい、メンターの指導を受けられる場を与えられる。あるいは、子どもたちを危険にさらしかねない誘惑の大きい広告や、アルコールやたばこ製品の販売方法に目を光らせ、そうした製品の入手を制限する法律を支持する。さらに、苦しみを抱えながら危険にさらされている子どもや若者たちが、完全に道を踏みはずす前に必要な支援を受けられるよう、すぐに利用できる心の健康相談サービスを実施しなければならない。

早く、そして頻繁に

昔々、子どもたちは心の病にかからないと思われていたが、そうした無邪気な日々はもはや遠い過去だ。今日では、どんな社会経済階層の子どもであろうと早ければ一歳六カ月で自閉症と確実に診断できるし、また、アメリカとヨーロッパのどちらの研究も、二歳から五歳までの未就学児でさえも精神疾患になる可能性が驚くほど高いと指摘している。一部の研究によれば、未就学児の一割近くが不安症を患っていて、ＡＤＨＤと反抗挑戦性障害の患者の割合はどちらも五パーセント付近で推移している。そうした子どもたちや彼らの困難に対して、我々医師は「経過観察」という手段をとることが多い。「まあ、大きくなればよくなりますよ」と言って。だが、実際にはよくならない。一般的には、こうした未就学児に対して介入しなければ彼らの行動面や情緒面での問題は改善しないし、それどころか年齢が進むにつれて別の症状まで出てしまうこともある。不安症を抱えていた四歳児は、一〇歳でうつ病になった。歩きはじめたばかりのときにADHDと診断された幼児は、七歳になると反抗挑戦性障害の強い症状を示した。そして五歳のときに重い学習障害と診断された子どもは、八歳でクラスから完全に落ちこぼれてしまった。

子どもたちが一八歳になる頃には、五人に一人以上が情緒面や行動面での診断可能な病気を抱えている。そのうちの少なくとも一〇人に一人はそうした症状のせいで、学校で落ちこぼれたとか友達がいないといった深刻な機能障害に陥っている。こうした障害にできるだけ早く、たとえば就学前の時期に対処しなければ、年齢とともに症状は悪化するばかりだ。一三歳から一八歳までの青年期の若者のうち、三人に一人が診断可能な不安障害、六人に一人が大うつ病性障害、そして一〇人に一人が薬物使用障害を抱えている。青年期の若者の四人に一人が過去三〇日以内に違法薬物を使っていて、五人に一人以上が過去一四日以内に大量の飲酒（二時間以内に五杯以上のアルコール飲料を摂取）をしていた。第1章で触れたように、子どもたちの半数以上が心的外傷を抱えているため、薬物使用、精神疾患、喫煙、性感染症、肥満の危険性がさらに高くなる。これらを総合すると、すべての青年期の若者の半数近くが何らかの心の病を抱えていて、五人に一人は深刻な精神的苦痛を患っている。

深刻な精神疾患を患っている若者は、学校で落ちこぼれる可能性が高いだけではなく、拘置所に入れられたり、妊娠したり、飲酒運転をしたりする恐れもあり、自殺を試みる可能性も高い。ADHDのように患者数が非常に多く、大きな問題がなさそうに見える子どもや青年期の若者さえ、たばこや薬物に依存する危険性は全体の倍以上で、しかもＡＤＨＤの子どもの八割以上は、大人になってもＡＤＨＤを抱えたままか、または別の精神疾患を発症するか、あるいはその両方である。さらにＡＤＨＤの大人も、まだ危険から抜け出せない。彼らは非ＡＤＨＤ患者と比べて、仕事を続けるのが難しく、セックスや妊娠による問題を抱えやすく、自動車事故や交通違反が多く、薬物を乱用する可能性が高く、事故に巻き込まれやすい。

子どもの日々の活動の場は学校だから、学校で生徒の心のケアができる体制を整えなければならない。だが、アメリカの八万校の公立学校のうち、総合的な心のケアを行える学校は一割にも満たない。同様に懸念されるのは、子どもたちを苦しめる精神疾患の効果的な治療法が今日ではたくさんあるにもかかわらず、**診断可能な心の病を抱えた子どものわずか五人に一人しか治療を受けておらず、しかもそのなかで効果があるとされる治療を受けているのは、ほんの二パーセントにすぎない**という点だ。これは我々の手で改善しなければならない。

「経過観察」していても、心の病はなくならない。子どもたちがいくら成長しても、そういった病が嘘のように消え去ることはない。それどころか、治療を怠れば病と関連するさまざまな問題が発生して、子どもたちは危ない行動へと向かわされる。我々は社会全体として、学校と心療クリニック間のより幅広いネットワークづくりをしなければならない。さらに、地域社会の精神衛生センターにもっと投資して、精神疾患を抱える親のケアにも力を入れなければならない。精神疾患を患っている子どもの親も精神疾患を抱えていることが多いため、親が必要な治療を受けられれば彼らが子どもたちにもっとよい影響をもたらせることが、これまでの研究で判明している。しかも、親が治療を受けることで、精神疾患を抱える子どもたちの苦悩が和らぐことも明らかになっている。子どもたちや親の心の病の発見、そして治療をすぐに支援しなければ、我々はこれまでの世代が犯してきた間違いを再び子どもたちに犯させることになる。また、すべての学校を網羅した心療クリニックとの効率的なネットワークを今すぐ設立するのは難しいかもしれないが、マインドセット（考え方の枠組）を変えることでその第一歩を踏み出せるはずだ。

マインドセットを変える

「教育は世界を変えられる最強の武器だ」。これはネルソン・マンデラの有名な言葉だ。すべての人は普通教育を通じて、学び、すばらしいキャリアを築き、社会的平等を実現する機会を与えられている。だが残念ながら、我々の多くはさまざまな人々の学習能力や教育を受ける機会を活かす能力について、否定的な固定観念を抱いている。そして、そうした固定観念を抱かれる対象となった人々自身も、自分に対して同じ固定観念を抱いていたとしても決して不思議ではない。

社会がマイノリティや低所得の人々に対して、落ちこぼれの生徒、怠け者、知性に欠けるといった固定観念を抱くことがあるように、マイノリティや低所得の人々も自分自身をそう決めつけることがある。ある研究によれば、人は固定観念を信じるどころかただそれを認識するだけでも、自身の学校での成績や職場での仕事ぶりに影響するという。たとえば、アフリカ系アメリカ人を対象とした研究では、「黒人の学生は白人の学生に比べて賢くない」という否定的な固定観念を知っているだけで、彼らが精神的に追いつめられる可能性があることが判明している。こうした作用は「固定観念に対する恐怖」と呼ばれていて、この影響を受けた人は成績が下がったり、学校への興味を失ってしまったりする恐れがあることが知られている。幸いにも、そうした恐怖に対処できる方法は存在している。

この一〇年のあいだに行われた、中学生、高校生、大学生を対象とした各種の研究によると、自身のマインドセットを変えるための指導を行うことで、学業面や社会での立ち直る力を強化できる。そのなかでも最も重要なのは、知性は鍛えれば伸ばせるものだと教えることだ。もし知性を変えられない固定されたものと捉えると、「自分の可能性はあらかじめ定められているから、決められた人生を歩むしかない」と思い込み、簡単に心が折れてしまいかねない。そのためテストで悪い点をとっても、自分の限られた能力に対する自身の否定的な考えが証明されたにすぎないと思い込む。しかも自分がマイノリティの一員だったり低い社会経済階層の出身だったりすると、日々感じている固定観念に対する恐怖がそうした学業不振によってさらに強まってしまう。そして、そうした経験があまりに多くなると、学校のことなどどうでもよくなるのだ。同様に、もし仲間にいつもいじめられたり社会集団から疎外されたりするのは自分自身のせいで、しかも自分の性格は変えられないと思い込んでしまうと、さらに疎外された気分になって毎日悩みつづける可能性が高くなる。だが本書で何度も取り上げたように、子どもや青年期の若者の脳は本質的に変えられるものであり、そう教えて若者たちのマインドセットをほんの少し変えただけでも、自己効力感が著しく向上した例もあるのだ。

自分の脳は変えられるものであり、しかも自分の人生は過去を繰り返すように定められてはいないと青年期の若者たちに教えれば、彼らの立ち直る力を強化できる。こうした（いわゆる「固定型マインドセット」と反対の意味を持つ）「成長型マインドセット」を中心に置いた介入は、成績平均値、大学在籍率、幸福度、社会的帰属意識などが大幅に上昇するという、すばらしい成果を挙げてきた。介入を受けた若者たちは、自信のなさに悩むことが減り、体の不調も少なくなり、医者通いも減った。こうした介入はすべての青年期の若者のためになるが、固定観念に対する恐怖にあまりにも苦しめられている人種的マイノリティにとりわけ効果的だ。しかもこうした効果は、どれも数時間から数週間程度のカウンセリングや治療だけで得られたのだ。これは最も有効な方法のひとつだと言えるだろう。

「軽度の介入」とも呼ばれるこの方法には、大きく分けて二つの重要な部分がある。第一段階では、対象者は「脳は青年期のあいだ変化しつづけているため、教育を受けつづけ学習すれば新たな神経のつながりや経路がつくられ、より効率的な脳になる」ことを学ぶ。各種の研究ではこうした知識を対象者に理解してもらうために、講義、ビデオ、個人的な成功談を取り入れたところ、どれも効果があった。第二段階では、対象者はこの知識を自分のものにするために、成績が振るわない後輩に手紙を書いたり、自分の経験やこの知識によって新たに見つかった可能性をほかの人と共有するために作文を書いたり短いビデオ作品をつくったりするよう促される。これはまさに、第9章で触れた「見て、やって、教える」と同じだ。やはり何かを身につけるための最善策は、それを誰かに教えることだ。

成長型マインドセットの研究によると、危険にさらされる可能性が高い生徒の平凡な成績をおおげさに褒めたり、彼らに簡単な課題しか与えなかったりすると、そうした生徒たちはたいていさらに落胆して、自分は絶対に勉強ができるようになれない落ちこぼれだと思い込む。そして、もうあきらめたほうがいいんじゃないかという気持ちだけが残る。そのため、教師がとるべき策は、生徒が提出した課題を厳しく採点して彼らに高いレベルの結果を求めていることを示しながら、そうしたレベルを達成して教師の期待に応えるだけの能力が生徒たちにあると信じていることを彼らにきちんと伝えることだ。当然ながら、生徒たちがそうした学業レベルに到達するために必要な教材や支援を惜しみなく与えなければならないし、結果だけではなく努力も評価するようにすれば、成績はさらに上がるはずだ。

固定型マインドセットにしがみつく青年期の若者たちは、学業面でも社会でも苦労しつづけるだろう。そして、何も変わるはずがないと思い込んでしまう。そうした若者たちは仲間と衝突すると強い復讐心を抱き、いじめられたときは攻撃的に報復する可能性が高いことも知られている。だが、もし何事も決して変わらないと思い込んでいたら、おそらくあなたも同じことをするのではないだろうか?

成長型マインドセットを強化する介入は、認知心理学の影響を強く受けている。こうした介入は短期的で、しかも対象者は何のために介入を受けているのか気づかないことも多い。じつは、青年期の若者の場合、介入の目的を知らないほうが高い効果が現れる。また、こうした取り組みは繰り返しを重視しているため（例：生徒は常に勉強の課題を与えられる）、若者たちは自分を成長させる能力に対する自信をますます深めながら、時間をかけて成功体験を積み重ねることができる。

メンタープログラムの問題点

メンターによる指導は、広く普及している手法だ。全世界で何百万人もの子どもや青年期の若者たちが、学校や地域社会のメンタープログラムで指導を受けている。アメリカではメンターが指導している姿を描いた切手まで発行されている。あなたはメンターの指導を受けたことがあるだろうか？　その経験から何を学んだだろうか？　メンターによる指導の利点は誰もがすぐに思いつく。助言、支援、ひらめきをもらえて、必要な情報が手に入りやすくなり、しかもチャンスを広げてもらえる。子どもや青年期の若者を対象としたメンタープログラムのなかには、学校での無断欠席の減少、成績の向上、卒業率や就職率の上昇、自信や心の健康の向上、体の健康の向上、問題行動の減少といった大きな効果をもたらしているものもある。だが実際には、メンタープログラムの大半はさほど大きな影響をもたらしていない。なぜなら、そうしたプログラムでは、効果があるとすでに証明された考え方や手法に基づいた指導が行われていないからだ。だが幸いなことに、研究結果に基づいた「最良の指導」を行っているメンタープログラムの場合、掲げた目標を達成する可能性が三倍以上高くなっている。

メンタープログラムによる最良の指導は、教育、目的に沿った計画立案、適切な期待に重点を置いている。この取り組みは、メンターの採用と、指導が必要と思われる対象者（メンティー）を審査することから始まる。一般的に、人を支援する仕事をしていた者はより優れたメンターになることが多い。また、メンタープログラムは成長型マインドセットを中心に置いた介入のように、危ない行動に走る可能性が高い若者に対してとりわけ大きな効果がある。そうした若者を特定する場合、低い社会経済階層出身であることは有効な指標となる。日々の生活で助言や助けを求めにいけるメンターや大人がいる青年期の若者は、薬物を使用する、たばこを吸う、セックスする、武器を持ち歩くといった、危ない行動をとる可能性が低い。それに比べて、学業面や行動面ですでに問題を抱えている子どもの場合、メンタープログラムは大きな効果がないことが多い。つまりメンタープログラムにおいても、我々の目標は危険にさらされる可能性が高い子どもをできる限り早く特定して、メンターの指導をすぐに受けさせることだといえる。

メンターとメンティーの組み合わせがうまくいくためには、共通の関心事があるか、距離的に指導を受けにくるのが可能か、お互いの日時が合うか、を考慮することが大事だ。さらに、性格が似ていることも指導がうまくいくための要因である。効果的なプログラムを実施するための重要点を、さらに挙げておく。（1）メンターに継続して訓練を行う。（2）メンターとメンティーがいっしょに参加できる活動を企画する。（3）メンティーの希望に応じて指導の頻度を決める（目安としては週一回、直接会って少なくとも二時間指導を行う）。（4）地域の施設やメンターの職場といった、学校以外の場所で行う。（5）長期間指導する（よりよい効果を得るためには、少なくとも一年以上続けることが重要）。（6）メンティーの親も関わって協力する。（7）信用できる機関にメンターとメンティーの関係を継続して監視するよう依頼する。（8）目標を立てる。（9）地域社会の奉仕活動にいっしょに取り組む。当然ながら、メンタープログラムはそれぞれ内容が大きく異なるが、こうした取り組みを始めるのであれば、根拠に基づいた指導を行う正しい内容のものにしなければならない。

無責任な広告

今ちょうど娘の寝室の窓から外を眺めている私の目に入ってくるのは、ビール広告の巨大な看板だ。私は子どもたちが朝起きて最初に目にするもののひとつが特大の広告宣伝物であることがずっと気に入らなかったのだが、子どもの目に入る広告宣伝物を親が制限するのは不可能に近い。アルコールの広告をよく目にしていた中学生はそうでなかった生徒よりも、高校生になって飲酒する可能性が高いそうだ。この結果を聞いて驚く人は、はたしているだろうか？アメリカでたばこやアルコールに毎年二一〇億ドル以上もの広告宣伝費がかけられている理由は、極めて単純だ。効果があるからだ。ある推定によると、広告宣伝はティーンエイジャーがアルコールやたばこを使用する要因の三割程度を占めているという。

喫煙はアメリカをはじめとする大半の国で成人の死因の単独首位を占めており、たばこへの依存はたいてい青年期に始まる。また、毎年自動車事故で亡くなる何千人もの若者の多くが、運転前に飲酒していたことも忘れてはならない。

わりと最近のことだが、私は妻と近所のお気に入りの店で、テラス席に座って食事を楽しんでいた。その最中、荷台の側面いっぱいに広告が掲載された大きなトラックが横を通りすぎていった。それは新しいブランドのテキーラの宣伝で、その企業を経営しているある有名俳優と共同経営者が、メキシコのリュウゼツラン畑のそばをバイクで通りすぎていく写真が使われていた。二人はワイシャツ一枚の軽装でヘルメットもつけず、何の悩みもなさそうだった。この広告について手短にまとめると、次のようになる。「この宣伝には主に、『テキーラの瓶』『蒸留酒を熟成させるための美しい木の樽』『途方もない成功を手に入れた、世界的に有名でハンサムな俳優』『何の安全装備もつけていない人がまたがっている、かっこいいクラシックバイク』の魅力的な高解像度写真が使われています」。私は家に帰ったあと、同じ広告を当時一五歳だった息子に見せ、写真のなかの二人の男についてどう思うか尋ねた。「どちらも、かなりいけてるんじゃないかな」とジュリアンは答えた。ほら、広告の思惑どおりだ。

私はただこう言うしかなかった。「やつらがいけてるって？　どこにでもいる中年男じゃないか！　しかもどう見たって、自分さえよければほかの人のことなんてどうでもいいと思っているはずだ！」

とはいえ、年代物のバイクに乗っている俳優と彼の相棒は、たしかにいけていた。「パパ、明らかにこの写真の二人は、合成用のブルーバックの前に置かれたバイクにまたがってるね」と写真を念入りに調べていた息子が言った。息子はそういったことに詳しいのだ。「とにかく、世界中の一〇代や二〇代のお手本であるべき彼らが、いくらもっと私腹を肥やしたいからといって危険な行動を誘発するのは恥ずかしいことだ」と、私はまた文句を言った。バイクに乗るときにヘルメットを着用するかどうかは個人の判断にまかされているのかもしれないが、着用しないことがいかに愚かな選択であるかを、親は子どもにわからせなければならない。酒を飲んで運転したら死んでしまうし、それは絶対にいけていることではない。**親は危険を誘発する無責任な広告を見たら、そこに隠されている真の意図を子どもに説明しなければならない。**

私がひとしきり広告を非難し終えると、ジュリアンが言った。「わかったよ、パパ。そう言われて見れば、案外間抜けな広告かもしれないな」。ジュリアン、わかってくれてありがとう。

そのメキシコのすぐ北にあるテキサス州では、一九八〇年代、幹線道路に捨てられるごみが大問題になった。捨てていたのは、主に一八歳から三五歳までの男性であることがのちに判明した。アメリカの道路ではごみが原因の自動車事故が毎年二万五〇〇〇件以上発生していたため、テキサス州交通局はごみ捨てを防止する宣伝キャンペーンを行って、問題に対処しようとした。一九八六年、「テキサス州を散らかすな」の標語がゴールデンタイムのテレビで流れた。四年後、テキサス州の幹線道路のごみは七二パーセント減少した。宣伝キャンペーンの一環としてつくられたこの標語は、三〇年の月日を経て、テキサス州の手柄を宣言する言葉となり、州の文化的アイデンティティにもなった。この言葉は今日でも、スタジアム、酒場、政党大会、自動車のバンパーといった、州のありとあらゆるところで見ることができる。若者たちはこの標語によって故郷への誇りに満たされ、自分もこの場所をきれいに保たなければならないと決意する。つまりこの標語も、軽率にもヘルメットなしでバイクにまたがってテキーラを売りさばこうとしている俳優とその相棒と同じように、若者にとっていけているものだ。だが、この標語がテキーラの宣伝と大きく異なるのは、親が子どもに身につけてほしいと願っている価観に沿っていることだ。

メディアリテラシー

子どもたちや青年期の若者たちに、喫煙をやめさせない方法を伝授しよう。「たばこは体に悪い」と言えばいいのだ。一九九八年のたばこ基本和解合意（アメリカの最大手たばこ会社に禁煙広告などの費用負担を命じるもの）によって最大手たばこ会社が費用を負担することになった、「たばこを吸うのではなく、考えろ」「ティーンエイジャーのきみがたばこを吸うのはクレイジー！」といった標語を取り入れた禁煙広告は、総じて効果がない。それどころか、こうした広告は逆効果で、実際には子どもたちに喫煙を促していると指摘する研究もある。なぜなら、それらは青年期の若者の多くが自分もそうありたいと願うような、自立していて、たくましくて、自分で判断できるという喫煙者に対するイメージをかえって強調しているからだ。だが、それが広告の真の意図であっても、さほど目新しいことではない。たばこ会社には、青年期の若者たちを操作しつづけてきた長い歴史があるからだ。

「マールボロ」銘柄のたばこは女性向けのフィルター付きたばことして、一九二四年に発売された。広告は魅力的な女性が指ではさんだたばこを口元に近づけている写真のすぐそばに、「五月のようにまろやか」というコピーが添えられているものだった。一九二〇年代当時はフィルター付きたばこを吸うのは男らしいと思われておらず、マールボロの主なターゲット層は女性で、一九五〇年代までのアメリカたばこ市場でのマールボロのシェアは一パーセント未満で推移していた。ところが、驚くべきことが起こった。喫煙は有害だという認識が世間に広まるにつれて、男性喫煙者にもフィルター付きたばこが受け入れられるようになったのだ。そうして「マールボロマン」という男性像が誕生した。一年もしないうちに、マールボロはアメリカで四番目に売り上げの多いたばこ銘柄になった。

初期のマールボロマンたちは、船乗り、機械工、重量挙げ選手、といった職業の男たちだった。彼らはまじめで実直そうで、しかもものすごいヘビースモーカーだった。マールボロマンを起用したこの広告キャンペーンは、「ライフスタイルブランド戦略」に沿った一連の広告の初期のもののひとつだ。この広告戦略では、消費者がなりたい理想の人物像に基づいて商品やサービスを宣伝する。ところが、宣伝チームが新たなマールボロマンとしてカウボーイを選んだ瞬間、予想をはるかに上回る事態が起こった。

カウボーイは男らしさ、自立心、強さの象徴だ。それはどんな青年期の若者たちにとっても理想像である。皮肉なことに、カウボーイの大半はたばこを吸わなかった。たばこを好む者は、馬にまたがって牛を追ったり集めたりしながら次々にたばこに火をつけるよりも、口に入れるだけですむ楽な嚙みたばこを選んでいた。だが、広告主にとってそもそも正確さは管轄外であったため何の問題もなく、マールボロのカウボーイたちは瞬く間に話題をさらった。一九七二年以来、マールボロは世界で最も売れているたばこ銘柄であり、年間の売り上げは二五〇億ドルを超える。

たばこを吸うと肺癌、肺気腫、慢性気管支炎、心臓疾患になるだけではなく、晩年にありとあらゆる病気になると子どもたちに言い聞かせても、彼らが喫煙をやめることは絶対にないだろう。むしろ、私がジュリアンとあのテキーラの広告について話をしていたときのようなやり方は効果があるようだ。「おまえは悪徳な会社に利用されていて、いいように操られてお金や健康を盗まれている。そんなおまえはいけてるどころかかっこ悪い」と子どもたちに説明すれば、それは彼らが自分の力で健全な選択をするための支えとなるはずだ。マールボロマンは、たばこを吸うことはかっこよくて反抗精神に満ちていると、子どもたちに思い込ませようとしている。だが、たばこを製造して販売する会社は、反抗精神と最もかけ離れている。彼らは巨大で、超大金持ちで、超保守的なのだから。

親、学校、そしてメディアは、子どもたちに毒を盛って彼らの人生を毒なしでは生きられない惨めなものにしようとしている、どんな会社に対しても立ち向かわなければならない。ただし、子どもたちをあまりに厳格に追い詰めてはならない。たしかに喫煙は死を招く。それはどんな子どもや青年期の若者も、すでに知っている。それと同時に、彼らは報酬と仲間内での高い地位を求めている。つまり、たばこ製造会社に苦情を言うといった健康的な行動パターンを、子どもたちがかっこいいと思うような社会的文脈をつくればいい。なぜなら、一〇代の子どもは仲間内での自分の地位を上下させるものを、そう簡単には無視できないからだ。

最も効果的な禁煙広告は、真実が語られているものだ。そうした真実のなかには、喫煙の象徴となっていた人々の背景にある本当の話も含まれている。たとえば、マールボロマンのカウボーイ編に出ていた初代の男たちが、みな喫煙関連の病気で亡くなったといったことも。そして、そうした真実はほかの喫煙者にも訪れる可能性があるということも。アメリカ疾病予防管理センターの禁煙キャンペーン「元喫煙者からの助言」二〇一二年度版では、喫煙常習者だった人々が、話すために入れ歯を入れたり、首に開けられた穴を押さえたり、あるいは酸素ボンベから流れてくる空気を最後に必死で吐きだそうとする姿が記録されている。そして、親、学校、メディア自身も、たばこ会社の本当の姿を明らかにすることで、そうした真実を伝えなければならない。彼らは子どもたちをたばこ依存症にして、その結果儲かりすぎて笑いが止まらないということを。

アメリカ小児科学会は、メディアにおけるすべてのたばこ広告の禁止、アルコール類の広告に対する明確な限度、テレビやＰＧ－13指定（一三歳未満は保護者の厳重な注意が必要）、Ｒ

指定（一七歳未満は保護者の同伴が必要）の映画での薬物使用を促すような表現を控えることについて進言する政策綱領を発表した。これはよい滑り出しだ。さらに、広告やメディア以外でも対処が必要だ。たとえば、法的にたばこ製品の購入が認められる最低年齢を二一歳に引き上げるべきだ。そうすればたいていの子どもたちが喫煙を始める一〇代のうちは、たばこが買えなくなる。また、すべての学校や公共公園において、適切な範囲内（少なくとも半径三〇〇メートル以上の円内）でのアルコール類、たばこ、マリファナ（合法とされる地域）の販売を法的に禁止しなければならない。警察にアルコール類やたばこを未成年に販売する業者を厳しく取り締まる権限を与え、違反者は厳重に罰せられなければならない。たばこやアルコール類への税をさらに重くして、子どもたちがどうしても買えない値段にしなければならない。さらに、広告主がいかに子どもたちの感情を操作して、彼らの人生を破滅させる商品を買わせようとしているかを見破れるよう、学校でメディアリテラシーを教えなければならない。

節度を持って酒を飲むことを教えられるか？

アメリカでは毎年およそ五〇〇〇人の二一歳以下の若者が、アルコール関連の原因で亡くなっている。そのうちの四割近くが、自動車事故関連だ。青年期の若者のアルコール摂取は、溺死、自殺、殺人、転落、やけど、アルコール中毒や、深刻だが命に別状はないその他の多くの事態にも関連している。アルコールを飲むと最初のうちは羽目をはずしたくなったり、不安が治まった気になったりする。だが、じつはアルコールは中枢神経抑制薬であるため、継続的に摂取していると不安やうつ状態がさらにひどくなる。また、アルコールは身体的、性的暴行や、性感染症のまん延とも関連していることが多い。

こうした事故、病気、依存症の恐れがあるにもかかわらず、残念ながら青年期の若者は重い二日酔いの症状に対して、総じて大人より鈍感だ。そのため、大酒を飲んだ翌朝、もしあなたが同じ量を飲んでいたら感じるはずの痛み、眠気、吐き気を、あなたの青年期の子どもはそれほど感じない。すると子どもたちはアルコールはさほど有害ではないと勘違いしかねない。これは非常にまずい。じつは、青年期の若者は記憶障害や脳の体積の変化といった、アルコールの神経毒性による影響に対して、大人よりも敏感だ。つまり、青年期の若者の場合、アルコールを知らせる警報はあまり鳴らないにもかかわらず、アルコールから受ける害は大きいのだ。

要は、アルコールはとりわけ若者にとって多くの問題の原因になるため、彼らが自由に手に入れられるようにするのは賢明ではないということだ。だが、親が子どもに酒の飲み方を教えなければ、いったい誰が教えるのか？　子どもが二一歳になったら、いきなりバーで野放しにすればいいのだろうか？　あなたはどのようにして、節度を持って酒を飲むことを学んだのだろうか？

法的に飲酒が認められる最低年齢が一六歳から一八歳の国が多いヨーロッパの方式を真似すればいいのではないかと、あなたは思うかもしれない。だが、彼らにはアルコールに関連した問題があまり起こっていないのだろうか？　意外に思えるかもしれないが、法的に飲酒が認められる最低年齢が低い国のほうが、じつはアルコールを摂取する、一三歳未満で酒にひどく酔う、そして大量に飲酒する可能性が高い。たとえば、二〇〇七年に行われた比較研究によると、一五歳と一六歳の若者のなかで過去三〇日間に飲酒したと答えた者はアメリカでは三三パーセントだったのに対して、デンマークでは同じ年齢のなかの八〇パーセント、イギリスでは七〇パーセント、イタリアでは六三パーセントが飲酒したと答えた。唯一アイスランド（法的に飲酒が認められる最低年齢が二〇歳）だけが、アメリカよりも低い三一パーセントだった。また、過去三〇日間にひどく酔ったことがあると答えたティーンエイジャーはアメリカでは一八パーセントだったのに対して、デンマークでは四九パーセント、イギリスでは三三パーセント、ドイツとスイスでは二二パーセントがそう答えた。同様に、過去三〇日間に大量の酒を飲んだと答えたティーンエイジャーはアメリカでは二二パーセントだったのに対して、デンマークでは六〇パーセント、ドイツでは五七パーセント、イタリアでは三四パーセント、フランスでは二八パーセントがそう答えた。

残念ながら青年期の若者に節度を持った飲み方を効果的に教えられる実証済みの方法はまだないため、今の段階で出せる唯一の結論は、青年期の若者に対してはアルコールの入手を制限したほうがいいということだ。これまでの研究で考え出されてきた、若者に節度を持った飲み方を効果的に教える方法は、すべて失敗に終わっている。しかも青年期の若者に「節度を持った」方法を教えようとすると、彼らはまさしく量的に深く考えすぎ、プラス面とマイナス面を比較検討して、その結果酔っぱらうことを選んでしまうのだ。法的に飲酒が認められる最低年齢を何歳にすればいいのだろうか？　それを決めるのはとても難しい。一八歳や二一歳にしなければならないという決め手がないからだ。だがはっきりしているのは、青年期の若者をできるだけ長くアルコールや薬物から遠ざけておけばおくほど、彼らが自動車事故に遭ったり、依存症になったりする可能性は低くなるということだ。

社会規範マーケティング

一九八〇年代半ば、大学生に関する調査を行ったウェスレイ・パーキンズとアラン・バーコウィッツは、**青年期の若者は仲間たちの行動の型、つまり「社会規範」について、実際よりも誇張されたものを想定している**ことを発見した。かつてない量の情報がすぐ手に入る今日においても、自分の仲間が実際に何をしているか皆目見当がついていないのは、誠に驚くべきことだ。

アメリカ大学保健協会が九万五〇〇〇人以上の学生に対して無記名で行った調査をまとめた二〇一六年春の報告書によると、現代においても大学の学部生は誰が何をしているのかまったくわからず途方に暮れていた。調査された大学生のなかで、過去三〇日以内にたばこを吸ったと答えたのはわずか九パーセントだったが、彼らは仲間の七四パーセントが吸ったはずだと答えた。過去三〇日以内に電子たばこを吸ったと答えたのはわずか四パーセントだったが、彼らは仲間の七二パーセントが吸ったはずだと答えた。過去三〇日以内にフッカーと呼ばれる水たばこを吸ったと答えたのはわずか四パーセントだったが、彼らは仲間の六六パーセントが吸ったはずだと答えた。アルコールやマリファナについては当然数字が上昇するが、それでも彼らの予測は大きく外れていた。過去三〇日以内に何らかの酒を飲んだと答えたのは六四パーセントだったが、彼らは仲間の九四パーセントが飲んだはずだと答えた。一方、過去三〇日以内にマリファナを吸ったと答えたのは一九パーセントだったが、彼らは仲間の八五パーセントが吸ったはずだと答えたのだ。

社会規範マーケティングの考え方は、青年期の若者が薬物やアルコールを摂取している仲間が実際にはずっと少ないことを知れば、彼も集団に従って薬物やアルコールの摂取量や回数を減らすだろうというものだ。これまでのところ、大学生に対する社会規範マーケティングを利用した介入がアルコール摂取量を減少させることについての成果はまちまちだった。社会規範マーケティングが学生の誤解を解くことができるのはたしかだが、彼らの飲酒行動を変えられるという結果は、一部の研究でしか認められなかった。とはいえ、青年期の若者が本当の数字を理解しているか、そしてメディアが情報をより煽情的に、よりニュース性の高いものに仕立てるために数字のマジックを使っていることを理解しているか、確認しておくにこしたことはない。私は自身の患者、家族、学生に対して、この手法を用いている。

メディアはマリファナを吸う、セックスするといった気がかりな行動について、「〇人もの人が危ないことをしている」と伝えようとする。社会規範マーケティングによると、こうした表現方法によって若者は疎外感を覚え、自分がとるべきなのはそうした行動だと考えるようになる。だが、これは「○人の人はやっていない」(通常、○の数は全体の半数以上)という反対の見方をすることもできる。これは危険性について議論するときに考慮すべき、とても大事な点だ。

たとえば「高校四年生のなかでマリファナを試したことがあるのはどのくらいか?」と尋ねたとしよう。答えは、アメリカの場合約四五パーセントだ。これはかなり大きな数に思えるので、ティーンエイジャーならどう思うだろうか? 「仲間の半数がマリファナを試している! 私はいったいなぜこれまで試そうとしなかったのだろう?」と考えるはずだ。もしあなたの仲間の四五パーセントがフェラーリを運転したことがあると聞かされたら、あなたはどう思うだろうか? おそらくあなたも仲間外れにされた気分になるかもしれないが、第5章で取り上げたように、仲間の影響を驚くほど受けやすい青年期の若者は、その気持ちを何度も反すうする。一方、「高校四年生のなかでマリファナを試したことがないのはどのくらいか?」と反対の方向から尋ねると、答えは五五パーセントだ。今度は半数以上の人がマリファナを試したことがないのがわかったため、試したことがない人が少数派ではなくなった。データをこういったかたちで伝えるのは劇的ではないし、テレビだったら視聴率が下がるのは間違いない。だが、このほうが健康を促進できる。これが子どもたちにメディアリテラシーを教えなければならないもうひとつの理由だ。

子どもたちが安全でいられる社会

最近あなたがやっていることで、もっとも危険なことは何だろうか？　それは我々の大半にとって、運転だ。あなたは何回ハンドルを握りながらうつらうつらしたり、あるいは実際に眠ってしまったりしたことがあるだろうか？　一歩間違えば即死すると知りながら幹線道路を時速九〇キロ近くで走っているにもかかわらず、落ち着いていられるのはすごいことだ。だが皮肉なのは、高速道路を運転するというとても複雑なことをしているときは、あんなにリラックスしていられるのに、一〇人の仲間の前に立って話そうとするとすっかり取り乱してしまい、激しく不安になることだ。科学者たちが「他者からの評価に対する恐怖」と呼ぶ、ほかの人から否定的な評価を受ける怖さは、第5章でも取り上げた仲間の影響の主な要因のひとつである。青年期の若者は仲間が同乗するなかでハンドルを握ると、この影響に大きく左右されてしまう。

青年期の若者の人生で最も危険なのは、運転免許を取得した直後からの二年間だ。それに仲間を加えると、危険は増すばかりだ。青年期の若者が運転する車に家族以外の者を乗せると、自動車事故を起こす危険性は四四パーセント上昇する。その危険性は、二人目の同乗者が加わると倍になり、三人目またはそれ以上が加わると四倍にもなる。当然ながら、運転していて危険な目に遭いやすい青年期の若者が「親に運転を厳しく見守ってもらったことがない」と答える割合は、通常の三倍にもなる。

青年期の若者に正しいアルコールの摂取方法を教えられる確実な手段はまだないが、安全運転を教える確実な方法はすでに存在している。第2章でも触れたとおり、通常の自動車運転教育コースでは不十分だ。代わりに、段階的免許が取得できるコースの設置に力を入れるべきだ。この段階的免許制度とは、青年期の若者たちが運転の経験を重ねて運転能力を伸ばすにつれて、より制限が取り払われた免許を段階的に取得できるというものだ。現在、アメリカのすべての州において、若い運転者に対する何らかの方式の段階的免許コースが設置されている。これは見習い期間を設置する訓練モデルが、危ない状況に対処する方法を子どもに教える際に有効であることを示す好例である。

段階的免許の一般的な取得は、一六歳のときに運転練習者用仮免許をもらうことから始まる。そこから一二カ月間は、その一〇代の運転練習者が運転するときは親か保護者が必ず同乗しなければならない。アメリカ道路安全保険協会は、一七歳で中級者用免許を取得する前に、監督者が同乗した車で少なくとも七〇時間運転するよう提言している。中級者免許の段階では、運転者はひとりで運転してもいいが、午後八時以降の運転や家族でない一〇代の若者の同乗は禁止されている。そして一八歳になると、制約がすべて解除された通常の免許を取得できる。

段階的免許制度は一〇代の運転者が直面する危険、すなわち仲間の同乗と夜間の運転に対処したものだ。経験の少ない運転者はそもそも事故に遭う可能性は高いが、夜間の運転（特に、青年期の若者がいかに寝ていないかを考えるとさらに危ない）や仲間が同乗していることで危険度はさらに上昇する。

愛らしい赤ん坊は大きくなって好奇心いっぱいの子どもになり、そして危険な行動に走りかねないティーンエイジャーや二〇代の若者へと成長していく。それは避けられないことだが、予測することは可能だ。だから予防を念頭に置いた、先を見越した行動を心がけよう。青年期の我が子が日々危ない目に遭うはずがないと信じるのは、自分をごまかそうとしているだけだ。そうした危険が起こる前に、我々は予測して彼らを危険に備えさせることができる。ありがたいことに、子どもたちが安全でいられるようにするために、社会全体でできることはたくさんある。

我々は子どもたちの情緒、行動、学習障害を早い段階で診断しなければならない。そのためには学校に心の健康相談サービスを正式に導入して、親のための地域社会による適切なサービスを提供しなければならない。我々は生徒が成長型マインドセットを身につけられるよう、教師がその指導法を習得するための力にならなければならないし、その指導法が教室で実践されるための十分な時間が確保されているかどうか注意しておく必要がある。我々は根拠に基づいたメンタープログラムの開発に携わることもできれば、子どもたちに学校と家庭の両方でメディアリテラシーを教えることも可能だ。また、子どもや青年期の若者の発達についての知識を活かして、アルコールやたばこといった若者に有害な製品の広告や賛美に明確な制限を設ける活動を支援することも、同じくらい重要だ。それに、若者がいけていると思える健全な選択ができる人物を、お手本として使った広告をつくろうとする革新的な広告主も大歓迎だ。我々は未成年に酒やたばこを売る店を取り締まるために警察を支援しなければならないし、段階的免許制度や同様の見習い期間を設置する制度が全国に広まるよう協力しなければならない。こうした社会全体による改善は、青年期の若者の命を救い、あるいは何年にもわたる障害から彼らを救うことができる。長期的に見れば、こうした改善は社会のコストを大幅に抑えることにもつながっていく。

全体像を捉えるということは、公衆衛生学の視点で考えるということだ。それはつまり、青年期の若者の危ない行動を防ぐために我々に何ができるかを問うことである。本章で紹介した対処法は、ある事例においては大きな効果が得られるかもしれないが、別の事例においては健康の増進や危険な行動の減少にわずかに目を向けさせることにしか役に立たないかもしれない。だが、たとえ見た目にはわずかな変化しか起こせなかった社会的な活動でさえ、何百万人もの青年期の若者に効果をもたらし、やがて生涯にわたって彼らの人生をよい方向に変えつづけることができるかもしれないのだ。

おわりに

七年前、私は親、教師、政策立案者向けに、プレティーン（一〇歳から一二歳）、ティーンエイジャー、そして二〇代前半の若者の危険な行動について総合的な分析をした解説書でありながら、実用的な指南書としても使える本を書こうと思い立った。それから、この思いつきをどう具体化すればいいのか、考えつづけた。斬新な研究に基づいた科学論文をいくつも読み、何人もの科学者の話を聞き、書き溜めたメモはノート何冊分にもなった。だが実際には、この本を書こうとしたきっかけは、私が自身の子ども時代や育てられ方についていくつもの疑問を抱いていた頃や、子どもを育てるなかで不安を抱えていた頃といった、さらに昔にまでさかのぼる。本書は科学的な理論、そして医師、親、元青年期の若者としての私自身の経験をすべて私なりに解釈して、私の言葉で表したものだ。あなたが青年期という難しい年頃をさらによく理解するために、本書が役立つことを願っている。もっと言えば、本書で取り上げた危険を減らすための知識や対処法が、家庭、学校、社会全体で問題解決に取り組むための指南役や効果的な手段になることを願ってやまない。

一言でいうと、青年期の若者はもっともな理由によって、危険な行動に走るようにできている。彼らのこの特徴は、人間が進化をとげてきた自然界で種として生き延びるために不可欠なものだった。しかし現代においては、子どもたちのこの本能的な性質は、悪い結果を選択する、障害を負う、命を落とすといった最大の危険の原因になっている。私はさまざまな研究文献から手に入れた知識や知見、そしてそれらに自身の個人的および仕事上の経験を併せた結果、今こそ青年期の若者の危険な行動に対処する方法を考え直す絶好の機会だと判断した。我々は裏づけのない思い込み、古い発想や説に基づいた効果のないやり方に、もう頼ってはならない。代わりに、青年期の若者がなぜ危険な行動に走るのか、彼らはどのように判断するのかについての最新の知識を活用して、彼らが危険な目に遭わないようにするためのきちんとした根拠に基づいた対処法を、家庭、学校、地域社会で導入しなければならない。

この本で取り上げた対策だけで、すべてが解決するとは限らない。だが、それらは今日の若者の危ない行動を大幅に改善するために役立つはずだ。本書が子どもたちの安全を守るために、我々大人が自分に何ができるかを考えて行動するきっかけになれば幸いである。

謝辞

通常、本を書くのは孤独な作業だが、本書の場合はまったくそうではなかった。まず、私の著作権エージェントであり新たな友人でもある、最高に優秀なボニー・ソローに感謝したい。彼女は本書の可能性にいち早く気づき、企画から完成までのすべての過程で私を導いてくれた。また、私がこの本に込めたかったメッセージや執筆の進め方も含めて、本書を信じて受け入れてくれた担当編集者のマリアン・リジーと、ターチャーペリジーのスタッフのみなさんにも感謝したい。このテーマについての私の考えを、最も適切かつ効果的なかたちで世に出せたのは、彼らの洞察力と才能のおかげだ。さらに、執筆途中の原稿を読んで、専門的な助言をたびたびくれた仲間が何人もいたことは、私にとってまたとない幸運だった。なかでも、同僚であり友人でもあるチャールズ・J・メイヤーとウルスラ・ダイヤモンドは、このテーマについて自分の考えを明確にしようとする私の力になってくれたし、F・ハビエル・カステリャーノスは、複雑に入り組んだ驚くべき神経科学の世界を案内してくれた。

私が青年期の若者の危険な行動について興奮しながら熱く語るのを何年も聞かされつづけて

きた妻のアリス・ジャンケルは、やがて「すべてを書いてまとめてみたら」と強く勧めてくれるようになった。アリスは私を温かい思いやりで支えてくれただけではなく、すぐに脱線してしまう私を劇の演出家としてこの本の「本筋」に何度も戻してくれた。妻は大量の科学的なデータを実用的な指南へと言い換えるための大切な要素を探し当てる手助けをしてくれて、しかも私が執筆に行き詰まったときは、いつも時間を割いて助言してくれた。彼女はまたとないパートナーであり、またとない編集者でもある。

本書を世に出す力になってくれた方々はほかにもまだたくさんいて、彼らにも感謝を捧げたい。ルイーズ・ブレイバーマン、サラ・リエフ、サラ・ハバーマン、ブリタニー・エリアス。あなた方の貴重な協力がなければ、この本を出版するのは不可能だった。

この本を書くきっかけとなったのは私の個人的な経験だが、本書の内容はすべて私の医師としての仕事や研究に基づいていて、しかもそれらは何百本もの調査研究論文、多数の書籍、科学者への聞き取り調査、仕事または私生活（あるいはその両方）で常に危険度の高い判断をしなければならない方々への聞き取り調査によって裏づけされている。当然とも言えるが、科学者は自身の専門知識の守備範囲を大幅に超えて活動することには抵抗がある。通常、科学者は特定の分野を非常に深く探究し、自身が幅広い知識を持つその領域内で見解を述べたり、提言したりするものだからだ。だが、私のような研究と臨床を行う医師兼教育者の仕事は、科学的知識を患者、彼らの親や教師、そして社会全般に役立つ助言へと言い換えることだ。それは危険な行動への対処、学習面での問題への対応、気分障害や不安障害の治療、外泊への対応、罰を与えるといった、非常に幅広い分野にまたがっている。我々はどんな場合においても、そのときに可能な限り入手できる知識と手法によって最善を尽くしている。私は本書の執筆のために話を伺ってきた多くの優秀な科学者や専門家の方々の研究や見解を、本書内で正確に反映させることに念を入れてきたが、もしもそうした内容に不十分な点や誤った解釈がある場合はすべて私ひとりの責任である。貴重な時間を割いて私に話を聞かせてくださった次のみなさんに深く感謝する。ジェレミー・アフェルト、ラリー・ブラウン、ビル・キャロル、B・J・ケイシー、ロン・ダール、デイヴィッド・ディアス、ナオミ・アイゼンベルガー、スーザン・エネット、マイケル・フランク、ダニエル・カーネマン、ジョー・ルドゥー、レオナルド・マルクス、ブルース・マクウェン、アルバート・モリーナ、アンソニー・ペトロジーノ、カール・ポール、ダニエル・ライサック、バリー・シュワルツ、ローレンス・スタインバーグ、エリザベス・ストレブ、レジーナ・サリバン、ファビオ・タヴァレス・ダ・シルヴァ。

　ヴァレリー・レイナには特別な感謝の気持ちを捧げたい。彼女が（フランク・ファーリーとともに）二〇〇六年から行ってきた包括的な研究「青年期の若者の意思決定における危険性と合理性について――理論と実際、公共政策への影響」は、私にとって青年期の若者の危険な行動と意思決定の科学を探究するうえでの試金石となった。ありがたいことにヴァレリーは協力を惜しまず何度も話を伺う機会を与えてくれて、時間をかけて私の質問に答え、専門外の者には難しい研究の大半をわかりやすく説明してくれた。ヴァレリー・レイナは常に新しいものを生み出すとても利他的な科学者であり、青年期の若者の健康や健やかな成長に携わる者は、みな彼女に負うところが非常に大きい。

さらに、世界中の精神医学や心理学の仲間にも感謝したい。彼らは子どもや青年期の若者の発達に関するあらゆる分野において、つねに私に新しい知識を授け、新たな挑戦を与え、私の思考を研ぎ澄ませてくれる。同じく、私の多くの患者にも感謝を捧げる。彼らは自身の克服や挑戦の過程を私と分かち合ってくれ、彼らの人生の一部に携われるという喜びを与えてくれた。本書のなかで患者の話をいくつか紹介しているが、彼らのプライバシーを守るために本人の特定につながりかねない事実や詳細は変えてある。そして、幼なじみにも感謝しなければならないことがたくさんある。私が元気にたくましく育ったのは、きみたちのおかげだ。

もちろん、家族には感謝してもしきれないほどだ。青年期の私とともに過ごし、私を支えてくれた両親と四人の兄弟にありがとうと伝えたい。五人の子ども、次々に増えるペット、あの一九六〇年代、七〇年代という時代……。何かと大変だったが、全員で助け合ってここまでやってきた。父ユージーン、母ジョイス、そして兄弟のカレン、グレッグ、マーク、ステイシー。長年にわたって私を支えてくれて、導いてくれて、私の話を聞いてくれて、たくさんのことを教えてくれて、とても感謝している。私はあなたたちを愛してやまない。

最後に、私の子どもたちパーカーとジュリアンに感謝したい。本書の執筆によって、彼らと過ごせる時間が予想より大幅に奪われてしまったが、それでも二人は驚くほど理解を示してくれた。私とアリスは子どもたちの急激な変化に関われたことが嬉しく、彼らの知性、才能、感情面での成長にただただ驚かされてきた。日常の会話、お祝い事、宿題、旅行、病気の親戚やペット、SATに備えた勉強、サッカー、体操、大学の出願手続き、自宅を離れての生活、擦りむいた膝小僧や傷ついた自尊心。こうしたことを通じて、我々は青年期、判断をすること、危険を冒すことについて、何度も考えさせられた。それはまさに激しさと喜びにあふれた時間を与えてもらったといえよう。私と妻の親としての愛情は、きみたちには一生かけても計り知れないほど深いものであり、それはこれからも決して変わらない。

原書の巻末に収録されている
Selected Bibliography（参考文献）については、晶文社のホームページ
https://www.shobunsha.co.jp/wp/wp-content/uploads/selected-bibliography.pdf
をご参照ください。

訳者あとがき

本書は *BORN TO BE WILD: Why Teens Take Risks, and How We Can Help Keep Them Safe* by Jess P. Shatkin (TarcherPerigee, 2017) の全訳である。著者ジェス・P・シャットキン氏は著名な児童青年精神科の医師であり、ニューヨーク大学で人気を誇る児童発達学講座の開発・運営責任者であり、子どもの発達やメンタルヘルスについてのラジオ相談番組の司会者でもある。医師、教育者として数々の受賞歴をもつシャットキン氏は、マスコミにもしばしば取り上げられている。また、診察だけではなく、ウェブサイト drjesspshatkin.com でも相談に応じている。だが、シャットキン氏は決して順調な道のりを歩んで医師になったわけではない。

子どもの頃から父親と同じ医師になりたかったシャットキン氏は、高校生のときには医師を志す若者の団体に入るなどして、熱心に夢の実現を目指した。しかし、大学では同級生たちは医学大学院に進むためによい成績をとることしか頭になく、講師の多くは講義よりも自分の研究を優先していたため、シャットキン氏は自身の進路に疑問を抱き、医学への熱意も失ってしまう。結局、医者になるために必要な単位は取得したが、周囲の猛反対をよそに医学大学院は目指さず、専攻を歴史に変えて大学を卒業する。

卒業後は大学時代に興味を持った公衆衛生学の仕事をしばらく続けたのちに公衆衛生学修士課程に進み、そこで既成概念や自身の思い込みを打ち破ることがいかに重要かを学んだ。この頃、勉強の合間に学費を自ら稼ぐかたわら、車でアメリカ中を旅行して見聞を広めたという。そして、二九歳で医学大学院に進んで年下の同級生たちと学び、研修医時代を経て主に児童青年を専門とする精神科医になった。日本に比べてアメリカは、大学、大学院にも幅広い世代の学生がいるが、そのアメリカにおいてでさえ、シャットキン氏は異色の経歴の持ち主のようだ。

やがてシャットキン氏は児童青年精神科医として、二人の子どもの父親として、そして一〇代の頃や公衆衛生学の研究や仕事に携わった当時の経験を踏まえ、現代の若者の危険な行動についての解説書兼指南書となるような本を書きたいと思うようになった（本書以前に *Child & Adolescent Mental Health: A Practical, All-in-One Guide*［子どもと青年期の若者のメンタルヘルス総合解説書、未邦訳］という本を出しているが、これはどちらかといえば医学生や医療関係者向けの専門書のようである）。彼はそういう思いをかなり前から抱いていたそうだが、執筆の直接のきっかけとなったのは「若者が酒や薬物の摂取、飲酒運転、無防備なセックスといった危ない行動をとるのは、自分が無敵だと思っているからだ」という通説が実は正しくないと気づいたことだった。さらに、最新の研究論文を調べたり、研究者の話を聞いたりするなかで、若者が危険な行動に向かうのは一種の本能であることや、有効と思われていたにもかかわらず効果がなかった対策には明らかな問題点があったこともつかんでいく。そうした点を踏まえて、シャットキン氏は親、学校、社会が本当に効果のある策をとるにはどうすればいいかを考えた。本書はシャットキン氏の当初の目的どおり、青年期の若者の脳がどのように発達し、彼らの周囲でどんなことが起きていて、彼らがどのように判断しているかをわかりやすく解説し、若者たちが危ない行動に走らないための「正しい判断力」と「立ち直る力（レジリエンス）」をできるだけ早く身につけられるように我々大人ができることを具体的に示している。これは医学だけではなく公衆衛生学の知識や経験、挫折を味わい回り道を経て身につけた立ち直る力、既成概念にとらわれない思考力、わからないことは専門家に積極的に教えを乞いにいくフットワークの軽さを持つ著者だからこそ書けた本かもしれない。

一八歳や二〇歳で「大人」と見なされていた昔に比べて、現代は社会に出てひとり立ちする年齢が遅くなっている。シャットキン氏によるとこれは決して悪い傾向ではなく、むしろ脳の発達上、理にかなっていることであり、高度に複雑化した現代社会を生き抜くうえで必要なことでもある。そして、「子ども」の時期が長いということは、彼らに対して親、学校、社会が果たすべき責任がますます重くなっているという意味でもある。

本書で示されている具体策はどれも最新の研究結果に基づいているが、方法自体は決して奇抜なものではない。むしろ、最新の研究によって理にかなっていることが示された昔からの方法も多い。たとえば青年期の子どもたちに対する「うるさいおふくろ」は、うるさく言う内容が的確なものであれば、彼らの危険な行動を防ぐことができる。これは本書で指摘されているとおり、画期的な方法だと一時期もてはやされた数々の対策が実は効果がなかったのとは対照的だ。

本書で取り上げられているのは主にアメリカでの事例であり、たとえば一六歳での運転免許取得や、薬物の経験率の高さといった、日本の事情とは異なるものもある。だが、シャットキン氏が提唱しているのは子どもたちが「正しい判断力」と「立ち直る力」を身につけることで危険を防ぐ方法なので、国ごとの事情や特定の危険に限らず汎用性が高い。正しい判断力と立ち直る力が身についていれば、SNSを利用していて知らないうちに犯罪の片棒を担がされるといった今後増えると思われる危険や、近い将来起きるかもしれない新たな危険にも対処できるようになるはずだ。


今回本書の翻訳を担当させていただいたことは、私にとって大きな意味がある。我が家にはちょうど青年期の入口に立っている子どもがいるからだ。今は中学受験を終えたばかりで、特にここ半年ほどは親子ともに精神面、体力面で大変だったが、ある意味家族で安全地帯にいるようなものだった。塾にいる時間が増えると放課後に外で遊ぶ時間が減り、事故や事件に巻き込まれる可能性は低くなる。テレビやゲームの時間が減ると、たとえば飲酒や喫煙をかっこいいと思わせるような場面や情報にさらされる可能性も減る。携帯電話は外出時の位置表示と家族との連絡用としてのみ持たせていたので、SNSで何らかの問題に巻き込まれることもなかった。

受験が終わった今、この安全地帯を出なければならない。子どもは受験勉強から解放されて気が緩み、親もつい甘くなって、親子ともに危険に対する判断が鈍るかもしれない。中学に入ると外での活動時間が増えたり、テレビやゲームの時間が増えたり、親以外ともＳＮＳでやりとりしたりするようになるかもしれない。それは新たな危険にさらされる可能性が高くなるということだ。シャットキン氏が指摘するとおり、子どもが青年期に入ると親としての役割はますます大きなものになる。この先は思っていた以上に根気や覚悟が必要になりそうだ。本書はこれからの我が家にとって、とても役立つ手引きになるだろう。

本書は一〇代から二〇代前半までの子どもがいる親、学校や広い意味で教育に携わっている方々にお勧めする。親、学校、社会が取り組むべきことを具体的に指摘している第8章〜第10章を読むだけでも十分参考になるが、解説部分となる前半から読めば青年期の若者の行動、考え方をより深く理解できるようになるだろう。

最後に、本書を翻訳する機会を与えてくださった晶文社の松井智さん、翻訳会社リベルのみなさんに深く感謝申し上げる。

二〇一九年二月　　　　尼丁千津子

タ

ナ

ハ

サ

英数

ア

カ

索　引

人名

ジェス・P・シャットキン
Jess P. Shatkin

医学博士、公衆衛生学修士。ニューヨーク大学ランゴーン医療センター内のニューヨーク・ハッセンフェルド小児病院児童研究センター教育副部門長、およびニューヨーク大学医学大学院児童青年精神科・小児科教授。子どもと青年期の若者のメンタルヘルスに関するアメリカ最大規模の学部生向け講座の開発・運営責任者でもあり、シリウスXMラジオの相談番組『子どもたちについて』で毎週司会も務めている。妻と二人の青年期の子どもたちとニューヨークに在住。drjesspshatkin.comには著者の研究に関する、より詳しい情報が掲載されている。

尼丁千津子
Chizuko Amacho

翻訳家。訳書にK・ロビンソン『パワー・オブ・クリエイティビティ』(日経BP社)、サリヴァン&ズタヴァーン『人工知能時代に生き残る会社は、ここが違う!』(集英社)、P・カンナ『「接続性」の地政学』(共訳、原書房)、S・マクリスタル『TEAM OF TEAMS』(共訳、日経BP社)など。

10代脳の鍛え方

悪いリスクから守り、伸びるチャレンジの場をつくる

2019年3月20日　初版

著者
ジェス・P・シャットキン

訳者
尼丁千津子

発行者
株式会社晶文社
〒101-0051 東京都千代田区神田神保町1-11
電話 03-3518-4940（代表）・4942（編集）
URL http://www.shobunsha.co.jp

印刷・製本
中央精版印刷株式会社

ISBN978-4-7949-7080-0 Printed in Japan